国家科学技术学术著作出版基金资助出版

再生资源
生态工业园区建设与管理

Ecological Industrial Parks of Renewable Resources:
Construction and Management

刘光富　梅凤乔　海热提·吐尔逊/著

科学出版社
北京

图书在版编目(CIP)数据

再生资源生态工业园区建设与管理 / 刘光富,梅凤乔,海热提·吐尔逊著.
—北京:科学出版社,2015.4
ISBN 978-7-03-043486-9

Ⅰ.①再… Ⅱ.①刘… ②梅… ③海… Ⅲ.①再生资源-应用-生态工业-工业园区-建设-中国②再生资源-应用-生态工业-工业园区-管理-中国
Ⅳ.①F424.1

中国版本图书馆 CIP 数据核字(2014)第 038203 号

责任编辑:邹　聪　张翠霞 / 责任校对:朱光兰
责任印制:徐晓晨 / 封面设计:无极书装
编辑部电话:010-64035853
E-mail:houjunlin@mail.sciencep.com

科学出版社 出版
北京东黄城根北街 16 号
邮政编码:100717
http://www.sciencep.com

北京凌奇印刷有限责任公司 印刷
科学出版社发行　各地新华书店经销
*

2015 年 4 月第　一　版　开本:720×1000　1/16
2021 年 1 月第五次印刷　印张:12 3/4
字数:260 000

定价:68.00 元
(如有印装质量问题,我社负责调换)

前　言

　　实践已证明,"大量生产、大量消费、大量废弃"的传统增长模式在环境日益严峻、资源相对稀缺的今天已经难以为继。传统工业社会"资源—产品—废弃物"的单向线性经济,以资源的高强度开采和消耗为特征,在对环境造成巨大破坏的同时,使得经济面临资源枯竭的危机。循环经济以减量化、再利用与再循环为主要原则倡导的"资源—产品—废弃物—再生资源"闭环反馈式生产过程,变传统视角中的"废弃物"为再生资源,减少了资源消耗,减轻了环境污染,是推进产业结构调整,转变经济增长方式,建设资源节约型、环境友好型社会,走新型工业化道路的重要手段和途径。

　　在循环经济和生态工业理论指导下建设的生态工业园区,作为协调经济发展和环境保护、新型工业化发展的必然趋势,已经成为继经济技术开发区、高新技术开发区之后的第三代工业园区,是我国建设循环型社会、推进可持续发展的重要战略举措。我国《循环经济促进法》指出,"本法所称资源化,是指将废物直接作为原料进行利用或者对废物进行再生利用"。由此可见,再生资源是实现循环经济资源再利用和再循环的重要途径。再生资源生态工业园区作为生态工业园区的主要类型之一,由于其环境与经济的双重效益,近年来随着再生资源产业的快速发展在我国蓬勃发展。

　　本书以废金属和废旧机电产品综合利用工业园区为例,系统论述了再生资源生态工业园区的建设与管理的相关内容。第1章主要阐述了再生资源生态工业园区建设的背景理论,指出建设再生资源生态工业园区的重要意义。第2章则构建了再生资源生态工业园区的综合管理体系,包括园区建设管理体系、清洁生产管理体系,以及技术标准与规范。为了防止园区内再生资源企业的二次污染,第3章提出了再生资源生态工业园区的污染监控体系,主要从废水、废气、固体废弃物、噪声等方面讨论对园区污染的监控措施。第4章论述了再生资源生态工业园区的产业链链接模式与技术。第5章构建了再生资源生态工业园区的评价体系。第6章阐述了再生资源生态工业园区的发展战略。第7章以宁波市镇海再生资源加工园区和天津子牙循环经济产业区为例进行了具体的分析。本书的系统研究可以为我国再生资源生态工业园区的建设与发展提供理论支持和实践指导。

本书是在"废旧机电产品综合利用工业园区产业链关键技术开发及集成示范"课题（课题编号：2008BAC46B05）研究的基础上撰写的。刘光富制订了本书的写作大纲和写作计划，书稿第1章、第2章由刘光富、鲁圣鹏和梅凤乔负责撰写，第3章、第4章由海热提·吐尔逊和孟宪振负责撰写，第5章由张萍、陈飞达负责撰写，第6章由刘光富、郭峻芳负责撰写，第7章由张士彬、麻月婷负责撰写，全书的统稿工作由郭峻芳负责。此外，研究生王凤蕊、易天参与了本书部分内容的数据调研和图表制作工作。

本书在撰写过程中参考了许多学者的研究结果，虽然在章后附有参考文献目录，力求严谨，但仍然有部分引述未能详细注明，在此向有关作者表示歉意和深深的感谢。

由于再生资源生态工业园区的建设在我国仍处于起步探索阶段，加之本书著者专业水平和知识范围有限，书中的观点和内容尚不完善，不足之处在所难免，敬请专家、同行和广大读者不吝指正。

刘光富
2014年6月于同济大学

目　　录

前言
第1章　绪论 ··· 1
　1.1　再生资源产业的发展背景与含义 ································ 1
　1.2　国内外再生资源产业的现状与问题 ······························ 9
　1.3　再生资源生态工业园区发展概述 ································ 23
　1.4　废旧机电产品资源化利用现状与问题 ·························· 35
　1.5　我国建设再生资源生态工业园区的意义 ······················· 42
　参考文献 ··· 44
第2章　再生资源生态工业园区管理体系 ······························· 47
　2.1　再生资源生态工业园区建设管理体系 ·························· 47
　2.2　再生资源生态工业园区清洁生产管理体系 ···················· 67
　2.3　再生资源生态工业园区技术标准与规范 ······················· 75
　参考文献 ··· 82
第3章　再生资源生态工业园区污染监控体系 ························· 84
　3.1　再生资源生态工业园区污染监测 ································ 84
　3.2　再生资源生态工业园区污染控制措施 ·························· 93
第4章　再生资源生态工业园区产业链链接模式与技术 ············· 98
　4.1　再生资源生态工业园区产业链链接原理 ······················· 98
　4.2　再生资源生态工业园区产业链链接模式 ······················ 102
　4.3　再生资源生态工业园区产业链关键技术集成 ················ 107
第5章　再生资源生态工业园区的评价 ································· 111
　5.1　园区评价指标构建原则 ·· 111
　5.2　园区评价指标选取原则 ·· 112
　5.3　园区评价指标体系 ·· 114
　5.4　园区综合评价 ·· 133
　5.5　园区综合评价软件系统构建 ···································· 139

参考文献 ··· 141
第 6 章　再生资源生态工业园区发展战略 ································· 142
　　6.1　再生资源产业发展战略 ··· 142
　　6.2　再生资源生态工业园区战略布局 ··································· 149
　　6.3　再生资源生态工业园区产业链发展战略 ··························· 160
　　参考文献 ··· 163
第 7 章　再生资源生态工业园区建设案例 ································· 164
　　7.1　宁波市镇海再生资源加工园区 ····································· 164
　　7.2　天津子牙循环经济产业区 ··· 185
致谢 ··· 196

第1章 绪 论

本章介绍了再生资源产业的发展背景、相关概念与发展意义,分析了国内外再生资源产业的发展概况;重点阐述了发达国家生态工业园区的发展状况与模式,介绍了我国再生资源产业园区的发展现状与存在的问题;并探讨了国内外废旧机电产品处置现状与问题;最后分析了我国建设再生资源生态工业园区的意义。

1.1 再生资源产业的发展背景与含义

再生资源产业的兴起与发展,有着特定的历史背景,由于具有良好的经济、环境与社会效益,发展再生资源产业日益受到各国政府的高度重视。本节重点介绍了再生资源与再生资源产业的含义、特征与意义。

1.1.1 再生资源产业的发展背景

随着工业化进程的推进和经济社会的快速发展,经济与社会各个方面对资源的依赖性越来越高,原始资源消耗以惊人的速度增长,同时伴随着各种废弃物的急剧增加。一方面是资源的日益紧缺,另一方面是废弃物快速膨胀。资源短缺和环境污染问题,已成为全球经济与社会发展的两大瓶颈。据有关机构测算,世界主要矿藏资源的耗竭期都只有几十年:铅21年、锌23年、锡41年、钨42年、铜53年、钴67年,石油55年[1]。作为全球经济大国,我国面临严重的资源紧缺形势。一方面,我国目前重工业在工业结构中比重仍然很高,经济发展对资源的依赖性依然很强,尚未摆脱粗放型经济发展模式,92%的一次能源、80%的工业原材料和70%以上的农业生产资料,仍然依赖于消耗有限的矿产资源,迫切需要转换经济增长模式,构建资源节约型社会;另一方面,我国人均自然资源拥有量极为短缺,人均淡水、耕地、森林资源占有量分别为世界平均水平的28%、40%和25%，石油、铁矿石、铜等矿产资源人均可采储量分别为世界人均水平的7.7%、17%和17%。此外，我国大部分自然资源、能源主要分布在地理、生态环境恶劣的西部地区，开采、利用成本较高[2]。

废弃物随意排放引发的环境问题早已引起社会的广泛关注。自20世纪60年代以来，全球废弃物人均产生率几乎翻了一番，人均每天废弃物产生量从2.7磅增长到4.4磅；每年全球固体废弃物产生量超过50亿吨，绝大部分废弃物依旧以填埋的方式处置；美国工业与市政固体无毒性的废弃物累计已达到80亿吨[3]。我国历年积存的城市固体废弃物已超过70亿吨，占地多达75万公顷以上，每年的直接经济损失超过300亿元，间接损失更是无法估量[4]。"十一五"期间，我国二氧化硫（SO_2）、化学需氧量（COD）等主要污染物排放量虽呈下降趋势，但固体废弃物产生量居高不下，仍以年均约10%的速度增长，已明显超过发达国家3%~5%的年平均增长速度。目前，我国很多城市被众多垃圾填埋场包围，其中，废旧金属与电子电器、工业固体废弃物、建筑垃圾、生活垃圾与污泥、农林剩余物等大宗废弃物年产生量超过40亿吨，综合利用率平均不到40%，如83.7%的钢渣、47.9%的粉煤灰、38%的煤矸石、45%的石化废料未得到综合利用，每年约有500万吨废钢铁、20万吨废有色金属、1400万吨废纸，以及大量的废塑料、废玻璃、废旧电子产品等废弃物被随垃圾丢弃，此外我国企业每年还进口大量的废弃物，如电子垃圾[5]。这些废物已成为生态环境重要的污染源，不仅给周边大气、水体、土壤及生态系统带来了一定程度的破坏，对堆放区域的地下水源也形成了潜在威胁。2005年瑞士达沃斯发布的评估世界各国（地区）环境质量的"环境可持续指数"（Environmental Sustainability Index，EST）显示，在全球144个国家和地区中，中国位居第133位，严重的环境问题已经成为制约我国可持续发展的重要因素[2]。

随着科学技术的进步和人类生活水平的提高，机电产品与设备得到更加广泛的应用，一些与人类生活相关的产品如电脑、冰箱、汽车、手机等的普及率不断攀升，随之而来的产品报废规模不断膨胀。废旧机电产品中蕴含大量的钢铁、铜、铝、铅、锌、贵金属和塑料等，一些元器件和组分的使用寿命不同，可以挖掘出很大的可回收利用价值，是重要的二次资源，在未来很长时间内将呈快速增长的趋势。然而，这些废旧产品中也含有很多对环境有害的物质，如废弃物中的铅、汞、镉、铬、聚氯乙烯塑料、溴化阻燃剂等物质，处理不当会对土壤、水源、动植物造成危害，并最终影响和危害人类的身体健康和生命安全。

自然界生态平衡的破坏，促使人类不得不对废弃物的排放与处置方式进行重新思考。马克思在100年前说过，"原材料日益昂贵，自然成为废物利用的刺激"。当废旧物品数量具有一定的规模、与原生资源相比具有可竞争的价格优势且能满足生态环境的要求时，便能以"资源"的形态为人类再生利用，成为与自然资源相对应的再生资源。与原生自然资源相比，从废旧产品中得到的再生资源具有成本低、能耗少、环境污染小等特点。例如，利用1吨旧塑料可以节省3吨原油；1吨废铁可以节省2吨铁矿石；1吨废铝可以减少1.5吨赤泥的排放，节约1.2万千瓦时电；1吨废铜可以减少排放360千克二氧化硫、60千克水，节约投资70%。人们已认识到，再好的铁矿资源产出率也比不过废钢；1吨废线路板可提取400克黄金，是世界上最富的"金矿"；过去需要花费高昂成本焚烧、填埋的废塑料，如今每吨的价值可超过1000美元[6]。2010年，我国回收废旧金属、废塑料、废旧电子电器等八类社会消费品废物总量达到了1.49亿吨，与直接利用原生矿产资源相比，相当于节能1.79亿吨标准煤（占当年全国能源消耗的5%以上）、减排二氧化硫393.1万吨（占当年全国排放总量的17.9%）、废水102.5亿吨、固体废弃物10亿吨以上[7]。

再生资源产业是经济发展到一定阶段，转变经济增长方式、调整产业结构、节约资源与保护生态环境背景下产生的新型环保产业，是实施循环经济的重要内容，是推进生态文明建设的重要途径。再生资源产业，是实现经济活动形成"资源—产品—再生资源"反馈式流程的核心环节，使物质和能源能得到合理和持久的利用，提高资源能源利用率，减少对原生资源的利用，从而把经济活动对自然环境的影响降低到尽可能小的程度，从根本上消解长期以来环境与发展之间的尖锐冲突，推动传统线性经济向环境和谐的循环经济发展模式转变。近年来我国政府高度重视再生资源产业的发展，国家"十二五"规划也将其列为重点、新型、节能环保型产业来推动其发展，目前已成为我国蓬勃发展的绿色、朝阳产业。

1.1.2 再生资源与再生资源产业含义

下面对再生资源及再生资源产业的含义作一简单介绍。

1.1.2.1 再生资源的含义

人类可利用的资源，按照资源能否再生利用可分为三类：不可再生资源、可再生资源和再生资源。不可再生资源，一般是指被人类开发利用一次后，在相当长的时间不可自然形成或产生的物质资源，包括自然界的各种金属矿物、非金属矿物、岩石、固体燃料（煤炭）、液体燃料（石油）、气体燃料（天然气）等。可再生资源，一般是指被人类开发利用一次后，在一定时间通过天然或人工活动可以循环地自然生成、生长、繁衍，有的还可不断增加储量的物质资源，包括地表水、土壤、植物、动物、水生生物、微生物、森林、草原、空气、阳光、气候资源和海洋资源等。

关于再生资源这一概念，早在1987年，就首次出现在原国家经济贸易委员会、财政部、商业部和国家物资局联合发布的《关于进一步开发利用再生资源若干问题的通知》政策文件中；1996年，原国家经济贸易委员会等部门发布了《关于进一步开展资源综合利用意见的通知》，明确了资源综合利用的内涵是指，将社会生产和消费过程中产生的各种废旧物资进行回收和再生利用活动。自此以后，再生资源回收利用就与资源综合利用联系在一起。通常人们认为"再生资源"就是"废弃物"，但该定义过于宽泛，尽管随着科学技术发展与废弃物回收组织管理水平的提高，任何废弃物都可能成为资源，但在特定的技术与经济条件下，只有一部分有"显著价值"的废弃物才可能被再生利用，很多废弃物仍旧是社会的负担，对环境有着较严重的负面效应，相比其利用价值，人类为使其资源化所付出的经济成本要大得多，只能被焚烧和填埋，暂时无法再生利用，如果此时将这类"废弃物"当作"资源"，未免过于牵强，最多只是算成潜在的再生资源[8]。目前在我国，应用较为广泛且非常简单直接的定义为：再生资源就是可以利用的废旧物资[8]。按照我国商务部等部委于2007年5月1日发布施行的《再生资源回收管理办法》给出的定义，再生资源是指在社会生产和生活消费过程中产生的，已经失去原有全部或部分使用价值，经过回收、加工处理，能够使其重新获得使用价值的各种废弃物。《再生资源回收管理办法》进一步明确现阶段我国再生资源的范畴，包括废旧金属、报废电子产品、报废机电设备及其零部件、废造纸原料（如废纸、废棉等）、废轻化工原料（如橡胶、塑料、农药包装物、动物杂骨、毛发等）、废玻璃等。

不可再生资源一旦种源消失，就不复存在，从科学发展观和可持续发展的战略出发，人类必须科学合理地利用和保护物种种源，努力利用再生资源。为了节约资源和合理开发利用有限的资源，必须积极利用先进技术，对那些储量稀缺的战略性资源，如钨、钼、锑、锡、金、银、铂、稀土、铜、铝、铅、锌等废旧金属资源进行再生利用。

1.1.2.2 再生资源产业的含义

1. 再生资源产业的概念

再生资源产业是以节约资源和减少环境污染为目的，围绕再生资源展开的物质流通、拆解、加工、再制造、研究开发、咨询服务等活动的集合，也称"静脉产业"[9]。再生资源产业作为循环经济的重要产业，是实现环境效益、经济效益、社会效益"三赢"局面的有效途径，是实现人类经济增长方式转变的必然选择。由于国情等因素的差异，发达国家对废弃物综合处理的目的与我国存在一定的差别，如美国的主要目的是为了改善公共健康和生态环境。因此，这些国家对于废弃物主要以综合治理为主，很少以产业组织形态进行发展与研究，这也使得有关再生资源（废弃物的回收与资源化）的研究主要包含在废弃物管理、循环经济、垃圾经济等研究中。中国、巴西及日本等国家出于提高资源综合利用效率、保护自然资源的目的，将其列为节能环保类战略性新兴产业，重点培育和发展。

再生资源产业是围绕资源再生利用而展开的一系列活动的企业集合体，是实现物质闭环流通的关键环节，在整个循环经济体系中主要扮演着"分解者"的角色，即再生资源产业能使生产和消费领域的可再生利用废弃物被回收与资源化，重新为人类所利用。我国再生资源产业是在新中国成立后所建立的废旧物资回收利用体系上发展而来的，目前已基本形成回收、分类、分拣、资源化加工、再利用、销售较为完整的产业链体系。大体而言，我国再生资源产业链主要由再生资源回收、加工和利用三个环节组成，如图 1-1 所示[10-11]。

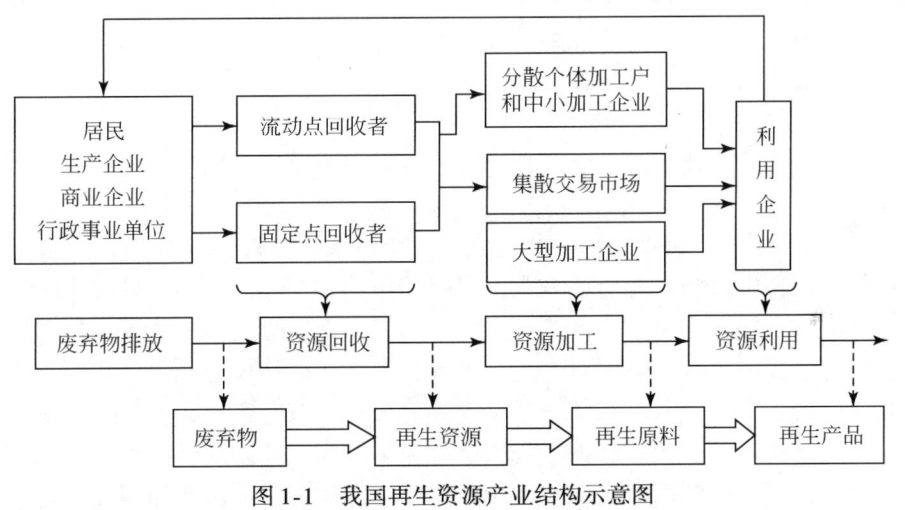

图 1-1　我国再生资源产业结构示意图

（1）再生资源回收活动。再生资源的回收活动，包括对生产和消费领域内的各类废弃物进行收集、分类和运输活动，以及对回收的废弃物进行简单拆解、清理、分类、适当的分割粉碎、打包压块等简单的初级加工活动；此外，仍具有原产品基本使用价值的废旧产品流通也是再生资源回收活动的一项内容。再生资源的回收，是再生资源产业链的首要环节，直接关系到后续工作的开展。

（2）再生资源资源化加工活动。资源化加工活动是再生资源产业链上下游联系的中间环节。是指将回收的各类再生资源，进行拆解、分拣、初级加工等活动，如对回收的废旧机电设备、汽车、船舶等废旧产品进行拆解，对废铜、废铝和废塑料进行分拣、熔炼、拉丝造粒，对不同塑料进行细分造粒等活动,将再生资源加工成中间产品,为企业深加工提供原料。

(3) 再生资源再利用活动。再利用活动,是指以各种再生资源中间产品为原料,进行深加工,制造出全新使用价值的物品,涉及冶金、化工、机械、纺织等生产领域。根据再生资源原料用量占企业全部生产原料的比例,可划分为以再生资源为主要原料的专业再生资源利用企业和以再生资源为部分原料的一般企业,后者也是再生资源加工利用活动的参与者,如废钢铁通常是钢铁冶炼厂回炉炼钢的重要原料。

围绕再生资源产业三项核心活动,还可包含一些与再生资源生产相关的辅助活动,如再生资源加工设备生产、相关的科研与信息服务等活动,以及从事金属剪切机、压块机、打包机,废塑料、废橡胶粉碎等机械的生产等,这些企业的产品通常专门服务于再生资源回收加工和利用活动,因而属于再生资源产业的范围;相关科研及信息服务机构,包括再生资源集散市场交易组织、各类再生资源交易网站、再生资源科研院所、再生资源专业咨询机构等组织,这些企业虽然不直接从事再生资源的回收和利用活动,但为再生资源产业的发展提供必要支撑与知识、信息服务。

2. 再生资源产业的独特性质

相比于传统工业生产产业,再生资源产业表现出一些独特的性质,主要体现在以下三个方面[11-12]。

(1) 很强的外部性。从外部性影响的结果来看,外部性分为正外部性和负外部性。再生资源产业活动表现出很强的正外部性,但如果处理不当也会产生负外部性。发展再生资源产业,有助于减少废弃物排放带来的污染,避免废弃物填埋、焚烧等处置方式对土地、大气、水体造成的环境隐患,从而改善环境;发展再生资源产业,有助于减少废弃物数量,节省废弃物收集、运输和填埋或焚烧等的处置成本。用再生资源替代原生资源,可以降低原生资源的使用量。因此,再生资源产业活动给产业外的行为主体带来了良好的环境,提供了一种准公共物品,具有很强的正外部性。再生资源产业的不规范活动也会导致负的外部性,如目前我国很多再生资源回收利用企业技术、设备落后,配套的清洁生产技术与设施缺乏,在生产的过程中将污染物直接排放,将污染治理的成本转嫁给了社会,再次对环境造成污染,低效率、低附加值资源化活动也造成了资源的浪费。

(2) 公益性。再生资源产业具有明显的社会公益性特性。再生资源企业,承担着工业生态系统中"分解者"的作用,将人类生产和生活中的各种废弃物变成可再次利用的二次资源,重新进入生产和消费领域供人类生产和消费需要,使经济系统的物质闭环流通,可以很好地降低人类对自然资源的开采速度,做到资源的可持续利用,综合体现出经济效益与社会、环境效益。因此,再生资源产业不是一个纯经济性产业,在实现经济效益的同时,还需兼顾环境效益和社会效益，不能完全依靠市场机制来调节。

（3）准公共物品属性。准公共物品，兼有公共物品和私人物品的性质，需政府和市场共同发挥作用。从全社会角度来看，再生资源资源化活动可以减少对原生资源的消耗与废弃物的排放，节约资源，避免环境损害，节省最终废弃物的处置成本，提供有利于社会的生态环境，具有消费的非排他性和竞争性，具备准公共物品的性质。通过市场机制的作用，一部分"高价值"的再生资源得以回收与资源化利用。但在经济利益的驱动下，仅借助于市场作用必然会导致回收利用的不稳定性和污染的难以控制。因此，发展再生资源产业需政府干预和市场机制共同作用。

1.1.3 发展再生资源产业的重要意义

发展再生资源产业，对于提高我国资源利用效率，实现节能降耗减排目标，减轻资源约束和环境污染压力，带动地方经济发展，提供就业机会，推进资源节约型和环境友好型社会的建设，都具有重要的意义。

1. 是节约资源的根本办法与节能减排的重要措施

传统的"资源—产品—废弃物"的生产模式，给环境带来了严重的破坏，使区域经济发展丧失了后劲，如我国很多城市因为自然资源逐渐枯竭而衰落。发展再生资源产业以资源的高效利用和循环利用为核心，是对"大量生产、大量消费、大量废弃"的传统增长模式的根本变革。按照减量化、再利用与再循环原则，构建"资源—产品—废弃物—再生资源"的反馈式循环过程，以多种形式实现在生产领域资源的循环利用和综合利用。

回收利用再生资源，可使凝聚在原来产品中的人工、技术、能源等附加值得到充分利用，从而减少开采与利用原生资源重复生产新产品的资源、能源消耗和废弃物排放总量。研究显示，每回收利用1吨废旧物资，可节约自然资源4.12吨，节能1.4吨标准煤，减少6~10吨的废弃物处理量；每利用1吨废钢铁，可节约铁矿石2吨，生产新钢0.85吨，节能0.4吨标准煤，少产生1.2吨矿渣；每利用1吨废铜，可节能5.9吨标准煤，降低生产成本约60万元；利用1吨再生铝，比从矿石中提炼1吨铝节约投资约85%，节能96%左右，生产成本降低40%~50%；利用1万吨废纸，可生产纸浆8000吨，节约木材3万立方米，节能1.2万吨标准煤，节水100万立方米，少排放废水90万立方米，节电600万千瓦时；再生利用1万吨废塑料，约可提炼出7000吨汽油/柴油；利用1万吨废玻璃，可生产500克瓶子2000万只；此外，利用1万吨有机生活垃圾或养殖粪便，约可产生100万立方米沼气，能生产286万千瓦时电、90亿千焦热能和6000吨有机肥，减排2600吨二氧化碳。同时，1辆报废汽车中原来的人工、技术、能源等成分含量约占85%，原材料成本仅占15%

左右；报废电器与电子产品中，大量的电子元器件使用寿命为超过 50 万小时，而只使用了 2 万小时左右甚至更低就被淘汰，这样的现象随着电子产品更新换代的周期的不断缩短而更加严重[13]。通过发展再生资源产业，回收利用报废但尚有利用价值的产品、零部件和材料，能够达到显著的节能、节材、减排的目的。

2. 是解决我国环境污染问题的有效途径

粗放型经济增长方式带来的环境污染问题，已成为制约我国经济与社会可持续发展的重要因素，发展再生资源产业可有效缓解环境承载压力。目前，我国城市固体废弃物累计堆放量已超过 80 亿吨，很多城市对废弃物主要采用简易的堆积和填埋处置方式，极易引发一系列的环境与卫生问题。如果城市废弃物处置不当，在一定条件下发生物理、化学或生物转化，会产生多种污染成分，并可长期存在于人类环境中。其中有毒有害物质如某些化学成分、病原微生物等，还可通过环境介质——大气、土壤、地表水或地下水体进入生态系统，破坏生态环境，危害人体健康。城市固体废弃物中的各种有毒、有害、易燃、易爆、易腐蚀的危险废弃物，会导致生态环境重金属污染、酸性污染、碱性污染、恶臭、沼气集聚，引发爆炸的潜在危险，如果未有效处理将转变为危险污染源，在回收、处理处置过程中也可能产生较严重的二次污染。

3. 可以增加就业岗位，促进当地经济的快速发展

2012 年，我国再生资源回收利用企业已经达到 10 余万家，从业人员达 2000 万人。再生资源产业是劳动密集型产业，我国人力资源丰富，劳动力成本低，大力发展再生资源产业既可以发挥比较优势，又可以缓解就业压力。调查显示，每增加 1 万吨进口废旧物资，就可以增加就业 1000 人。目前，在我国长江三角洲、珠江三角洲地区已经有众多家拆解企业，形成了"进口废旧产品—再生成新产品出口"的产业链。在苏南地区，形成了以再生资源龙头企业为主导，以及全省遍布大中小城市的废旧物资回收网络体系，已经成为进城农民工就业的重要渠道。在北京的再生资源行业中，大约有 20 万人从事废旧物资回收，200 万周边地区的人口从事加工利用，对带动相邻地区经济发展起到了积极作用[14]。

4. 是应对新贸易保护主义的迫切需要

由于我国产品出口后产品产生的废弃物基本上没考虑回收，为此很多外国政府拟对我国出口产品征收废弃物处理税，这会对我国产品出口带来不利的影响，发展再生资源产业将有效地解决产品出口面临的问题。

此外，"城市矿山"蕴含着丰富的金、银、铜及多种稀有金属，发展再生资源产业可有效地回收稀有资源，避免外商进入引起贵重稀有金属的流失，对中国经济安全战略意义重大。

1.2 国内外再生资源产业的现状与问题

发达国家再生资源产业经过几十年的发展,产业已具备相当规模,废弃物资源化技术、设备,以及法规政策已较为完善。我国再生资源产业起步于20世纪50年代,经过几十年的发展,已逐渐从计划经济模式向市场经济转变,技术、设备、组织管理模式,以及政策法规已取得了较大进步,目前已朝着市场化、规模化的方向良性发展。

1.2.1 发达国家再生资源产业的发展现状

国外发达国家很早就意识到了发展再生资源的急迫性和必要性,再生资源循环利用的相关政策体系、法律法规、技术支持和行业服务平台等都比较完善,再生资源循环利用的新技术、新设备不断涌现。德国、瑞士、美国、日本、荷兰是世界上公认的发展再生资源循环利用产业起步早、水平高的国家。目前发达国家产业规模已超过2万亿美元,并以每年15%~20%的速度增长,年产值2360亿美元;日本再生资源产业的从业人员达1400万,年产值约3500亿美元。例如,德国的居民生活垃圾和企业生产垃圾的利用率分别达到57%和58%,95%的矿渣、70%以上的粉尘和矿泥都被重新利用;瑞士塑料瓶的回收率已经达到90%以上;美国2010年再生资源产业有企业5.6万个,从业人员130万左右,再生资源产业规模已超过2400亿美元,超过汽车行业,成为美国最大的支柱产业;日本的废塑料、废橡胶的回收率已达90%,再生铝已经占金属铝总产量的98%以上[13]。

欧盟国家废弃物回收一直处于世界领先水平。以有色金属为例,欧盟2001年发布的有色金属回收率中,铝为30%~40%,铜为40%~45%,铅为50%~60%,镍为35%~45%,锌为20%~30%,锡为15%~20%[1](图1-2)。欧盟国家包装物的回收率也较高,2003年的回收总量约为9943.5万吨,回收率为40.75%,其中德国最高,为65%(2006年约为83%),奥地利为63%,瑞典为60%,荷兰为57%,法国为42%[15](图1-3)。

在欧盟国家中,德国再生资源利用处于领先地位。自1972年出台第一部《循环经济和废物管理法》以来,相继颁发《包装废弃物处理法》、新的《循环经济和废物管理法》、《报废机动车法》、《废旧电子电器设备法》、《商业废弃物管理条例》、《废弃物填埋场与长期储存设施条例》、《废旧木材管理条例》、《专业废弃物管理公司条例》、《避免和重新使用包装废弃物条例》、《废旧电池回收和处置条例》等一系列法律法规。到2012年,全德国大约有8000

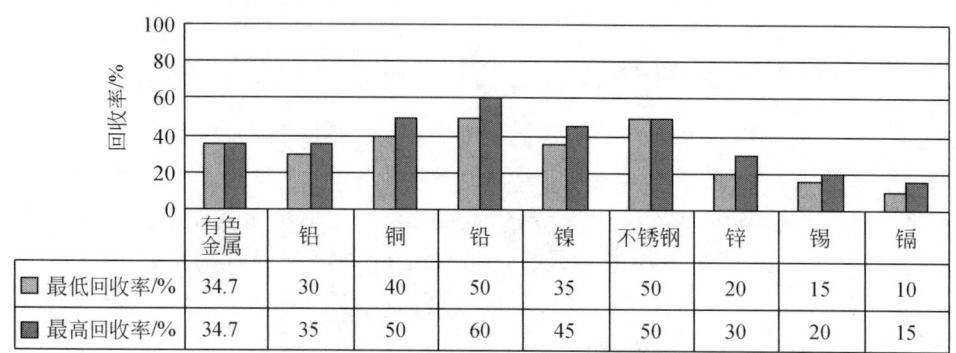

图 1-2　2001 年欧盟国家有色金属回收率

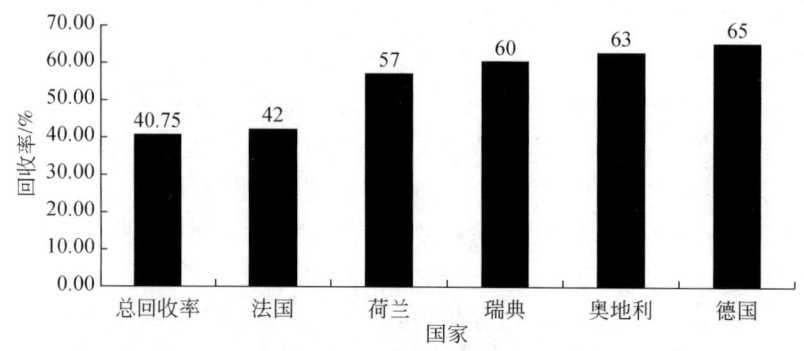

图 1-3　2003 年欧盟各国包装物的回收率

部联邦和各州的环境法律与法规，还有欧盟的 400 多个法规在德国也具有法律效力，德国已经形成一套较为完善的循环经济法律体系（再生资源循环利用专题报告）。随着法律法规的不断完善，德国家庭废弃物循环利用率有了较大程度的提升，1996 年家庭废弃物循环利用率约为 35%，2000 年已上升至 49%，到 2012 年德国的矿渣 95% 都得到了重新利用。德国的居民生活垃圾和企业生产垃圾的利用率分别达到 57% 和 58%，有些垃圾的回收率甚至更高，如建筑垃圾为 86%，包装垃圾约 80%，旧电池为 82%，旧纸张约 80%，废铁回收为 93%，年再生铝占铝总产量的 53%[16]。

美国再生资源产业已经成为美国最大的支柱产业。2004 年，美国再生资源回收利用企业共有 5.6 万家，从业人员 130 万，产业规模达 2400 亿美元。美国每年将回收处理 7000 万吨的含铁废料，其中，出口废钢铁 1500 万吨；回收 6000 万吨废纸，其中，出口废纸 1000 万吨。同时，还将回收 410 万吨的废铝、150 万吨的废铜、110 万吨的废不锈钢、250 万吨的废玻璃、5600 万吨的废轮胎，以及 45 万吨的废塑料等。2003 年，美国固体废弃物回收率为 40% ～

50%，生活废弃物的回收率为35%~40%。每年再生资源回收总值约1000亿美元，每年的销售收入为200亿美元[17]。

日本很早就建立了比较成熟的废旧物资回收网络和交易市场，其再生资源产业的快速发展得益于完备的循环经济法律体系支撑。日本为构筑循环型社会制定的法律体系如图1-4所示。日本的废塑料、废橡胶的回收率高达90%，生活废弃物的回收率达25%~30%。近年来，日本的再生资源加工业得到快速发展，如在再生金属产业中，2003年再生铝产量为123.9万吨，占铝总产量的99.5%，原生铝的产量很少；1997年，日本的再生铅产量已超过原生铅产量；2003年再生精铅的产量为17.3万吨，占铅总产量的61.8%；再生精铜产量为18.0万吨，占铜总产量的12.8%；再生精锌的产量为9.3万吨，占锌总产量的14.5%[18]。

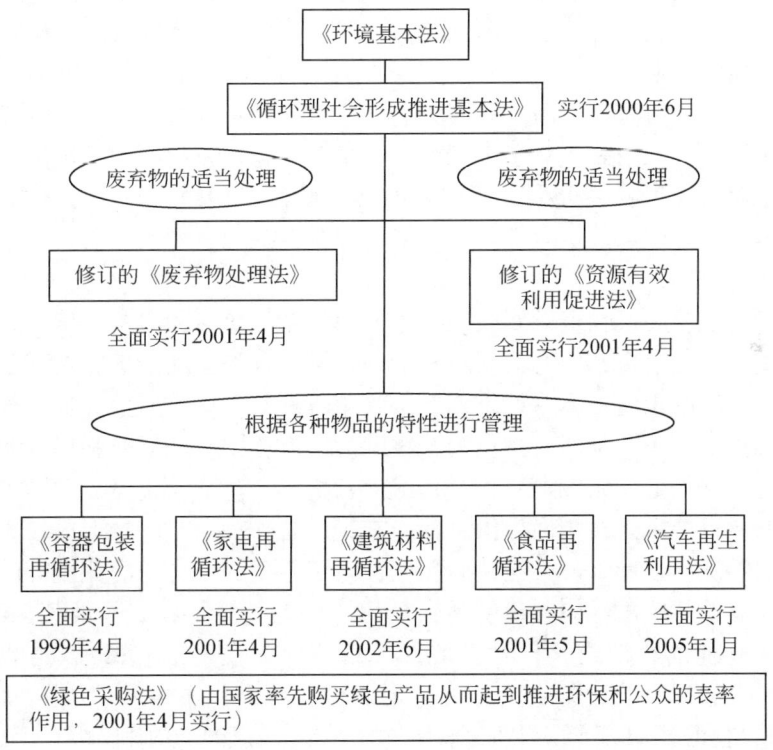

图1-4　日本为构筑循环型社会制定的法律体系[18]

1.2.2　我国再生资源产业的发展历程、现状与问题

我国再生资源产业起源于新中国成立初期所建立的废旧物资回收体系，经过几十年的变革与发展，已初步形成较为完善的回收、加工与再利用产业结构

体系。但是在快速发展取得显著成果的同时，也存在诸多问题。

1.2.2.1 我国再生资源产业的发展历程

从新中国成立之初至今，我国再生资源产业经历了一个由盛到衰，再随着可持续发展、循环经济等理念被重视而又重新发展壮大的过程。我国再生资源产业起源于计划经济体制下废旧物资的回收利用活动，从20世纪50年代起，我国政府就开展以废旧物资回收为主的再生资源回收利用工作。按照发挥主导作用的经济运行机制的不同，可将再生资源产业的发展历程大致分为三个阶段。

1. 第一阶段（1955~1983年）：政府主导阶段

自新中国成立初期，我国政府高度重视废旧物资的回收利用工作，通过废旧物资的回收利用解决物资短缺问题，支援经济建设。1958年，周恩来总理就提倡，要"实行废品收购，变无用为有用，变一用为多用，勤俭节约，变破旧为崭新"，国务院专门发布《关于加强对废弃物品收购和利用工作的指示》，强调把一切废弃物品广泛收集和充分利用起来，以支援国家建设。1955年，全国供销总社正式成立了全国废品管理总局，负责组织完成国家废品回收计划，由此形成了我国再生资源产业的最初阶段。1982年3月，全国供销合作总社再度与商业部、粮食部合并为新的国家商业部，并第一次设立了专业管理的废旧物资局。

在此阶段，废旧物资的回收利用主要由供销社负责组织与经营，并逐步建立起由供销社和物资部门两大系统对废旧物资垄断经营的废旧物资回收利用体系。这一阶段属于高度集中的计划经济管理时期，由国家对废弃物进行统一配置，并逐步形成了一个回收网点遍布全国的国有废旧物资回收利用系统。在组织结构上，县以上供销社设立了专营或兼营机构，基层社设立收购网点，对于经营废旧物资的私人经营商由供销社与其组成合作商店，基本形成较为稳定的城乡废旧物资回收网络。在经营运作上，对于零星、分散的居民废弃的日常生活用品，有关部门由供销社组织城市居民、农村基层供销合作社收购站代收；对于工矿企业的废旧物资，大多数省（自治区、直辖市）、市、县的回收部门，派专人进行废旧物资挑选分类、定期进行收购；不少省（自治区、直辖市）、市、县的回收部门，采取划片收购、定点收购、访问收购、预约收购、节日突击收购等形式[19]。

在此阶段，国内大部分可回收利用的废旧物资能得到回收利用。当时我国的经济基础薄弱，废旧物资的回收利用有力地支援了国家的经济建设。但由于当时的科学技术水平落后，废旧物资回收利用效率较低。这一阶段是再生资源产业的初期阶段，其主要目的是为了解决国内物资短缺问题，很少考虑生态环境因素，政府在其中发挥着主导作用，政府对废旧物资的回收价格、回收种类、回收网点分布、回收组织形式等统一筹划与实施。

2. 第二阶段（1984~2001年）：市场化过渡时期

1984年，国家实行流通体制改革，再生资源产业开放，进入市场化过渡阶段，市场经济成分和经营模式开始多元化。再生资源产业的个体私营组织形式迅速发展，占领了废旧物资回收市场。1986年，废物回收利用确定为物资再生利用行业，1987年，正式改名为再生资源产业。1986年原国家计划委员会发布了《关于改革废钢铁计划管理体制的请示》，开放我国废钢市场，取消回收废钢铁指令性计划，终止了对再生资源回收市场的计划经济管理模式。1989年3月，国家行政机构进行了体制改革，撤销了商业部废旧物资局，分设商业部再生资源办公室以及成立中国再生资源开发公司。1993年，中华全国供销合作总社再度与商业部分开，成立了中华全国供销合作总社再生资源办公室，与中国再生资源开发公司合署办公。

在此阶段，我国再生资源产业的组织和运行特征表现为：随着市场经济体制的逐步建立，供销社系统的管理体制和运行机制已不能适应多变而竞争的市场环境，经营范围不断萎缩。随着回收市场的放开，供销系统的回收网络逐渐瓦解，个体经济以其灵活性和对市场的敏感性适应转轨时期的市场环境，迅速发展成我国再生资源回收的主要力量，但这一时期供销和物资系统仍旧发挥着主要回收渠道的作用。此外，随着可持续发展与循环经济理念的引入，政府和企业在关注物资回收利用的同时，也逐渐认识到废弃物回收利用的环境效益因素。

3. 第三阶段（2002年至今）：以市场为主导，政府推进阶段

2002年，国务院决定取消第一批行政审批项目的决定，生产性废旧金属不再需要"特种行业许可"，废弃物回收市场完全放开，进入市场化时期。2004年3月，中华全国供销合作总社再生资源办公室向国务院提出"建立我国城市再生资源回收利用体系的建议"；2004年5月，国家实施首批循环经济试点并建立城市再生资源回收体系试点；2004年6月，国家商务部开始在全国选择20多个城市开展再生资源回收体系试点工作。

在此阶段，我国再生资源产业在组织结构和运行形式上有了根本性的改变。国有企业由于组织管理和创新力不足，竞争能力远不如私营企业及个体企业，导致全民所有制经济在再生资源产业中所占比重逐渐缩小，非国有制经济比重不断壮大。在运行方式方面，供销社系统仍然采取设立自上而下的回收企业和回收网点开展回收，而私营企业和个人主要以租赁经营、挂靠经营、承包经营等形式进行回收，个体私营经济的发展壮大，促使废弃物回收领域形成了多种经营方式、多种回收渠道竞争的市场竞争格局。在广东、浙江等沿海区域，以及一些内地区域如湖南，形成了较大规模的产业园区、企业。此外，国外一些拥有先进技术的再生资源企业也纷纷进入国内，凭借着先进的技术、设

备、经营理念和良好的信誉等,占据了再生资源产业的高端地位。

总体来看,在近60年的发展历程中,再生资源产业结构组织形式、企业经营模式、战略目标等都经历了很大的变化,由初期的计划经济、国有运作模式逐步向市场经济、私营企业转变,目前市场机制已成为基础性的资源配置方式,高效率、低成本、整体优化等优势得到有效体现;同时,政府通过政策引导与干预规范和推进产业良性发展,为市场机制更好地发挥作用提供了有效的制度条件和环境。

1.2.2.2 我国再生资源产业的发展现状

经过几十年的发展,目前我国再生资源产业发展粗具规模,区域性集散市场基本形成,技术水平不断提高,回收体系日趋成熟,功能逐步完善。2012年,我国再生资源回收利用企业已经达到10余万家,从业人员达2000万人,废旧商品的回收总量约为1.6亿吨,年均增长率在10%以上,再生资源总产值已达到1万亿元,再生资源已成为工业生产非常重要的原材料来源,如图1-5、图1-6所示。我国再生资源品种,也从传统的废钢、废有色金属、废纸三种,扩展至目前的废塑料、废橡胶、废车、废家电等共计11大类。据统计,目前我国废钢铁、废有色金属的回收率基本能达到96%以上,但废纸回收率只有44.5%,废塑料回收率为29.6%,废轮胎回收率为47.3%,废弃电器电子产品回收率为23.3%,报废汽车回收率为29.6%。废钢铁、废有色金属回收率比较高,因为它们价值比较高,但是,像废玻璃、废节能灯等废弃物,由于价值相对低,回收状况较差。目前我国主要再生资源的平均回收率不到50%。

随着国内资源供应的紧张,废料进口成为沿海港口附近地区出现的一种新产

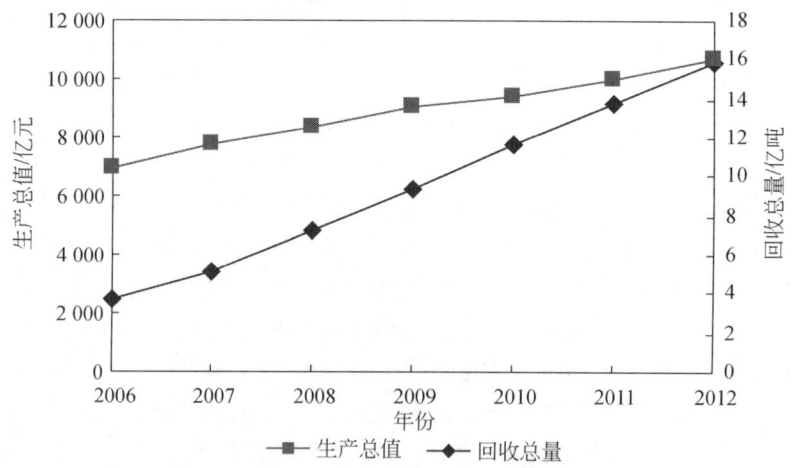

图1-5 2006~2012年再生资源产业回收量与产值增长情况

业，20世纪90年代以来，广东、浙江、江苏、上海、天津等沿海地区，进口、拆解废金属逐步发展并形成了较大的产业规模；山东、河北等省也是进口、拆解废金属产业发展较快的地区；中部地区的湖南汨罗、永兴等地，再生资源产业发展已初步形成特色[20]。

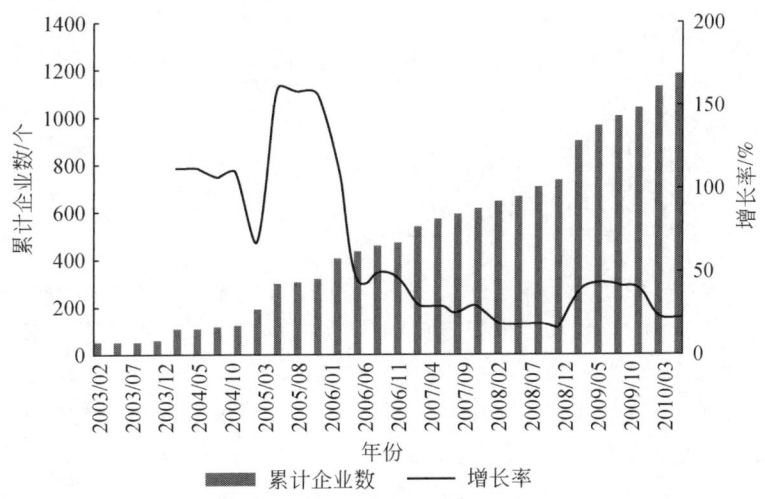

图 1-6 2003～2010年回收加工企业数量增长情况
注：2003/02 表示 2003 年 2 月，下同

目前废钢铁回收利用在再生资源回收利用行业中占主导地位，2012 年，我国废钢铁社会回收量达 4420 万吨，废钢消耗总量达到 8400 万吨，见表 1-1。2012 年，我国再生有色金属生产总量 1045 万吨，其中，再生铝 480 万吨，再生铜 275 万吨，再生铅 140 万吨，再生锌 45 万吨，见表 1-2。再生有色金属总量已经接近原生有色金属总量的 1/3。近几年再生有色金属的回收网遍布全国，还从国外大量进口废杂金属，废杂金属回收利用产业蓬勃发展，涌现出再生金属企业 5000 多家，并形成了珠江三角洲、长江三角洲和环渤海地区的再生金属利用中心[21]。

表 1-1 2007～2012 年我国废钢回收利用量　　　　　单位：万吨

年份	废钢消耗总量	钢企自产	社会回收	进口
2007	8053	2641	5073	339
2008	8150	2540	5260	350
2009	8300	3230	4700	370
2010	8310	3300	4570	440
2011	9100	3560	5080	460
2012	8400	3650	4420	497

表 1-2　2006～2012 年我国再生有色金属产量　　单位：万吨

年份	再生铜	再生铝	再生铅	再生锌	总产量
2006	168	235	39	11	453
2007	200	275	45	10	530
2008	198	270	44	8	520
2009	200	310	98	30	633
2010	240	400	102	33	775
2011	260	440	105	30	835
2012	275	480	140	45	1045

2012 年，我国废塑料产生量约 3413 万吨，再生利用量达到 2563 多万吨，占我国塑料消费量的 45.0% 左右，相当于节约原油 4000 多万吨。据不完全统计，2011 年有 100 多个国家和地区对我国出口废塑料，主要为日本、美国、德国和澳大利亚等地，其中亚洲地区是我国进口废塑料的重要来源地，约为 427 万吨，占比达 52%，如表 1-3 所示[22]。

表 1-3　2006～2012 年我国塑料回收再生量与再生率表

年份	2006	2007	2008	2009	2010	2011	2012	年均增长率/%
国内塑料消费量/万吨	3377	3742	3500	4170	4693	5229	5699	9.41
塑料废弃量/万吨	1384	1742	1805	2353	2800	2871	3330	15.7
国内回收量/万吨	700	800	900	1000	1200	1460	1653	14.0
进口量/万吨	586	648.4	707.4	732	800	838.4	910	7.4
再生利用量/万吨	1286	1448.4	1607.4	1732	2000	2298.4	2563	11.2

根据我国造纸工业 2012 年年报，2012 年全国纸浆生产总量为 7850 万吨，其中废纸制浆 6583 万吨，占纸浆生产总量的 84%。进口废纸使用量为 3007 万吨，国内废纸回收量为 4474 万吨，国内废纸为进口废纸的 1.5 倍。我国是最大的废纸进口国家，我国进口废纸已占世界可供出口总量的 1/3，美国废纸出口总量的 50% 都销往我国，如表 1-4 所示[23]。

表 1-4　2001~2012 年我国废纸消耗量

年份	国内废纸回收量/万吨	国内废纸回收率/%	废纸浆用量/万吨	进口废纸使用量/万吨	废纸消费总量/万吨
2001	1012	27.50	1310	624	1636
2002	1338	30.30	1620	687	2015
2003	1462	30.40	1920	938	2400
2004	1651	30.40	2305	1230	2881
2005	1809	30.50	2810	1703	3512
2006	2263	34.30	3380	1962	4225
2007	2765	37.90	4017	2256	5021
2008	3129	39.43	4439	2420	5549
2009	3424	39.96	4997	2750	6174
2010	4024	43.87	5305	2615	6639
2011	4348	44.59	5660	2728	7076
2012	4474	45.87	6583	3007	7481

2012 年，我国生产汽车 1927.28 万辆，销售汽车 1930.64 万辆，全国汽车消费量 1962 万辆，全国民用汽车保有量达到 12 089 万辆。2012 年，我国汽车注销量 451.6 万辆，占当年汽车保有量的 3.74%，全国报废汽车回收拆解行业报废汽车有 110 万辆，占当年企业注销量的 24.36%。我国目前获得拆解资质的企业数量达 522 家，隶属回收网点 2237 个，报废汽车回收网点已覆盖全国 70% 以上的县级行政区域，从业人员 25 799 人，如图 1-7 所示[24]。

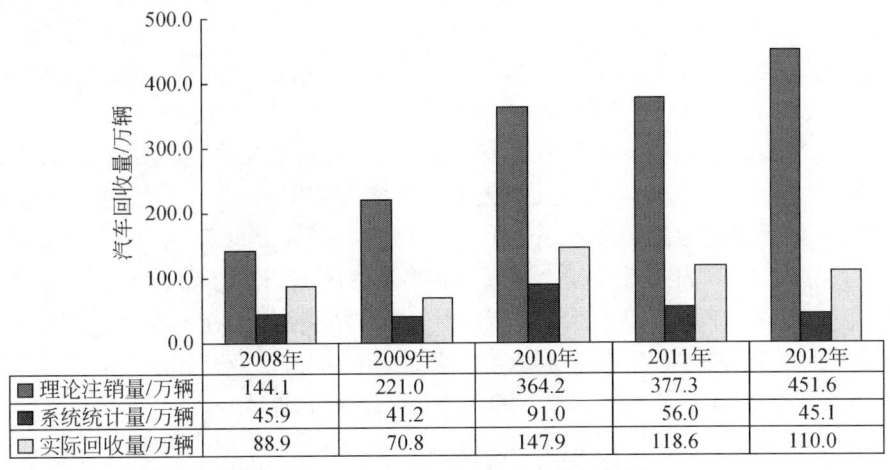

图 1-7　2008~2012 年我国汽车回收量

据预测，我国目前家电产品保有量巨大，已经进入电子产品报废高峰期。2012年，我国"四机一脑"和汽车的产量和报废量巨大，生产和报废电视机分别为13 970万台和6820万台、电冰箱分别为8427万台和4360万台、空调分别为14 280万台和8120万台、洗衣机分别为6200万台和3350万台、电脑分别为25 300万台和16 700万台、手机分别为118 000万部和5300万部、汽车分别为1600万辆和800余万辆。从2003年开始，我国就已进入一个家电更新换代的高峰期，每年将淘汰接近1亿台废旧家电产品，相当于一座蕴藏量大、品位高的矿山，到2020年电子产品每年报废数量将达1.37亿台。根据联合国环境规划署（United Nations Environment Programme, UNEP）2010年发布的报告，我国已成为世界第二大电子垃圾生产国，每年生产超过230万吨电子垃圾，仅次于美国的300万吨。目前我国采取以旧换新举措回收废旧电子产品，成效显著。截至2011年4月10日，全国共销售五大类新家电4426.8万台，销售额1667亿元，回收旧家电4580万台，拆解旧家电3420万台。政策实施两年来，在全国范围内初步建立起了规范的废旧家电回收处理体系[25]。

在2006年和2009年，我国启动了两批再生资源回收体系建设试点工作，先后确定了55个试点城市和11个区域性集散基地，基本覆盖到直辖市、计划单列市和省会城市。经过几年的发展，55个试点城市基本形成了社区回收网点、分拣加工中心、集散市场三位一体的回收模式，试点城市再生资源的回收率由原来的40%提高到70%左右。社区回收网点的建立改变了过去走街串巷、散兵游勇式的传统回收形式，规范了废弃物回收市场秩序，完善了社区服务功能；分拣加工中心依靠较高的管理水平和处理能力，废旧产品回收质量与处理效率得到明显提高；集散市场通过发挥集聚效应，延伸产业链，有效提高了产品附加值，为促进产业的健康发展提供了有力支撑。在再生资源产业快速发展的过程中，一部分再生资源企业快速成长与壮大起来，再生资源回收、分拣、处理工艺、技术与设备有了显著的进步，部分处理加工技术和装备已达世界先进水平，形成了强大的品牌效应和辐射力。

再生资源利用企业的技术水平有所提高。目前我国再生资源加工企业随着规模的扩大，技术装备有了很大的进步，一些企业引进国外的先进生产线，或联合科研院所研究开发了许多适合我国废物特点的加工设备，一些设备甚至已经出口到国外。国内共伴生金属矿产约70%的尾矿得到了综合利用，矿产资源综合回收利用率和共伴生矿产综合利用率分别提高到35%和40%；煤层伴生的油母页岩、高岭土等矿产进入大规模利用阶段；工业固体废弃物综合利用率达69%，累计利用粉煤灰超过10亿吨、煤矸石约11亿吨、冶炼渣约5亿吨；回收利用废钢铁、废有色金属、废纸、废塑料等再生资源10亿吨；农作物秸秆综合利用率超过70%，年利用量达5亿。钒钛资源、镍矿伴生资源实现综合开发，稀土等元素得到高效利用，高铝粉煤灰提取氧化铝技术研发成功并逐步产业化，废旧家电快速拆解和高效率物料分离等资源化技术装备实现国产化，废旧纺织品再生利用技术已试成功，煤矸石装备达到国际先进水平。

此外，随着我国循环经济的深入开展，再生资源回收加工企业在循环经济中的地位越来越重要。再生资源产业已成为区域经济极具潜力的战略性新兴产业，各级政府高度重视再生资源产业发展，逐步建立了较为完善的政策支持体系，为我国再生资源行业发展创造了良好的外部环境和发展空间。

1.2.2.3 我国再生资源产业发展存在的问题

在分析近年来国内学者对中国再生资源产业分析的基础上，结合在上海、广东贵屿、清远、宁波镇海、湖南汨罗等地方和园区调研的情况，笔者总结出再生资源产业存在的如下问题[26]。

1. 再生资源综合利用效率低，环境污染严重

与德国、日本、瑞典等发达国家相比，中国再生资源综合回收利用效率很低。很多企业对价值高、利润大、销路好、拆解容易的品种，如某些废旧机电产品、废钢铁、废塑料等争夺激烈，而对回收废玻璃、废布、废旧电池、建筑垃圾等利润低的品种缺乏积极性，导致资源流失严重。据测算，目前全国可回收而没有回收利用的资源价值高达上万亿元，资源综合利用水平不足40%，而发达国家很多废品回收率都在70%以上。例如，日本城市生活垃圾中的生物质基本用于生产肥料、饲料或燃烧发电，而中国90%以上被填埋。大量得不到有效回收的再生资源被随意丢弃、填埋或焚烧，对大气、土壤、地下水造成现实或潜在的严重污染。

2. 产业发展缺乏规划，产业组织与管理混乱

目前中国再生资源产业发展是一种"自下而上"的发展模式，由企业、零散市场、技术推动产业发展，对于再生资源这种带有很强的外部性与准公共物品特性的战略性新兴产业而言，这很容易导致市场失灵、产业发展出现混乱的状态。

（1）产业发展战略定位不明确，缺乏总体规划。具有完善的再生资源产业发展机制与体系的国家，都有明确的产业战略定位。而中国没有明确的战略定位，没有制定总体规划及各时期的发展计划，导致产业在国民经济中的地位缺失，产业结构不合理，未形成回收、拆解、加工与再制造完善的产业链体系。

（2）产业存在多头管理、职能不明确、管理不到位的现象。再生资源产业涉及的管理部门较多，如科技部、商务部、财政部、中华全国供销合作总社等，没有指定产业牵头部门，各部门之间缺乏有效沟通与协调，导致出台的政策滞后、相互矛盾，市场很多地方处于无人监管的状态。例如，目前外国企业（如松下电器、同和矿业、三井物产等）纷纷进入中国再生资源产业市场，开采中国"城市矿山"中蕴含的稀有贵重金属，对我国金属资源战略安全造成了严重威胁，政府至今未出台文件加以管理。

（3）产业组织模式不清晰。目前再生资源产业处于自发的、零散的、无序的发展状态，没有清晰的组织模式，很多企业在市场前景好的时候抢夺资源，而市场低迷时就少收甚至不收废品，政府缺乏有效的措施，没有形成固定的组织模式。

3. 市场秩序混乱、畸形发展，未建立完善的市场结构与有效的市场机制

中国再生资源产业未设置明确的市场准入条件，各类主体纷纷进入，回收市场很大一部分被个体户抢占，正规企业无法获得货源，造成了巨大的资源浪费与环境负荷。市场畸形发展，也使得虽然很多人都认为该产业蕴藏着巨大的商机，但不敢投资。例如，某企业拥有世界先进的电子废弃物再循环技术，但一直处于"缺米下锅"的状态。此外，产业服务市场建立很不充分，各种咨询公司、再制造评估机构等远不能满足市场的需求；尚未建立全国性的资源与市场、技术与产品和管理的信息网络，导致很多技术成果不能转化为生产力。

国外政府对再生资源产业采用"政府引导，市场推进"的运行机制，非常注重发挥市场机制的作用，对政府和市场的责任、利益作了清晰的界定，依靠法规、政策、组织、科技等支撑保障体系，通过对市场结构、行为和绩效的分析，对产业进行全过程、多手段的管理，为企业创造公平竞争的环境。而这些正是中国再生资源市场所缺少的。

4. 产业园区缺乏有效的规划与监督

自 2002 年国家开始实施再生资源加工企业的"圈区管理"以来，已建有福建漳州、江苏太仓、宁波镇海、浙江台州和天津子牙等几十家国家级示范园区，但同时还建有近千家不同规模的地方性园区。政府很少综合考虑废物的来源、类型、规模、分布和发展趋势等因素，且未从区域与全局的角度比较成本与效益，以及科学决策产业园区建设的可行性，导致众多园区之间缺乏合理的区域规划和统一布局，各地盲目建设，无序竞争，相互压价。很多园区缺乏监督机构，管理混乱，配套设施不完善，治污问题依然没有解决，由过去的区域分散污染变为集中污染。

5. 企业规模小，技术、设备普遍非常落后，二次污染严重

中国再生资源产业主体以个体户、小型企业为主，目前 10 万多家主体中有 94.4% 为个体户，年销售额达到亿元以上的企业不到 100 家。许多企业设备、技术非常落后，造成的二次污染十分严重。例如，广东省贵屿镇大多数小家庭作坊对废旧电子产品采用最原始的拆解方法，由人工拆分出铁、铜、塑料、电路板，用碳火炉烤熔出电路板上的零件，用硫酸洗出贵重金属，美国《时代周刊》网站多次报道该镇的污染情况，将其视为全球最毒的城镇。

产业集约化程度低导致难以发挥产业集聚效应和规模效益，很多企业没有

能力采用新技术、新设备，不具备创新能力，以加工附加值低的初级产品为主，整个产业在低位发展。而发达国家政府对企业有很高的标准，企业一般需要政府或行业协会的认可和支持才能生存，企业规模大、标准高，形成了有效竞争的市场结构。

6. 尚未建立起有效的资源回收体系

目前广泛分布于家庭的废旧物资的回收组织化程度很低，居民生活垃圾网点设置不合理，回收渠道多元化，国企、集企、民营、个体一起上，恶性竞争激烈。由于走私、仿制产品的大量存在，基于生产者责任延伸制度的回收体系难以推行。商务部虽从2006年开始在多个城市进行资源回收体系建设的试点工作，并取得了一定的效果，但未从根本上调动人们对回收资源的积极性，尤其是低价值的废品回收效果很不明显，在上海、北京等大城市的居民也不知道家里的废旧电池送到何处去。

7. 政府技术、设备研发资金投入严重不足，产业人才严重缺乏

废旧物资能否被再利用，取决于产业技术水平和产业化水平。当前政府研发资金的投入远远不够，没有建立起系统的研发体系，技术先进、价格适中的设备太少，即使有先进适用的技术、设备，也因为资金短缺难以推广应用。此外，受传统观念的影响，高层次人才一般不愿直接从事一线工作，多限于科学研究，导致与生产脱节，缺乏技术与管理型的复合型人才。

8. 法律体系不健全，缺乏稳定的优惠财税政策

目前，中国缺少再生资源综合利用的综合法和针对各种产品性质的专项法规，配套的废旧物资拆解、加工与再制造技术标准很不健全。虽然近年先后实施了《再生资源回收管理办法》《循环经济促进法》《废弃电器电子产品回收处理管理条例》《报废汽车回收管理办法》等法规，但由于缺少配套规范、标准与政策的支撑，很多条款形同虚设。同时企业、人员从业准入、市场准入制度，生产者责任延伸制度，政府绿色采购制度，产品绿色设计制度等还未建立或完善。外国政府对产业普遍给予较多的扶持政策，而中国缺少相应的优惠政策，激励和引导产业发展的政策不健全。例如，目前再生资源增值税政策，引发了再生资源企业进项抵扣难、税负高、退税审批程序复杂等一系列的问题，也导致一对一的回收企业大量涌现，扰乱市场秩序。此外还存在废物进口政策设置不合理、缺少园区的支持政策、信贷支持不足等众多问题。

9. 产业宣传力度不够，公众、政府、企业认识不到位，参与意识不强

产业宣传教育不够深入、广泛与持久，没有形成稳定的社会制度，导致居民大多对废旧物资再生利用认识不足，分类、回收废物意识差，再生资源被视为是"垃圾"和"破烂"，回收利用职业受到歧视；部门官员将进口废旧物资，如废橡胶、废皮革、废金属化合物，视为"洋垃圾"，限制或禁止进口；再生资源企业经济利益至上，缺乏环境意识。

1.2.3　国内外再生资源产业成本收益比较

无论是国外还是国内，再生资源回收再利用的基本过程包含废旧物资的收集、回收、分类、加工与再利用等环节，但有所不同的是在各个环节中的技术水平、组织结构、运作模式、参与主体、运营成本，以及投入资金的来源方面。再生资源在总体上具有存在形式的分散性、理化特性的不确定性、获得渠道与数量的不稳定性等特征，这使得再生资源产业要比其他产业更加复杂。再生资源产业的成本主要来自废旧产品的回收、运输与存储、拆解及再利用加工过程中人工费用、设备费用、能源费用，以及其他费用，再生资源产业的收益主要来自废弃产品循环利用后所产生的再生产品的价值以及政府所给予的税收优惠或特殊津贴等。比较国内外再生资源产业的成本，国外再生资源产业的成本要高于国内再生资源产业的成本，这主要是由以下两个方面造成的。

（1）我国劳动力成本相比发达国家，具有明显的比较优势。由于再生资源产业本身是高度劳动密集型产业，国内外的资源再生产业运作都必须投入大量的人力，但是由于各国资源禀赋的不同，劳动力成本在总成本中所占的比重不同。例如，在劳动力成本高昂的日本，劳动力成本在总成本中所占的比重高达90%；在美国，根据1995年美国刘易斯堡市废旧物资回收成本和收益分析，劳动力成本在总成本中所占比重仅收集、处理和管理成本三项就高达43%，如果加上运输成本则高达62%。然而一直以来，中国都将人工成本当成制造的最大竞争优势，这种利用人口红利的发展模式，让大量的劳动密集型企业获得了很大的发展。长久以来，中国劳工都处于产业价值链最低端，在产品生产成本中，中国劳工成本只有1%~5%。据统计中国的工资总额占GDP的比例为12%，而发达国家这一比例高达50%~60%，世界平均为40%。

（2）国外对回收利用过程拥有严格的环境限制，导致产业成本大幅增加。西方发达国家在对再生资源进行回收利用时，通过制定严格的法律、法规和标准来防止回收利用过程中可能产生的二次污染。这种严格的环境限制必然要求对再生资源回收利用时，使用较为先进的技术以及对回收利用中产生的污染物质进行高标准的处理，这必然提高再生资源的回收利用成本。因此，为了解决高昂的成本问题，国外很多国家要求多种主体参与到再生资源产业活动中，要求系统内和系统外的多渠道资金对该行业进行支持。而我国大部分再生资源的加工处理技术还十分落后，与资源综合利用和环境保护的要求差距甚远。由于我国的劳动力成本低廉且国家对环境污染的限制标准设置低，再生资源产业的运行成本相对于其他发达国家低，所以能在多种主体没有参与其中、多种力量不利于再生资源产业发展的条件下，依靠市场机制的力量艰难运营。

比较国内外再生资源产业的收益，由于国外的再生资源产业发展较早，废弃产品回收、运输、储存、拆解、检测、清洗、再制造、再利用等过程的生产工艺、生产设备、运营模式，以及再生资源循环利用所产生的产品的销售渠道、销售方式都已经较为成熟，产品的附加值也较高，消费者的绿色意识相对较强。相比国外，我国的再生资源产业还处于初级阶段，回收体系、技术体系及市场体系都还不完善、不成熟、不规范，再生产品的附加值低且质量也无法得到保障，消费者对再生产品缺乏认同感。

1.3 再生资源生态工业园区发展概述

生态工业园区（eco-industrial parks，EIP）作为新型工业化发展的必然趋势，已经成为继经济技术开发区、高新技术开发区之后的第三代工业园区，是我国建设循环型社会、推进可持续发展的重要战略举措。再生资源生态工业园区作为生态工业园区的主要类型之一，近年来随着再生资源产业的快速发展在我国蓬勃发展。本节主要介绍生态工业园区的概念及国内外生态工业园区的发展概况，并重点分析我国再生资源生态工业园区的发展情况。

1.3.1 生态工业园区概述

自20世纪60年代以来，工业经济的快速发展带来了严重的环境污染问题，很多国家逐渐意识到污染控制和治理必须从工业生产的全过程、系统的角度进行组织和管理。在此背景下，美国康奈尔大学（Cornell University）的一些学者提出了生态工业园区的概念，认为应该通过建立生态工业园区，使企业间建立废旧资源（含副产品）与能源循环利用网络，努力实现园区零排放目标，推进工业园区与社会和谐共处，从而建立起经济、环境与社会"共赢"的可持续发展的生产区域，更好地应对全球气候变化问题[27]。

1.3.1.1 生态工业园区的概念

生态工业园区的概念来源于生态学与工业活动相结合而产生的新兴交叉学科——工业生态学，属循环经济的范畴。埃尔克曼（Erkman）在《工业生态学》中指出，只有借助生态学的有关原理组建生态工业园区，才能实现工业化社会的可持续发展[28]。关于生态工业园区的概念，很多组织和学者给出了一些相似的定义。

美国Indigo发展研究所在1992年将生态工业园区定义如下：通过企业间废弃物、能源和水，以及环境管理等方面的协作，寻求改善经济行为和环境的制造业和服务业的园区，通过企业间的合作，使园区整体利益大于每个公司单独行动利益的总和，将工业企业的生产行为对环境的影响降低到最低程度[29]。

美国可持续发展总统委员会（the President's Council on Sustainable Development，PCSD）的定义为，为高效地分享资源（信息、物质、水、能源、基础设施等）而彼此合作并与当地工业合作的工业共同体，它将促进区域经济和环境质量的改善，是一个计划好的原材料和能源交换的工业体系，它寻求能源、原材料使用，以及废物的最小化，并建立可持续的经济、生态和社会关系[29]。

美国国家环境保护局的定义是，生态工业园区是一种由制造业和服务业所组成的工业共同体，企业间通过联合来共同管理环境与物资流动（包括能量、水和资源），从而致力于提高企业和区域的环境与经济绩效。通过联合运作，工业共同体可以取得比单个企业通过个体的最优化所取得的效益之和更大的效益[29]。

我国2007年原国家环境保护总局（今环境保护部）的定义是，生态工业园，是依据清洁生产要求、循环经济理念和工业生态学原理而设计建立的一种新型工业园。它通过物流或能流传递等方式，把不同工厂或企业连接起来，形成共享资源和互换副产品的产业共生组合，使一家工厂的废弃物或副产品成为另一家工厂的原料或能源，模拟自然系统，在产业系统中建立"生产者—消费者—分解者"的循环途径，寻求物质闭环循环。

综合以上定义，生态工业园区是建立在特定区域上的由工业企业和配套服务企业形成的协同网络型的企业聚集区域。在该区域内，各成员组织通过共同管理生态环境、获取协同收益，来获取整体的经济效益、环境效益和社会效益；整个企业聚集区所获取的效益，将大于单个企业独自行动所能得到的效益之和，其主要目标是参与企业在最小化环境影响的同时，提高其经济绩效，其概念模型如图1-8所示。生态工业园区具有如下特点：

（1）强调协同与整体利益。生态工业园主要是由工业企业组成的企业聚集区，通过废弃物、能源和水的协同利用，获取经济、环境和社会效益。

（2）强调采取系统的思维方式考虑工业关系。通过对工业园区废弃物流、能流、信息流的系统集成，改善园区的运作效率，实现园区基础设施的共享。

（3）强调工业生产的环境友好性。按照生态学的共生机理来规划和设计整个工业生产过程，使得工业生产能有机地融入整个自然系统之中，促进经济与环境和谐发展。

（4）强调经济发展的可持续性。通过资源的循环运作、能源的梯级流动，实现资源使用的减量化和环境保护的最优化，因此它是一种可持续发展的模式[30]。

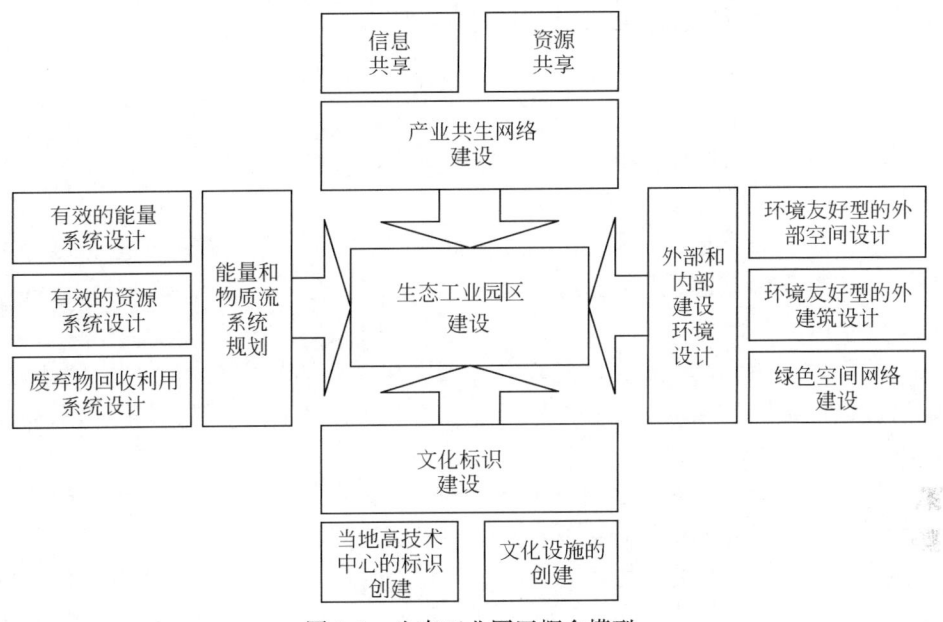

图 1-8 生态工业园区概念模型

1.3.1.2 生态工业园区的作用

生态工业园区的作用主要体现在以下三个方面[31]。

(1) 合作与共享资源的作用。生态工业园区是依据特定区域产业、经济和自然特点所形成的产业聚集区，一般有着明确的发展主题，具有完善的废弃物再利用渠道、先进的信息化技术服务平台和一体化管理体系，表现出废弃物质、能量、水和技术集成，以及基础设施、信息共享等合作与共享作用。

(2) 竞争作用。生态工业园区建设和运营的原则是最大限度地实现资源的"减量化、再利用、资源化"，园区企业间的关系是合作中存在竞争，园区系统的综合效益不是各个部分的叠加，而是能产生更为丰富的内涵与效果。科学地处理好园区内各主体间的协同与竞争关系，将有助于更好地建设生态工业园区，发展更为有效的生态工业体系。

(3) 示范与带动作用。生态工业园区的建设，充分体现出经济和环境的协调发展、环境促进经济发展的思想，通过新型环境无害化技术、设备的应用，促使企业开展清洁生产、承担社会责任，构建循环经济产业体系。生态工业园区是有效解决资源短缺和环境污染问题的重要措施，能推动产业结构的调整，拉动区域经济增长和保护生态环境，促进人类的生产活动和自然的协调发展，对提高社会环境保护与可持续发展意识起到重要的示范作用。

1.3.1.3 生态工业园区的分类

生态工业园区可按照产业结构、建设基础进行分类。

1. 按照产业结构分类

按照产业结构划分，生态工业园区可分为综合类、行业类、再生资源产业类生态工业园区[32]。

（1）综合类生态工业园区是由不同行业的工业企业组成的工业园区，主要指在高新技术产业开发区、经济技术开发区等工业园区基础上改造而成的生态工业园区。

（2）行业类生态工业园区是以某一类工业行业的一个或几个企业为核心，通过物质和能量的集成，在更多同类企业或相关行业企业间建立共生关系而形成的生态工业园区。

（3）再生资源产业类生态工业园区是以从事再生资源产业生产的企业为主体的生态工业园区，以节约资源、保护环境为目的，运用先进的技术，将生产和消费过程中产生的废物转化为可重新利用的资源和产品，实现各类废物的再利用和资源化的产业园区，包括废物转化为再生资源以及将再生资源加工为产品的两个过程。

2. 按照建设基础分类

生态工业园区按照建设基础进行分类，可分为改造型、全新型和虚拟型生态工业园区[32]。

（1）改造型生态工业园区是对现已存在的工业园区，按照生态工业学原理，通过适当的技术更新改造以及组织管理措施，引进新的产业、项目、工艺流程等，在园区内成员间建立起废弃物质、能量、水的层级利用关系和废物处理及回收再利用关系。例如，我国广西贵港生态工业（制糖）园区，通过循环化改造，基本实现了经济、社会、生态环境效益三赢目标。

（2）全新型生态工业园区是指在对园区工业关系规划和设计的基础上，制订生态工业园区的规划设计方案，通过招商引资从无到有地推进园区建设，使园区达到资源高效利用、废弃物循环利用、对环境影响最小化的目标，如我国的新疆石河子国家生态工业示范园区。

（3）虚拟型生态工业园区是指合作成员不要求位于同一个园区，企业间通过现代信息技术和交通运输条件，建立成员间的物质、能源交换联系，形成地域上分散、经济上联系紧密的工业共生关系。

1.3.2 发达国家生态工业园区发展现状

自20世纪90年代以来，在丹麦卡伦堡生态工业园区的示范作用下，生态工业园区在世界各地迅速发展。1995年，美国可持续发展总统委员会选定重点发展的4个工业园区项目开始推进生态工业园区建设，到目前为止已经建成了几十个生态工业园区。在意大利、德国、英国、荷兰、瑞典等国家，生态园区建设项目也迅速开展。下面针对有代表性的生态工业园区作一简单介绍。

1.3.2.1 发达国家典型生态工业园区介绍

1. 丹麦卡伦堡生态工业园区——自组织模式

丹麦卡伦堡生态工业园区，是目前世界最早被揭示由企业自发形成的较为成功的生态工业园区。20世纪70年代共生关系开始建立，园区至今已成功运行40多年。卡伦堡生态工业园区是主要由5家工业生产企业、1家废弃物处理公司等组成的共生网络体系，通过对主要生产企业生产过程中的废弃物或副产品再利用，形成经济发展与环境保护的良性循环，如图1-9所示。其中，阿斯尼斯（Asnaes）燃煤火电厂是产业共生系统的中心，对热能进行多级利用，为制药厂、炼油厂提供蒸汽；还将废热能供给诺和诺德（Novo Nordisk）制药厂利用；将生产过程中的余热供给养鱼场，而养鱼场的淤泥作为肥料出售。1993年，阿斯尼斯电厂建设了除尘脱硫设备，除尘的副产品全部出售给石膏厂，替代该厂从西班牙石膏矿进口原料；粉煤灰销售给筑路和生产水泥的企业。挪威国家石油公司（Staoil）炼油厂向硫酸厂供应其副产品硫；向本地居民供热水；向石膏厂提供火焰气用于石膏板生产的干燥，减少常见的火焰气的对空排放；1992年建立酸气脱硫项目生产稀硫酸；炼油厂的脱硫气供给电厂燃烧。诺和诺德制药厂将制药废渣经热处理杀死微生物后销售给附近1000多家农户用作肥料[33]。

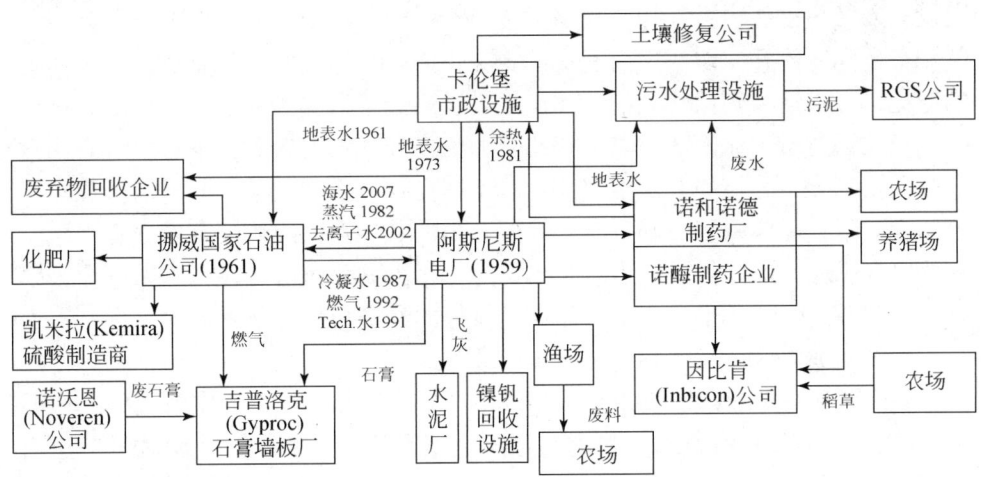

图1-9 丹麦卡伦堡生态产业园简图

2. 德国法兰克福赫斯特生态工业园区——企业合作管理模式

德国法兰克福赫斯特生态工业园区，占地面积约4平方千米，是目前世界上最大的化工与生命科学工业园之一，园区涵盖医药、通用与特殊化学品、食品添加剂、颜料、塑料、农作物保护品等众多企业[16]。赫斯特生态工业园区由工业园管理公司管理，该管理公司由8家化工和生命科学公司以股份合作形式共同组成，是园区的共同拥有者。园区管理公司通过建设园区内的交通、运输、供热、供能、通信等基础设施，为入园企业提供运输、能源供应、污染物处理等配套服务；园区还提供先进的研究试验基地，为园区内企业的试验与研究活动提供场地、实验设备等服务。

赫斯特生态工业园区的共生关系体现在以下几方面：园区企业与园区外发电厂、供应网与天然气网络相联系；园区内很多原材料都可以通过一个延伸的管道系统，直接输送到各个生产车间；管理企业对园区内的供电、供热系统进行优化，发电站低压蒸汽大部分被园区内企业利用；园区拥有大型的污水处理系统和废弃物焚烧厂，为企业废水、废弃物处置提供服务。另外，污泥焚烧系统将焚烧污泥所产生的热供应给生产企业，焚烧烟气进行热量回收，对烟气中重金属成分水洗后通过电渗析回收，焚烧系统只产生少量焚烧灰，污泥量得到有效降低。

3. 德国莱比锡生态工业园区——单一核心企业为主导模式

莱比锡生态工业园区位于施克堡，占地70万平方米，是以生产化学品、塑料为主的生态工业园区。该园区原来是20世纪30年代建立的化工工业区，1998年被陶氏化工公司重建为生态工业园区。生态工业园区的核心企业是陶氏化工公司，是一家大型的跨国公司，园区内的公共基础设施全部都由其出资建设，园区的招商引资工作也由其负责[16]。该园区围绕陶氏化工公司高附加值塑料产业链展开，园区招商引资的企业也大多是与之配套的企业，生产所需的原材料一半都由陶氏化工公司加工生产，形成了以其为核心的产业链。

莱比锡生态工业园区是单一核心企业为主导模式的典型代表。该生态园区以陶氏化工公司为核心，建立起化工、塑料为主导的产业链；同时由陶氏化工公司建立起管理体系和后勤机构，为园区内的其他企业提供配套的服务，包括主要原料供应，区内供电、供热系统优化，污染物处置等，使得入园企业分享到诸多利益，降低了生产成本，建立了良好的经济与环境双赢局面。

4. 英国诺斯利工业园区——政府主导模式

英国诺斯利工业园区位于英国中西部的中央区域，拥有非常便捷的交通网络条件。20世纪80年代由于利物浦港口工业东移，诺斯利工业园区经济遭到重创，许多企业倒闭或者外迁。1990年以来，政府为重振园区产业，成立了工业园合作伙伴委员会，吸引近600家企业进入工业园区，也使得诺斯利工业园成为英国第三大工业园区[34]。该园区属于政府主导型的工业园区，园区建设与管理由当地政府负责组织实施。同时，为了更好地提高园区的环境质量，政府还专门成立了园区环境与企业联合会，负责园区环境与健康检查、环境审计、培训工作、研讨会、寻求与其他商业团体合作的机会、为客户保密的帮助热线、出版园区月报等工作。

诺斯利工业园区属综合性的生态工业园区，园区内没有较为明显的主导产业链，但园区提供了良好的基础设施和配套服务，包括园区共享废弃物处置和环境保护等措施。园区管理委员会要求入园企业实施清洁生产、废弃物交换，以及能源梯级利用等行动，具体包括制订开发计划、设计环境标准、工业废物收集与管理、工业废物交换、设置废物处置中心，以及建立企业与公众的联系等。

5. 美国查塔努加生态工业园区——园区改造模式

查塔努加曾是一个污染严重的老工业区，20世纪90年代，园区围绕美国杜邦公司的尼龙线头回收为核心开展生态化改造，目前以杜邦公司的尼龙线头回收企业为核心建立起了一系列环保产业。园区在企业推行零排放措施，不仅大大降低了工业企业生产对环境的污染，而且形成了老工业园区新的产业空间。这种生态工业园区改造模式的特点是通过重新利用老工业企业的工业废弃物，修补、插链、扩展产业链，实现老企业、新企业间的清洁生产，发展环保产业，从而减少工业生产对区域环境的污染、增加企业的经济效益[34]。

6. 美国布朗斯维尔虚拟生态工业园区——虚拟生态模式

布朗斯维尔虚拟生态工业园区并不要求废弃物（或副产品）交换企业在同一生态工业园区，企业间通过信息交流技术、系统模型、数据库等一系列的信息平台建立成员之间的废弃物质、能量等信息联系，再通过先进的物流技术实现废弃物的再生利用。因此，这种园区突破了地理位置和行政区划的限制，将具有产业关联度的企业通过物流、信息流等联系在一起，形成一种跨区域共生网络，而且在原有参与者的基础上可以不受地域限制地增加新成员[35]。

7. 波多黎各再生资源生态工业园区——再生资源加工模式

波多黎各再生资源生态工业园区主要是由1家以利用低排放技术从废物中制造能源的企业、1个小型钢厂、1个轮胎粉碎厂、1个再生纸厂、1个水泥厂和其他使用城市固体垃圾的企业等形成的生态工业园区，园区主要运用先进的废弃物资源化技术，在解决废弃物处理问题的同时在资源回收和能源可持续利用方面寻求合作[35]。该园区以资源回收和再生为主题，园区一方面对废弃物回收与资源化技术具有很高的要求，另一方面从布局来看，它优先选择在废弃物排放量较大，且废弃物资源化后的产品具有很好的市场需求的地区发展。

1.3.2.2 发达国家生态工业园区的主要特点

从上述生态工业园区发展现状与模式可以看出，发达国家生态工业园区具有如下几方面的特点。

（1）生态工业园区的建立主要是针对会对环境造成严重污染的化工、制药、生物工程等产业，按照发展循环经济的理念与"减量化、再利用与资源化"的原则，对生产过程中所产生的副产品、固体废弃物、废水和废气进行二次回收利用，对能源进行梯级利用，从而降低污染企业污染物的排放、保护环境，通过资源的循环利用，提高资源利用效率，为企业创造额外的价值。

（2）生态工业园区以固体废弃物、废气和废水综合利用的研发和创新为基础。为工业企业服务的科研机构非常重视研究工业"三废"综合利用问题，许多企业（尤其是重污染企业）在严厉的污染物排放高标准的压力下，非常重视"三废"的研究和开发，甚至不惜投入大量资金用于引入这方面的技术。因此，严格的污染物排放标准成为驱动企业提高资源利用效率、自觉保护环境和实现可持续发展的动力。

（3）生态工业园区的布局和设计有着特殊的要求。生态工业园区解决的主要是化工、生物工程和制药等产业的重污染问题，产业规模往往较大，因此生态工业园区的布局区位往往选择交通便捷的城市边缘地区，且园区一般基础设施如交通运输条件、污染回收处理设施等较为完善。

（4）生态工业园区建设没有固定的模式与形态。生态工业园区可以围绕一家大型的工业企业为主进行产业链设计，也可对多个关联企业按照废弃物共生关系建立联系；生态园区的形成可以是企业自发的实施，也可由政府主导生态工业园区的设计；生态工业园区既可在原有的老的工业园区的基础上通过改造形成，也可以从零开始规划设计。

1.3.3 我国生态工业园区的发展现状

1999年，我国开始启动生态工业园示范区建设试点工作，在原国家环境保护总局的支持下，广西贵糖集团开始围绕甘蔗制糖产业链来规划设计生态工业示范园区。2001年，广东南海、湖南黄兴、内蒙古包头等地也纷纷着手实施生态工业园区规划与项目建设。2007年，原国家环境保护总局发布了《生态工业示范园区规划指南（试行）》和《国家生态工业示范园区管理办法（试行）》等政策性文件，以规范生态工业园区的规划、建设及实施工作。截止到2012年7月，环境保护部已批准命名或建设的国家生态工业示范园区达到64个，其中17个通过国家生态工业示范园区建设领导小组验收，其余的已通过规划论证正在建设中。随着我国对生态环境的日益重视，生态工业示范园区数目将快速增加。下面就对其中有代表性的生态园区作一简单的介绍。

1. 贵港国家生态工业（制糖）示范园区

贵港国家生态工业示范园区是我国原国家环境保护总局于2001年批准的

首个国家级生态工业示范园区,是通过产业生态学设计整合贵港市其他制糖及相关企业共同组成的企业集团型生态工业园区,如图 1-10 所示。园区以广西贵糖集团为中心主体,主要在集团内部形成以产业链为导向的共生网络,企业共生的主要目的是通过利用副产品寻找新的利润增长点,其业务涵盖制糖、酿酒、造纸、发电和环境治理等环节。园区的主要特点是园区内的成员企业隶属于同一家大型公司,相互间不必通过市场化的交易达成协作,信息公开程度高,能有效避免由资产专用性导致的相互依赖和机会主义行为问题,易于形成规模经济和行业进入壁垒,降低交易成本,方便内部协调利益关系;同时,核心企业相对庞大、稳定的生产规模和较强的抗风险能力,有助于园区共生网络的稳定。贵港生态园区模式一般要求以大型企业为核心,区内的企业要具有相对的同质性,方能进行构建,因此条件较为苛刻,同时集团公司的决策失误可能直接导致系统的瓦解[36]。

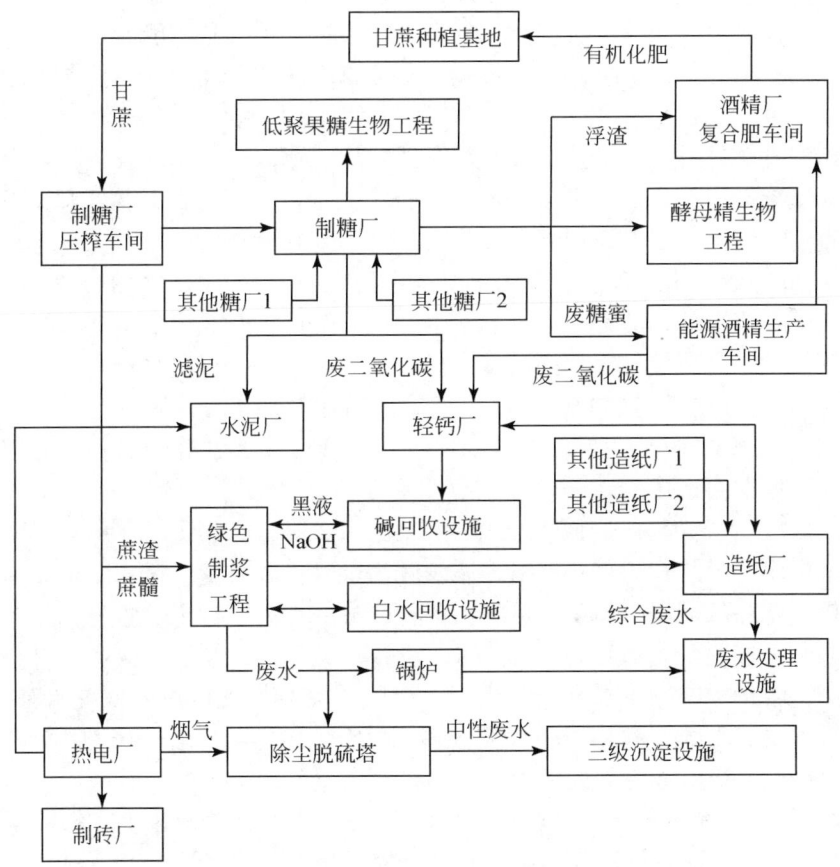

图 1-10 我国贵糖集团生态工业园区

2. 天津经济技术开发区国家生态工业建设示范园区

天津经济技术开发区国家生态工业建设示范园区，是在原天津经济技术开发区的基础上改造而成的。按照循环经济和产业生态学理论，园区管理委员会对园区内的支柱产业进行了循环化设计，形成了生态产业链，在区域内企业间建立废弃物质（或副产品）、能量的交换关系。同时，大力发展废水资源化和固体废弃物资源化等静脉产业，构建生态企业集聚的升级工业园区。改造型生态工业园区可利用原有工业园区的基础，在资金上不需要太大的投入，但相对来说改造在技术上存在一定难度，这种生态工业园区的建设模式尤其适合那些存在一定产业关联且有较好基础或生态工业雏形的工业区域。

3. 天津子牙循环经济产业区

天津子牙循环经济产业区，2007年经国务院批准，被国家发展和改革委员会等六部委命名为国家循环经济试点园区，被国家工业和信息化部（简称工信部）命名为国家级废旧电子信息产品回收拆解处理示范基地，是目前我国北方规模较大的经营进口废弃机电产品集中拆解加工利用的专业化园区。园区规划面积135平方千米，其中工业区规划21平方千米，科研服务功能区及居住功能区规划8.81平方千米。园区重点发展废旧机电产品拆解加工业、废旧电子信息产品拆解加工业、报废汽车拆解加工业、废旧轮胎及塑料再生利用业四大主导产业，并确立了"一心、两带、三轴、三区"的总体布局结构。

目前，园区各项专门用于废旧物资拆解的基础设施建设基本完备，日处理能力1000吨的污水处理厂、废旧电机集中处理中心、废旧电线集中处理中心、固体废弃物集中储存转运中心等已竣工并投入使用，企业清洁生产、拆解利用和精深加工紧密衔接的生产格局基本形成。入园企业上百家，年拆解加工能力达到100万～150万吨，每年可向市场提供原材料铜40万吨、铝15万吨、铁20万吨、橡塑材料20万吨、其他材料5万吨，形成了覆盖全国各地的较大的有色金属原材料市场。

园区按照"高利用、低排放、高产出、低污染"的原则，率先在国内同类园区中实行封闭式管理，严格控制园区污染物排放总量。对入园企业进口的废弃机电产品从拆解、加工到拆解后各种成分的去向实行全程监管；在核准备案的同时，按照环保部门的统一要求，进行环境评价；按照环保要求对企业进行监测，未达标的一律不准投入生产；对固体废弃物进行集中处置，对拆解、加工过程中产生的无利用价值的剩余物，由园区废弃物储存转运中心进行封存，并送交天津市危险品处理处置中心作无害化处理。目前，园区初步形成了"企业小循环、园区中循环、社会大循环"的生产方式，园区生产的铜米、铜锭、铝材、橡塑材料等不仅为附近有色金属加工企业提供了生产原料，再生材料还远销河北、山东、江苏及东北地区，缓解了资源需求矛盾，也为园区所在的静海县2万农村剩余劳动力提供了就业岗位。

1.3.4 我国再生资源生态工业园区的现状与问题

再生资源生态工业园区是生态工业园区的主要类型之一，是以最大的再生资源利用效率实现废弃物资源化，以最小的资源与环境代价发展工业经济，以最小的社会经济成本保护生态环境的新型生态工业园区发展模式。园区以废弃物资源化为核心，从运行体制机制、政策法规、科学技术支撑、产品质量标准、人力资源开发、意识能力培养、基本设施配套、服务系统完善等方面全面推进园区建设。通过再生资源生态工业园区的建设，园区内企业之间更加紧密地合作和协作，形成园区整体实力的增强和整体竞争能力的提高，努力把园区建设成为资源利用高效、生态环境友好、系统运用协调、社会和谐的再生资源生态工业园区。

1.3.4.1 我国再生资源产业园区的发展现状

随着我国经济的快速发展，国内产生了大量的各种废旧物资，如废钢、废有色金属、废塑料、废橡胶、废纸、废机电产品、废旧汽车等，各种类别的废旧物资交易市场像雨后春笋似的发展起来，我国已兴起了河北保定、浙江永康、湖南汨罗、山东临沂、四川新津、河南长葛、广东南海和重庆等一大批废旧物资交易市场。此外，一些专业化的园区如安徽界首的再生铅、江西丰城的再生铝、湖南永兴的贵金属、江西贵溪的再生铜市场也在加速建设发展。

为规范再生资源行业发展、完善管理制度、加强环境保护，2002年9月，原国家环境保护总局污控司在浙江宁波召开了再生资源工业园区座谈会，会上就工业园区的发展方向、园区模式等热点问题进行了广泛的讨论。会议认为，为指导工业园区的建设，应尽快制定进口再生资源产业园区环境保护指导意见。受原国家环境保护总局污控司的委托，中国有色金属工业协会再生金属分会于2003年年初完成了《进口再生资源加工园区指导意见》的起草工作，在此基础上，原国家环境保护总局公布了《关于促进对国家限制进口的可用作原料的废五金电器、废电线电缆、废电机圈区管理的指导意见（征求意见稿）》，2005年正式发布了《废弃机电产品集中拆解利用处置区环境保护技术规范》。

目前我国已有浙江宁波镇海、江苏太仓、福建漳州、浙江台州和天津子牙再生资源加工园区，环境保护部已同意河北文安、广东江门、肇庆和梅州、山东烟台、广西梧州和玉林、江西鹰潭等地开发建设再生资源加工园区，并批准了江苏张家港建设废汽车压件拆解试点园区。除了上述国家批准建设的园区外，广东清远、辽宁沈阳、河北大城等地的园区建设也已粗具规模。目前我国进口再生资源加工园区处理的废金属占到我国进口废金属总量的50%以上。

我国已建成了 15 个进口再生资源生态工业园区,并批准了江苏张家港建设报废汽车压件拆解试点园区,这些园区都是高标准、高起点规划建设的,极大地方便了产业管理和资源集聚,提升了我国再生资源产业的形象[37]。

1.3.4.2 园区发展特征

目前我国再生资源生态工业园区经过十多年的探索与发展,呈现出如下特征。

(1) 蓄势待发,发展形势良好。国内已有十多个再生资源加工园区,多为政府投资建设,少数为企业投资建立如河北文安东都园区。园区的投资大,面积广,多位于或者靠近沿海港口,交通便利。多数园区虽然还未完全竣工,但是已经粗具规模。随着我国经济的快速发展,国内废旧物资的数量剧增,急需再生处理,同时再生资源的市场需求旺盛。另外,国家不断出台再生资源加工及发展循环经济的政策,促进再生资源加工行业的健康发展。因此,再生资源生态工业园区将会不断发展。

(2) 园区加工原材料相似,涌现出一批示范性的龙头企业。目前,天津子牙与河北文安主要拆解废旧电线电缆,山东烟台园区主要拆解电冰箱、洗衣机等废旧家电产品,江苏太仓回收再利用废塑料,浙江台州和宁波镇海主要拆解废电机、废变压器,广东清远和江西鹰潭多是拆解废电线电缆与废电机。每个园区都拥有一批示范性的企业,如台州的齐合天地、烟台的绿环、太仓的怡球等。

(3) 产业链结构趋同,拆解过程科技含量偏低。园区入驻企业经营业务相似度高,八成企业拆解同种废旧产品,因再生资源需求旺盛,而且企业一般拥有自己固定的废品供应商,企业之间的竞争并不激烈。入驻企业多数只是对废旧产品进行初级分解,即从废品中破坏性地拆解出各种金属材料,拆解过程科技水平低,多为人工加机器的半自动拆解,锤子加电钻最为常见。极少数资金雄厚的企业对所得再生金属进行深加工,生产高附加值产品。

(4) 原材料主要依靠进口,"城市矿山"尚未大量开发,国内废品回收体系尚不健全,缺少相关方面的政策法规,走街串巷的"游勇散兵"很活泼,而"正规军"却无米下锅。60%~70% 的废旧原材料依靠进口,据统计,2010 年 7 月,我国废铜碎料进口量为 38 万吨,废铝碎料进口量为 27 万吨。国内大量的废弃产品无法进入园区内,没有得到合理的、环境友好的处理[37]。

1.3.4.3 园区和市场发展面临的问题

目前再生资源生态工业园区还存在一些问题,主要表现如下。

(1) 国家对生态工业园区缺乏有效的政策支持。国家除了对确定的试点园区在定点企业数量和进口量等方面有优惠外,对再生资源产业园区在进口品种和税收政策方面还没有优惠政策,这使得有的企业不愿意进入产业园区,或者虽然进入产业园区,但仍在区外拆解,对环境仍然造成较大的污染。

(2) 各地盲目建设工业园区,造成无序竞争。目前,除了已经建成的五家再生资源产业园区和五家国家批准在建的再生资源产业园区外,还有许多地方已经或者正在建设产业园区。这样势必加大对第七类废物的需求量,造成无序竞争,相互压价,不利于再生资源产业园区的发展。

(3) 园区还缺乏有效的监督管理。除了部分园区已成立管委会和开发公司,并建有海关、质检和环保的监管区外,国内很多园区内并没有成立这些专门监管机构。园区管委会主要负责园区的建设与运营,而在环境保护及废弃物处理方面的管理还不够完善,造成园区管理比较混乱。

(4) 技术装备水平较落后。再生资源回收利用行业是劳动密集型行业,园区内企业对废旧金属拆解除了少量地使用机械设备外,基本上都是手工操作,劳动强度大、环境保护差、工作效率低,不利于产业规模化。

(5) 未形成从回收、拆解到深加工的循环产业链。目前再生资源产业园区还未形成从回收、拆解到深加工的产业链。园区的发展光靠拆解是不可能持续发展的,必须要按照国家对循环经济发展的要求在园区内逐步发展上下游产业链。

(6) 园区技术装备和拆解及污染防治能力亟待加强。从总体上讲,我国再生资源产业园区的技术水平和管理能力与园区实现可持续发展的要求还存在着巨大的差距,不少园区的拆解技术科技含量低,拆解设施非常简陋,污染防治设施很不完善,这使得再生资源加工利用行业的发展遇到阻力。为此,有必要在调查研究的基础上,从再生资源加工行业发展的整体情况出发,提出再生资源产业园区的技术规范和标准,以促进再生资源产业园区的产业链建设和发展,进一步提高园区的技术装备水平和污染防治水平。

1.4 废旧机电产品资源化利用现状与问题

近年来,随着科学技术的快速发展,机电产品类型与数量迅速攀升,废旧机电产品的规模也随之快速增长。据联合国环境规划署估算,全球每年产生5000万吨废旧机电产品,其中德国每年约180万吨、法国150万吨、美国约600万吨[38]。废旧机电产品蕴含着丰富的再生资源,但如果处理不好,将会对环境造成严重的污染。

1.4.1　废旧机电产品资源化概述

废旧机电产品,包括废旧电视、冰箱、空调、洗衣机、电脑、通信设备,以及淘汰的精密电子仪器仪表等废旧电器与电子产品,欧盟《关于报废电子电器设备指令》(WEEE 指令)将废旧机电产品划归为十类,包括:大型家用电器,小型家用电器,IT 与通信设备,消费者设备,照明设备,电气和电子工具,玩具、娱乐与运动设备,医疗电器设施,监控器械,自动售货机[39]。废旧机电产品资源化是以废旧机电产品为对象,通过现代技术与工艺加工,在规范的市场运作下,最大限度地开发利用其中蕴含的材料、能源及经济附加值等财富,使其成为有较高品位、可以使用的资源,以达到节能、节材、保护环境等目的,从而支持社会的可持续发展[40]。废旧机电产品资源化的基本途径包括再利用、再制造和再循环。再利用主要是指对经检测合格的废旧产品零部件的直接利用;再制造工程是以产品全寿命周期理论为指导,以优质、高效、节能、节材、环保为准则,以先进技术和产业化为手段,用以修复、改造废旧产品的一系列技术措施或工程活动的总称,简言之,再制造是高科技维修的产业化;再循环是指通过回炉冶炼或粉碎萃取等手段回收废旧产品所蕴含的原材料或能源。

1.4.1.1　废旧机电产品资源化的重要意义

废旧机电产品资源化具有很好的经济、环境与社会效益,具体表现在以下几方面。

(1) 资源潜力巨大。废旧机电产品中蕴藏着丰富的再生资源,如各种有色金属、黑色金属、塑料、玻璃,以及部分仍有使用价值的零部件等,被誉为比天然矿产资源富含量更加丰富的"城市矿山"。据统计,1 吨废弃的电子板可以分离出 0.45 千克黄金、130 千克铜、20 千克锡、29 千克铅、41 千克铁、272 千克塑料等资源;1 吨废旧手机电池可以提炼出 100 克高纯度黄金,而一般含金矿石(砂)每吨含金量仅 5 克,高品位的矿石也不过几十克。每年全球仅再制造业节省的材料就达到 1400 万吨,节省的能源相当于 8 个中等规模核电厂的年发电量[41]。因此,废旧机电产品具有显著的资源再生价值。对废旧机电产品进行资源化,可减少原生资源的开采,减轻我国资源匮乏的压力,满足经济可持续发展的需要。

(2) 经济效益显著。早在 1996 年,美国的再制造产业已涉及 8 个工业领域,专业化再制造公司已超过 7.3 万家,主要生产的再制造产品超过 45 种,年销售额超过 530 亿美元(与同年美国钢铁产业的年销售额 560 亿美元相近)。其中,汽车再制造是最大的再制造领域,年销售额达到 365 亿美元,公司总数为 50 538 家[40]。

(3) 环保效益突出。美国国家环境保护局的数据显示，使用从废旧机电产品中回收的废钢替代通过采矿、运输、冶炼得到的新钢材，可减少 97% 的矿废物，节约 90% 的原材料、74% 的能源，减少 40% 的用水量，减少 86% 的空气污染、76% 的水污染，而且废钢材与新钢材的性能基本相同[40]。因此，废旧机电产品资源化，可以大大降低原始矿藏开采、提炼，以及新产品制造过程中造成的环境污染，能够极大地节约能源，减少温室气体排放。

(4) 缓解就业压力。实施废旧机电产品资源化，可解决大量就业问题。再生资源产业目前尚属劳动密集型产业，在废弃物回收、分类与拆解的过程中需要大量的人力。2012 年，我国再生资源回收利用企业已经达到 10 余万家，从业人员达 2000 万人，其中绝大部分从事的是废旧机电产品拆解、加工领域。随着产业规模的进一步扩大，从业人员将不断增长，可有效缓解就业压力，尤其是农民工的就业问题。

(5) 提升我国机电产品国际竞争力。发达国家加大了对废旧机电产品资源化的立法约束力度，强化对进口机电产品废弃时的资源回收利用评价。如果我国制造企业能积极开展面向资源化回收的产品设计，可避开这些国家的贸易壁垒。同时，还可对进入中国市场的外国机电产品实施严格的资源回收利用评估。

1.4.1.2 废旧机电产品潜在的危害

废旧机电产品如果处理不当，会对人类身体健康和自然生态环境造成严重危害，主要表现在以下几方面。

(1) 威胁人类健康。与其他固体废弃物污染相比，废旧机电产品含有多种对人体有害的化学物质，如电脑、手机元器件中含有铅、汞、砷等 300 多种有害物质，如果处置不当，有害物质可能通过食物链、饮水、呼吸等途径进入人体，严重威胁人类身体健康安全。此外，废旧电子产品中的重金属污染还具有隐蔽性和持久性的特点。废旧电器零部件中常见的有毒有害物质如表 1-5 所示[42]。

(2) 污染自然环境。由于缺少有效处理废旧机电产品的办法，当前多是混同于一般生活垃圾填埋或直接暴露于环境中风吹日晒，进而造成空气、土壤和水质的严重污染，构成了对生态环境的负面影响。科学实验证明，如果对废旧电子产品不经任何处理就丢弃于环境中，仅一粒纽扣电池就可使近 300 吨的水受到污染；如果饮用被废旧电子产品中的重金属污染的食物和水源，轻则会导致神经衰弱、手足麻木、血液中毒和肾损伤等症状，重则将致癌或引发中枢神经系统疾病使人发疯致死。

(3) 占用大量土地。废旧机电产品的随意堆置，不但破坏了环境的美观，还侵占了大量土地。我国1993年固体废弃物2×10^9吨中有95%堆放，占地约500平方千米。

（4）构成安全隐患。我国缺乏二手产品质量检测标准和有效的控制措施，使一些本应报废的机电产品大量从经济发达地区流向不发达地区继续使用，不但造成了能源过度浪费、噪声干扰、环境污染等，而且很容易引发直接危及人身安全的触电、火灾、车祸等事故[43]。

表1-5 废旧电器零部件中常见的有毒有害物质[42]

零部件名称	有毒有害物质描述
阴极射线管（CRT）	玻璃中含有铅，玻屏表面涂有荧光粉
含汞的零部件	家用电器的印刷电路板、温度自动调节器、传感器、继电器和开关零部件中，均含有汞
印刷电路板	印刷电路板可能含有多种有毒有害物质，如汞、镉
电容器	电容器中可能含有多氯联苯（PCB），须拆解后单独处理
液晶显示器	液晶显示器材料一般由几种甚至十几种不同液晶的混合液晶组成，材料成分复杂。面积大于100平方厘米的液晶显示器须从设备中拆除后单独使用
含卤化物阻燃剂的塑料	含卤化物阻燃剂的塑料燃烧过程中会产生有毒物质
电冰箱压缩机	压缩机中氯氟烃类制冷剂，须集中回收后处理
电冰箱绝热材料	电冰箱绝热材料发泡剂中含有氯氟烃类，须单独处理
石棉	石棉为致癌物质。废家用电器中含有利用石棉纤维与酚醛树脂制成的各种电工绝缘材料，主要用于高压器材的底板、高压开关把手、电话耳机柄、配电盘、配电板、仪表板等
电池	含有铅、汞、镉等重金属

1.4.2 发达国家废旧机电产品处置现状

发达国家在废旧机电产品资源化方面工作开展的时间较早，已形成较为完善的产品资源化体系，在废旧机电产品回收责任、回收措施、管理途径、资源化技术、政策法规等方面已形成较多成功的经验。2005年8月13日，《关于报废电子电器设备指令》在欧盟正式执行，目前欧盟各国正在将其转化为本国法律，以便更好地执行和落实。据欧盟2000年相关报告指出：电子类废弃物每5年便增加16%~28%，比总废弃物量的增长速度快3倍，是世界上增长最快的垃圾。

瑞士是第一个实现工业化回收处理废旧机电产品的国家。瑞士现有电脑

500万台，99%的家庭有电冰箱，96%的家庭有电视机，其中2003年共有68 000吨电子垃圾，占垃圾总量的2.6%。而瑞士电子垃圾的有效回收来自瑞士信息、通讯和组织技术协会（SWICO）和瑞士废物管理基金会（S. EN. S）两个组织的有效管理。前者主要管理电子产品如电脑、电视、收音机等，后者主要管理电器产品如洗衣机、电冰箱、烤箱等。这两个回收组织系统通过和生产者、消费者、处理厂的合作，由预付回收费组织（Advance Recycling Fee，ARF）负责回收、运输的费用，由专门的公司把不同的电子垃圾带到不同的回收系统[44]。

在日本，废旧机电产品回收与资源化技术已相当成熟。早在1999年日本东芝公司便和有关企业合作建成了世界上首座包括电视机、电冰箱、空调器及电脑在内的5种废旧家电再利用工厂。2001年4月，日本在之前废旧资源的回收处理和有效利用的立法基础上制定了《家用电器回收法》（DHARL），对废旧电视、空调、电冰箱、洗衣机等的收集、运输、回收加以规范，这4种产品占总废旧电器的80%，占总固体废弃物的2%。日本对废旧电子电器的回收义务规定为生产者或进口者，全国废旧机电产品由东芝、胜利者、三菱、夏普、三洋等工业公司组成的两大团体进行回收处理工作，每年有超过60万吨的废旧电子电器被收集，送往回收处理工厂分类、拆除，有价值的材料被回收循环利用[45]。

德国自1990年起就建立了许多废旧机电产品拆分中心，已建成年处理废电冰箱10万台、废电视机50万台，以及其他电器制品1500吨的废家电再生工厂。德国采取在政府的监管下，授权第三方非营利组织统一组织、协调和监控的运作模式。由德国联邦环境保护署（UBA）授权废旧电器登记基金会（EAR，由23个电子电器生产商和3个协会联合成立的行业非营利性组织），履行中立的结算中心、注册机构和信息报告的职责；生产商注册；收集、计算、汇总生产商的市场份额并向德国联邦环境保护署报告；接收由市政回收点发出的废弃电子产品提取通知，同时向生产商或指定第三方发出提取通知；监督生产商对提取的废弃电子电器产品实施有效处理等相关活动。市政当局公共废物管理机构负责免费收集家用废弃电子电器产品，收集费用由市政当局承担；生产商负责为公共回收点免费提供回收容器，私人家庭不再承担丢弃电子电器垃圾所付费用；运输、处理费用由生产商或进口商承担，生产商或进口商也可指定自己的合约运输公司和处理公司承担。生产者负责组织和协调从市政回收点开始的电子废弃物的登记接收、从回收点到处理厂的运输事宜。根据生产商或进口商每一类产品的现有市场份额分担实际发生的废弃电子电器产品处理费用，在生产商或进口商环节由废旧电器登记基金会负责统一收集和支付[16]。

在美国，资源循环利用已深入到各个工业领域，主要包括汽车、电冰箱压缩机、电子仪器、机械制造等。目前，美国已经形成了电子废弃物资源化产业。据统计，早在 2002 年，美国有 400 多家电子废弃物资源化企业，从业人员达 7000 多人，年实现利润 7 亿美元，收集与处理的电子废弃物总量达到 68 万吨，从中回收各种可回收利用物质 41 万吨；2010 年电子废弃物资源化产业规模达 350 多亿美元，已超过 2002 年产业规模的 5 倍，电子废弃物资源化产业已经开始进入快速发展的时期[46]。

此外，很多发达国家在管理中引入了生产者责任制度，即谁生产了产品并销售到市场，谁就要对这一产品从生产过程到使用结束负责，从而达到全社会共同治理的目的。总体来看，在发达国家，废弃物机电产品资源化的研究已经比较深入，常用的资源化方法主要有火法处理、湿法处理、热裂解、机械处理等。火法和湿法适应的范围小，效率低，会对环境造成更加严重的二次污染，需要结合其他技术应用。热裂解处理方法主要针对电子废弃物中的有机物，它是在一定的温度、压力和缺氧的条件下，将有机物分解成气体、液体和固体的资源化方法。这种方法回收过程污染性小，产物具有很高的热值，同时也可以继续生产相关的化学产品，具有环保和经济的特点，但该方法仍需要进一步研究和完善。机械处理方法包括电子废弃物的拆解、粉碎、物料的分选等处理过程，其主要优点在于污染小，可对电子废弃物中的金属及非金属等各种成分综合回收利用，实现电子废弃物资源化的目的。近年来随着人们对环境保护的重视，电子产品中贵金属的使用量呈逐渐减少的趋势，电子废弃物的机械回收方法在电子废弃物资源化研究中也逐渐占据主导地位。

1.4.3　我国废旧机电产品处置的现状与问题

我国电子废弃物处理业起步较晚，尚未建立完善的电子废弃物的回收与资源化体系，电子废弃物的处理水平还远远落后于发达国家。我国是机电产品生产和消费大国，废弃机电产品数量巨大，处理不当会对人类和环境造成严重危害。机电产品的使用年限一般为 8~12 年，而目前我国机电产品有相当一部分是 20 世纪 80 年代末和 90 年代初生产的，绝大多数产品已经进入报废期。据有关数据统计，在我国家电市场上，电视机的社会保有量已达 4.7 亿台，电冰箱约 3.1 亿台，洗衣机 2.9 亿台，空调 4 亿台，仅以年报废更新 2% 计算，每年淘汰的四大类家用电器就达 3000 万台，再加上在全社会普及的更新周期只有 2~4 年的电脑、手机等高科技电子产品，以及不断涌现的质优价廉的新型家电产品，我国家电的实际年报废更新已高达 3500 万台以上。据有关部门预测，仅北京市的电子废弃物将以每年平均 5% 左右的速度增长，到 2020 年电子废弃物总量将达到 1203.67 万台[47,48]。

但目前，我国还没有建立规范的废旧家电回收立法体系，大量的家电产品超期服役和废旧家电任意处置的现象较为普遍，且回收企业粗放式运作，工艺落后，导致废旧家电再生利用处置水平低，回收再利用率低，同时也造成了严重的环境污染。目前我国废旧机电拆解、回收量仅占报废总量的56%，有近40%的废旧产品经过乡镇企业、个体户拼装，重新流入社会。废旧机电产品的分类回收还处在随机和无序状态，行业组织化程度低，抵御市场风险能力有限。废旧机电产品资源化利用企业规模小且分散，集中度低，多数废旧机电资源化利用企业未能与上游生产企业形成资源综合利用链，未能形成规模效益；目前也没有形成具有竞争力的龙头企业，高新技术产业规模小，比重低，缺乏对经济增长的整体带动作用，远远不能满足企业利用资源综合利用技术提高经济效益、扩大企业规模的需求。

同时，我国废旧机电回收利用部门的主要功能仅停留在将废家电收集、修理后重新投放市场。对废家电拆解后主要利用其中的金属、橡胶部分，废旧机电资源化利用主要针对某些零部件，尚没有形成成套的处理、利用技术，缺乏促进产品生产绿色设计和处置企业技术进步的核心技术。小手工拆解者各取所需，各厂商取下自己需要的部分，其余均当作垃圾焚烧或填埋处理，其中许多可以资源化利用的材料，由于缺乏技术和认识而未能被综合利用。这种利用方式造成大量有毒有害物质渗入土地，进入水体和空气，已形成明显的新型污染物来源，一些地方废旧机电产品资源化利用对人体生命健康造成直接的损害。

虽然近年来在我国东南沿海地区，特别是广东贵屿、清远，浙江宁波、台州等地，自发形成了较庞大的废弃机电产品再生利用的生产网络，但是由于经营者的经济基础、工艺技术和产品再利用种类限制等原因，废弃机电产品资源再利用生产主要集中在电子产品的拆解产业中，并且大多数电子废弃物处理企业主要关注经济利益，很少关注企业生产给环境造成的不利影响。同时由于我国目前还没有建立相应的法律和法规，这就造成了这类企业的无序发展，以及污染物的随意排放，对自然环境造成了较为严重的影响。例如，在拆解过程中对于那些不能直接通过手工拆解的部分，如电路板和细电线，多采用酸溶、焚烧等方式提取废弃电子产品中的金、银等贵金属，而对于含铅、锡、汞、镉、铬等有毒重金属的废液则排入周围的水体和土壤中。

这些问题都大大制约了废旧机电再利用产业的发展，导致人们对废旧机电产品的回收利用产生了很大的质疑，也引来国内媒体的关注和报道，国内学者已经开始关注并进行相关的调查研究。例如，同济大学浙江学院曾经对浙江台州市路桥区废旧金属市场进行了调查，初步探讨了该地区拆解业与环境质量恶化的关系；浙江大学环境与资源学院曾经对台州市路桥区进口固体废弃物拆解污染及其治理方法进行过较为深入的调查，对进口废电器拆解过程的主要污染因子及其排污系数进行了研究等，但研究还有待进一步深入。因此，废旧机电产品的安全无害化处理已成为我国目前环境保护工作急需研究与解决的问题。

为了规范废旧机电再利用行业，使其朝着有序、高效、环保的方向健康发展，原国家环境保护总局等五部门于1996年颁布了《废物进口环境保护管理暂行规定》，规定对进口废电机、废电线电缆、废五金电器等废旧产品（下称第七类废物）必须由国家环保部门核定的加工利用定点企业进行加工生产，目前，全国共有定点企业1000多家。该暂行规定的颁布，对规范废旧机电再利用行业发展，完善管理制度，加强环境保护起到了重要的作用。

随着国家对环境保护工作的日益重视，环境保护监督工作日趋强化。考虑到全国1000多家定点加工企业分散各地，缺乏行之有效的监管办法，为规范行业发展、完善管理制度、加强环境保护，我国自2002年开始创建具有示范意义的再生资源生态工业园区，这种园区集管理、加工、废水废物处理于一体，可节省大量资源，有利于保护环境。目前我国相继在宁波镇海、江苏太仓、福建漳州、浙江台州、天津子牙、河北文安、广东江门和肇庆、山东烟台、广西梧州等地开发建设再生资源产业园区。截至2009年8月，经国家发展和改革委员会等六部委批准和环境保护部批准的再生资源产业园区和交易市场达到了23家，其中，浙江宁波再生资源加工园区为原国家环境保护总局（2003年）确定的试点园区，园区的建设对解决我国资源短缺状况，减少原生资源开发和减少废弃物排放起到了积极的作用。

1.5 我国建设再生资源生态工业园区的意义

为规范再生资源产业发展，加强环境保护，2003年我国开始对再生资源加工企业实行"圈区管理"，再生资源生态工业园区建设在全国各地蓬勃发展。目前国内已建或在建的再生资源生态工业园区建设已近20家，有宁波镇海、江苏太仓、福建漳州、浙江台州和天津子牙等再生资源加工园区，有关部门已同意河北文安，广东肇庆、江门、梅州，山东烟台，广西梧州、玉林和江西鹰潭等地开发建设再生资源生态工业园区，并批准了江苏张家港建设报废汽车压件拆解试点园区，广东清远、辽宁沈阳、河北大城等地的园区建设也已粗具规模。一些专业化园区如安徽界首的再生铅、江西丰城的再生铝、湖南永兴的贵金属、江西贵溪的再生铜市场正在加速建设。目前我国进口再生资源加工园区处理的废金属占到我国进口废金属总量的50%以上。我国已建成了15个进口再生资源生态工业园区，这些园区都是高标准、高起点规划建设，极大地方便了管理和资源集聚，提升了我国再生资源产业的形象。再生资源生态工业园区的建设与推进，将有助于实现区域内工业体系与生态环境协同发展，有利于合理利用资源，充分保护环境，促进清洁生产技术和环保产业的发展，增强企业竞争力。

1）提升废弃物资源化效率与效益

经济的快速发展使得我国资源紧缺问题日益突出，我国人均资源占有量远低于世界平均水平，资源供需缺口大，承载力接近极限；在利用效率方面，资源浪费较为严重，资源综合利用率偏低，这对经济和社会的持续发展带来了不利影响。随着我国人口、经济的发展，对资源需求的压力将日趋增大，资源不足或短缺将在很长时间内对经济发展产生很大影响。再生资源生态工业园区的实施，将提升我国资源的综合利用效率，形成资源的循环利用，减少原生资源的使用量，通过开发"城市矿产"，挖掘废弃物中蕴含的丰富价值，达到资源的高效利用与节约资源的目的。

2）保护和改善区域生态环境质量

我国再生资源产业主体仍旧以个体户、小型企业为主，目前10万多家再生资源产业主体中有超过90%为个体户，产业规模超过亿元以上的企业只有上百家。许多再生资源加工企业设备、技术非常落后，导致再生资源加工过程中二次污染十分严重。产业集约化程度低导致难以发挥产业集聚效应和规模效益，很多企业没有能力采用新技术、新设备，不具备创新能力，以加工附加值低的初级产品为主，整个产业在低位发展。实施再生资源生态工业园区管理，将有助于规范企业生产，避免企业废弃物处理不当所造成的"二次污染"；企业的聚集也有助于企业改进技术与规范企业管理，从而保护区域生态环境。

3）促进清洁生产，推动环保技术的发展

由于企业社会责任意识的不足和清洁生产技术的局限，我国很多企业推行清洁生产的力度还远远不够。与发达国家相比，我国再生资源产业在工业中所占比重偏低，产业发展缓慢，再生资源加工企业在环保设施、清洁生产技术创新方面投入不够，也使得我国再生资源企业在国内外环保市场上缺乏竞争力。再生资源生态工业园区要求园区内企业采用清洁生产技术，促使再生资源加工企业在生产过程中避免对环境造成污染。针对一些企业生产工艺落后、污染治理设施老化、排水不能稳定达标、总量超标等问题，下达限期治理通知书要求整改，从而迫使企业实施清洁生产，推动环保技术的发展。

4）增强企业竞争力，优化产业结构，提高经济效益

再生资源生态工业园区主要是以同类型企业集聚为主、以专业化分工与协作为基础的产业集聚区，这种高标准、高起点规划建设的园区不但有利于园区环境管理，更重要的是通过集聚优势资源，延伸和拓展产业链，优化产业结构，使园区内的企业和产品拥有更强的竞争力。同时，再生资源生态工业园区通过对园区的生态化要求、企业间的合作和废弃物利用，降低了资源消耗与治理污染成本，树立了良好的社会形象，满足了消费者的绿色需求；也有利于通过环保的非关税壁垒，进入发达国家市场，获得国际竞争优势。

5) 推动区域经济发展，形成区域经济增长新亮点

再生资源作为原生资源的补充体系，在蓬勃发展的同时也带动了周边相关产业的集聚。根据不完全统计，江浙一带和广东的再生铜加工占全国再生铜加工总量的60%，广东省铝型材生产量占全国55%左右，广东再生塑料加工总量约占全国的40%，广东、浙江两省的塑料产业占据了全国塑料加工总量的41%。由此可见，由原料工业的集聚带动的下游深加工产业集聚正迅速发展，集聚区内成员可以就近获取所需的高度专门化的部件、原料、机械设备、商务服务、人才等资源，从而节约各个环节的交易费用，并以高度专业化分工为基础，深化延伸再生资源产业链，形成区域经济新的增长点。

总之，建设高标准的再生资源生态工业园区，对再生资源加工企业进行集中管理和监督，有助于对园区内企业的废水、废物进行统一处理，保护区域生态环境；有利于降低企业的环境成本，推进清洁生产，增强企业竞争能力；有助于优化产业结构，规范产业发展。因此，建设再生资源生态工业园区是发展循环经济的有效措施，对我国转变经济增长方式，提高资源利用效率，保护区域生态环境，构建资源节约型、环境友好型社会具有重要的意义。

参 考 文 献

[1] 蔡吉跃，蔡振．再生资源产业发展的国际经验与启示［J］．经济地理，2010，(12)：56-59.

[2] 联合国可持续发展大会中国筹委会．中华人民共和国可持续发展国家报告［M］．北京：人民出版社，2012.

[3] USEPA. Final revisions to the national ambient air quality standards for particle pollution [R]. http://www.epa.gov/epawaste/basicinfo.htm [2011-12-15].

[4] 董庆士，党国锋．固体废物资源化研究与探讨［J］．城市开发，2003，(6)：34-37.

[5] 刘向群．新兴产业的抉择：中国再生资源企业的"艰难起飞"［J］．中国经济周刊，2012，(1)：61-62.

[6] 钱俊生，刘向群．发展资源再生产业是中国资源战略的一场革命［J］．中国人口资源与环境，2007，17 (5)：6-11.

[7] 商务部流通业发展司．2012年再生资源行业分析报告［R］．http://ltfzs.mofcom.gov.cn/article/date/201306/20130600172833.shtml [2013-06-24].

[8] 吴解生．对"再生资源"几种定义的简略评析［J］．有色金属再生与利用，2003，(1)：23-25.

[9] 刘光富，鲁圣鹏，李雪芹．中国再生资源产业发展顶层设计框架体系研究［J］．华东经济管理，2012，26 (1)：80-85.

[10] 冯慧娟，张继承．我国再生资源产业市场化运行中的政府调控对策［J］．经济问题探索，2009，(10)：14-18.

[11] 冯慧娟，张继承．论再生资源产业的发展［J］．生态经济，2009，(10)：91-94.

[12] 张越. 再生资源产业内涵及其与相关产业关系［J］. 再生资源与循环经济, 2008, 1 (12): 32-36.

[13] 周宏春. 变废为宝：中国资源再生产业与政策研究［M］. 北京：科学出版社, 2008.

[14] 崔铁宁. 再生资源产业政策和机制的理论与实践［M］. 北京：中国环境科学出版社, 2011.

[15] 魏家鸿. 国外资源再生产业发展现状分析［J］. 世界有色金属, 2004, (4): 26-29, 60.

[16] 黄海峰, 刘京辉. 德国循环经济研究［M］. 北京：科学出版社, 2009.

[17] 王胜, 杜彦斌. 再生资源产业发展的国际经验及其启示［J］. 重庆社会科学, 2012, (7): 86-91.

[18] 赵立祥. 日本的循环型经济与社会［M］. 北京：科学出版社, 2007.

[19] 林加冲. 再生资源行业30年回顾与思考［J］. 再生资源与循环经济, 2008, 1 (11): 25-27.

[20] 周宏春. 我国再生资源产业发展现状与存在问题［J］. 中国科技投资, 2010, (4): 21-23.

[21] 潘永刚, 周汉城. 再生资源行业2012年市场回顾及2013年趋势分析和政策建议［J］. 再生资源与循环经济, 2013, 6 (5): 13-20.

[22] 中国塑料加工工业协会. 中国塑料工业年鉴2012［M］. 北京：中国石化出版社, 2013.

[23] 中国造纸学会. 中国造纸年鉴2012［M］. 北京：中国轻工业出版社, 2013.

[24] 中国汽车流通协会. 中国汽车市场年鉴2013［M］. 北京：中国商业出版社, 2013.

[25] 中国物质再生协会. 2009年鉴中国再生资源综合利用［M］. 北京：中国经济出版社, 2010.

[26] 刘光富, 鲁圣鹏, 李雪芹. 中国再生资源产业发展问题剖析与对策［J］. 经济问题探索, 2012, (8): 64-69.

[27] Liwarska-Bizukojc E, Bizukojc M, Marcinkowski A. The conceptual model of an eco-industrial park based upon ecological relationships［J］. Journal of Cleaner Production, 2009, (17): 732-741.

[28] Erkman S. 工业生态学［M］. 徐兴元, 译. 北京：经济日报出版社, 1999.

[29] Heeres R R, Vermeulen W J V, de Walle F B. Eco-industrial park initiatives in the USA and the Netherlands: first lessons［J］. Journal of Cleaner Production, 2004, (12): 985-995.

[30] Oh D-S, Kim K-B, Jeong S-Y. Eco-industrial park design: a Daedeok Technovalley case study［J］. Habitat International, 2005, (29): 269-284.

[31] 杨洁, 陈小敏. 基于循环经济的生态工业园区建设模式及机制［J］. 河北理工大学学报（社会科学版）, 2009, 9 (4): 51-53.

[32] 曹永辉. 生态工业园共生网络运作模式研究［J］. 生态经济, 2013, (11): 136-139.

[33] Doménech T, Davies M. Structure and morphology of industrial symbiosis networks: the case

of Kalundborg [J]. Procedia Social and Behavioral Sciences, 2011, 10 (3): 79-89.

[34] 韩良, 宋涛, 佟连军. 典型生态产业园区发展模式及其借鉴 [J]. 地理科学, 2006, 26 (4): 237-243.

[35] 王伟中. 从战略到行动: 欧盟可持续发展研究 [M]. 北京: 社会科学文献出版社, 2008.

[36] Yang S L, Feng N P. A case study of industrial symbiosis: Nanning Sugar Co., Ltd. in China [J]. Resources, Conservation and Recycling, 2008, 52 (5): 813-820.

[37] 丰海彦, 刘光富. 我国再生资源加工园区发展研究 [J]. 中国市场, 2010, (45): 65-66.

[38] Tanskanen P. Management and recycling of electronic waste [J]. Acta Materialia, 2013, (61): 1001-1011.

[39] Ongondo F O, Williams I D, Cherrett T J. How are WEEE doing? A global review of the management of electrical and electronic wastes [J]. Waste Management, 2011, (31): 714-730.

[40] 徐滨士, 刘世参, 李仁涵, 等. 废旧机电产品资源化的基本途径及发展前景研究 [J]. 中国表面工程, 2004, (2): 1-6.

[41] 沈超, 蒋磊, 丁忠浩. 废旧电子电器产品中贵金属的回收利用概况 [J]. 武汉科技学院学报, 2008, 21 (10): 41-44.

[42] Europa-website of European Union. Electrical and electronic equipment [EB/OL]. http://llec. europa. eu/environment/waste/weee_ index. htm [2012-06-20].

[43] 黄思宇, 彭晓春, 胡小英, 等. 国内外废旧电子电器产品回收处理体系对比研究 [A] //中国环境科学学会. 中国环境科学学会学术年会论文集 [C]. 北京: 中国农业大学出版社, 2012: 2427-2432.

[44] Khetriwa D S, Widmer R, Kuehr R, et al. One WEEE, many species: lessons from the European experience [J]. Waste Management & Research, 2012, 29 (9): 954-962.

[45] Aizawaa H, Yoshida H, Sakai S. Current results and future perspectives for Japanese recycling of home electrical appliances [J]. Resources, Conservation and Recycling, 2008, (52): 1399-1410.

[46] Kang H Y, Schoenung J M. Electronic waste recycling: a review of U. S. infrastructure and technology options [J]. Resources, Conservation and Recycling, 2005, (45): 368-400.

[47] 朱培武. 我国废旧家电及电子产品回收处理现状及对策 [J]. 再生资源与循环经济, 2010, 3 (1): 32-35.

[48] 邵诣臻, 黄菊文, 李光明, 等. 我国电子废弃物管理现状及对策研究 [J]. 环境科技, 2011, 24 (1): 87-90.

第 2 章　再生资源生态工业园区管理体系

本章主要介绍再生资源生态工业园区的建设管理体系，以及园区企业运营的清洁生产管理体系，分析再生资源生态工业园区技术规范和标准建立的必要性，并以废旧机电产品为例分析了废旧机电产品标准框架体系。再生资源生态工业园区管理体系旨在规范与指导我国再生资源工业园区的建设与运营，推动园区经济与环境和谐发展。

2.1　再生资源生态工业园区建设管理体系

再生资源生态工业园区，是指以从事再生资源加工的企业为主体建设的工业园区，园区建设与运营以保障环境安全为前提，以节约资源、保护环境为目的，运用先进的理念与管理方式，规范和指导企业健康有序地开展生产运营，实现各类再生资源清洁、高效的生产，包括废弃物转化为再生资源以及将再生资源加工为产品等过程。目前，原国家环境保护总局推行了《静脉产业类生态工业园区标准（试行）》（HJ/T 275—2006），这对规范我国再生资源生态工业园区有着重要的指导意义。本节从再生资源生态工业园区的建设方针与条件、建设布局、管理模式、管理制度、绿色物流、管理信息系统、环境保护系统、园区文化建设等方面探讨了再生资源生态工业园区的建设管理体系。

2.1.1　园区建设方针与条件

再生资源生态工业园区建设方针是园区规划与建设的指导思想，主要包括以下几方面。

（1）政府引导，市场运作。在再生资源生态工业园区建设过程中必须始终坚持以企业为主体的原则，突出市场化运作；充分发挥政府指导作用，加强政策引导，严格准入条件，强化监管和服务，为园区提供良好的政策环境、公共服务和技术服务，建立健全废旧物资回收体系、逆向物流体系和其他服务保障体系。

（2）创新驱动，持续发展。把创新驱动作为再生资源生态工业园区持续发展的核心战略，建设废弃资源化科技创新平台，着力解决废弃物资源化共性、关键技术问题，建立健全资源化、再制造检验和检测服务体系、标准体系和规章制度，强化再生资源产品质量监管，大幅度提高园区核心企业的技术创新能力、产品检测能力。

（3）系统规划，严格管理。以土地集约利用、资源合理配置为前提，统筹规划再生资源生态工业园区布局，对园区内项目建设按投资强度、产出率、利用率等进行严格管理，避免低水平重复建设，系统考虑、有序建设，提升园区的竞争力和综合实力。

（4）产业集聚，彰显特色。在空间上与整体规划相衔接，大力引进国内外规模大、实力强的再生资源加工企业，积极引导企业在空间上形成集聚。同时，在功能分区的基础上突出产业发展特色，着力拓展再生资源产业链，不断拓展产业类型和产业规模。

（5）区域合作，辐射带动。在再生资源生态工业园区发展过程中，遵循区域合作、辐射带动发展的原则，注重产业链上下游企业在区域上的密切合作。

按照《静脉产业类生态工业园区标准（试行）》（HJ/T 275—2006）的相关规定，再生资源生态工业园区建设标准要求的基本条件如下[1]：①国家和地方的有关法律、法规、规章及各项政策得到有效的贯彻执行，近三年内未发生重大污染事故或重大生态破坏事件；②环境质量达到国家或地方规定的环境功能区环境质量标准，园区内企业污染物达标排放，污染物排放总量不超过总量控制指标；③入园项目及园区内企业生产的产品、使用和开发的技术等符合国家产业政策；④已对园区规划开展环境影响评价，并通过环保行政主管部门组织的评审；⑤园区建设符合国家节水、节地、节能、节材等相关要求；⑥《静脉产业类生态工业园区建设规划（试行）》（HJ/T 275—2006）已通过原国家环境保护总局组织的论证，并经当地人大常委会或人民政府批准实施。

2.1.2　园区建设布局

再生资源生态工业园区的建设布局包括园区选址、园区规模要求、园区建设管理分区、园区监管体系、园区协同方式[2,3]。

（1）园区选址。再生资源加工产业的主要原材料为国内回收或国外进口废旧产品，而再生资源加工产业的主要下游企业为各种深加工企业。因此，园区应优先选择交通运输便利的区域，尽量靠近进出口海岸，具备相应的当地产业结构和产品市场。同时园区不应侵占农田作物区，而应尽量使用荒地、丘陵等地区。

（2）园区规模要求。再生资源生态工业园区是一个闭环式循环经济系统，其目的是为了对再生资源加工产业内的企业进行统一管理与监督，形成较为完善的生态产业链，确保废旧原材料的绿色且有效的处理，为此再生资源生态工业园区面积不低于80公顷，绿化面积不低于30%，入驻企业不低于50家，年拆解量不低于60万吨。

（3）园区建设管理分区。园区应建设综合管理区，包括海关、质检、环保监管区、园区管理委员会、园区开发公司；生产加工区，包括深加工产业链；污染物处理区，包括废水、废气、固体废弃物处理设施；生活服务区，包括职工宿舍、生活服务设施等。园区应统一建设污水处理厂、垃圾焚烧设施、环境监测点等环保设施。各区之间衔接合理，满足园区内物流运输及日常管理的需要。

（4）园区监管体系。园区应集中建设一个独立性、封闭性较强的区域，设立电子地磅系统、视频监控系统、放射性探测系统，并建立统一的日常管理台账，对进出园区的废旧资源与再生资源产品进行严格的监管；园区还应加大对园区企业再生资源加工过程的废气、废水、固体废弃物及噪声的管理，确保园区的环境友好性运行。

（5）园区协同方式。再生资源生态工业园区应大力推进园区内企业与企业之间、企业与高校、企业与科研院所的深度研发合作，探索面向再生资源产业的协同创新模式。在探索协同创新的过程中，理顺协同创新主体之间产权、利益分配等各种关系，为协同创新的和谐发展奠定基础。坚持企业是创新的主体，认真贯彻自主创新、方法先行的工作思路，创新再生资源的拆解与再利用技术方法，延伸再生资源生态工业园区产业链，促进生态工业园区的发展和综合实力提升。

2.1.3 园区管理模式

再生资源生态工业园区管理模式是指在园区产业、现状等具体情况基础上形成的一整套管理理念、管理程序、管理制度和管理方法等的集合。根据生态工业园区管理模式设置管理机构，具体负责生态工业园区的管理和运营。根据生态工业园区管理主体的不同，生态工业园区管理模式可以分为三类：管理委员会主导模式、企业主导模式、管理委员会和企业混合管理模式。再生资源生态工业园区在管理模式的选择上应该坚持一切从实际出发的原则，在当地经济发展水平、产业机构发展现状、社会文化等基础上选择适合当地的生态工业园区管理模式。

2.1.3.1 管理委员会主导模式

管理委员会主导模式，也称为管理委员会直接运作型，是指由当地政府主管部门设立专门园区管理委员会，以政府机构的身份来负责园区的管理和运营。此种模式行政因素发挥较大的作用，政府可以利用自己掌握的资源为园区的运营提供诸多便利之处，短期内对园区的发展极为有利。但是，管理委员会作为政府机构直接参与经济运行，不符合市场经济发展的要求，长此以往将扰乱市场经济秩序，不利于园区的持续健康发展。

管理委员会主导模式又可以分为纵向管理模式和集中式管理模式，纵向管理模式是指园区所在政府部门成立管理委员会全面负责园区运营，但是园区企业各类日常管理仍由原来企业的主管部门负责，管理委员会只负责在各部门之间协调但不直接参与生态工业园区的建设和管理，纵向管理模式见图2-1a)。集中式管理模式是我国大多数园区采用的管理模式，是由园区所在部门成立专门机构——管理委员会来负责园区的建设和管理，此种模式下的管理委员会管理权限较大，集中式管理模式见图2-1b)。

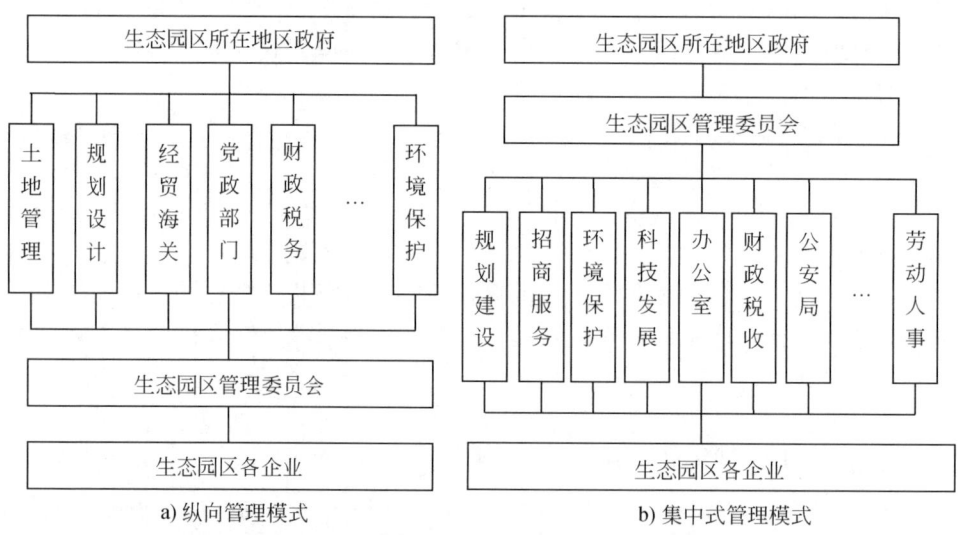

图2-1 生态工业园区管理委员会主导模式图

管理委员会主导模式的优点是在园区的管理中可以充分发挥政府的力量和资源优势，从地区整体的角度对园区进行规划、建设和管理，利用掌握的信息做出顺应社会发展趋势和潮流的产业发展政策，疏通园区和各级政府管理机构之间的关系。在获取国家财税优惠政策和资金支持等方面具有一定的优势，在对外交流和招商引资等方面也具有一定的权威性和优势。

管理委员会主导模式的劣势有：第一，管理委员会不符合市场经济的发展规律。管理委员会作为政府机构,直接参与市场经济的运行,虽然在一定程度上有利于园区经济的发展,但是,不符合市场经济发展要求,会扰乱市场经济秩序,阻碍市场经济健康有序发展。第二,园区管理委员会定性不明确,缺少法律依据。虽然我们将管理委员会作为一级独立的政府看待,但是,管理委员会并没有被列入我国行政管理机构,也没有相关的法律依据。第三,政企不分开,人事制度落后。虽然大部分园区在管理委员会下会成立园区开发公司,但是往往是管理委员会与开发企业一套班子或者开发公司形同虚设,不利于公平竞争环境的形成。而且,企业采用政府管理模式,人事制度落后,不利于吸引企业专业人才,从长期来看还会滋生享乐主义和腐败现象。

2.1.3.2 企业主导模式

企业主导模式是指在园区成立独立的经济组织,负责园区管理和运营的管理模式,由政府成立生态工业园区开发企业并赋予开发企业足够的管理权限,在管理委员会的指导下具体负责生态工业园区的运行,自负盈亏,有独立的法人资格,企业主导模式结构见图 2-2。

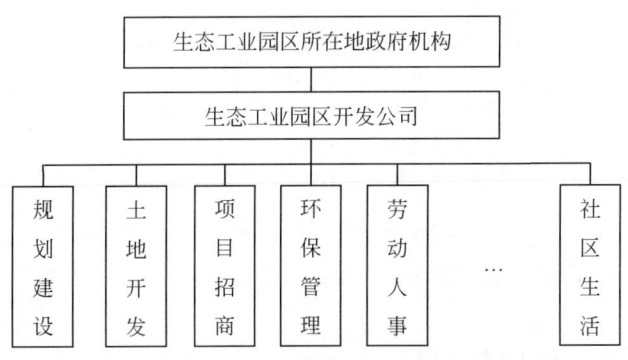

图 2-2 生态工业园区企业主导模式图

企业主导型模式的优点是:第一,符合市场经济运作模式,可以迅速实现公司运行的专业化,提高企业的运作效率;第二,可以建立现代企业制度,促进企业所有权与经营权的分离,提高生态工业园区的管理能力和水平,顺应企业发展趋势和潮流,提高生态工业园区的综合竞争实力;第三,生态工业园区开发公司可以迅速实现资本的有效聚集,有利于公司将目标集中于公司的经济效益,促使企业创造更多的经济效益和社会效益。

企业主导模式的缺点是生态工业园区开发公司是非政府市场经济主体,在取得国家优惠政策等方面有一定的劣势,而且,在与园区外部沟通协调时也有一定的难度。同时,开发公司在对园区进行开发管理的过程中要担当部分政府管理职能,增加了企业的负担。

2.1.3.3 管理委员会和企业混合管理模式

管理委员会和企业混合管理模式是上述两种管理模式的综合，集结了两种模式的优点。在这种模式下，管理委员会政府机构参与生态工业园区管理，承担规划决策等政府应该行使的管理权，企业作为独立的经济法人，行使企业内部管理与运作的职能，充分发挥企业的竞争优势。管理委员会和企业混合管理模式结构如图 2-3 所示。

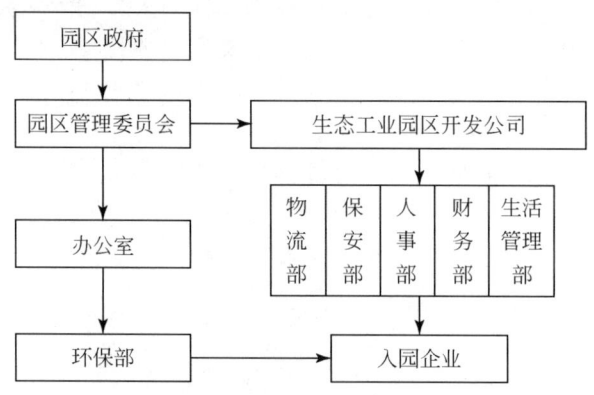

图 2-3　生态工业园区管理委员会和企业混合管理模式图

该模式充分吸收了两种管理模式的优点，既可以发挥政府在经济运行过程中宏观调控的作用，又可以充分发挥企业在市场经济中的主体地位。但是，在该种模式下，许多生态工业园区经济实力不足，缺乏先进的管理思想和专业人才，未能形成良性循环经济体系，最终又回落到原来的管理模式之中。

2.1.4　园区管理制度

再生资源生态工业园区管理制度包括国家层面生态工业园区管理制度、园区层面的管理制度，以及项目层面的准入制度管理。以废金属和废旧机电产品综合利用为例，具体要求如下所示。

2.1.4.1　国家层面生态工业园区管理制度

国家层面的管理制度是对再生资源生态工业园区宏观层面的管理和调控，包括完善相关的法律法规制度和进行产业结构调整。目前我国再生资源相关的主要法规包括《循环经济促进法》《节约能源法》《清洁生产促进法》《废弃电器电子产品回收处理管理条例》《再生资源回收管理办法》《废弃机电产品集中拆解利用处置区环境保护技术规范（试行）》和《报废汽车回收管理办法》等。除了上述法律法规之外,我国还制定并实施了相关配套的产业发展政策,如税收政策、汽车家电以旧换新措施等。虽然我国颁布了一系列的再生资源产业法律政策、地方法规、行业标准和技术规范,但法律法规体系还不健全、不完善。同时,国家应该从宏观上调整和优化产业结构,鼓励发展再生资源综合利用等循环经济产业,节约资源和保护生态环境,促进生态工业园区建设。国家对工业生态工业园区的管理执行需要结合园区产业等实际来实施,国家层面需要完善的制度如下所示。

1. 规范废旧资源的回收,保证废旧资源处理资格制度的落实

废弃电器电子产品处理资格制度是《废弃电器电子产品回收处理管理条例》(简称《条例》)的基本制度之一,其目的是设置行业进入门槛,保证从业企业的设备、技术、环境保护设施、人员管理水平达到一定的要求;同时废弃电器电子产品处理资格制度也可支持《条例》所规定的其他制度的实施,特别是废弃电器电子产品处理基金的顺畅实施。简言之,对于废旧机电产品综合利用这一新兴的社会效益显著的产业的良性发展,废弃电器电子产品处理资格制度将起到重要的扶持作用。

根据《条例》规定,废旧机电产品回收经营者所回收的废旧机电产品必须交付给具备资格的处理企业进行综合利用处理。于 2009 年 6 月 1 日开始实施的家电以旧换新政策,试图探索可能的废家用电器回收体系模式,为《条例》的正式生效做准备。在该政策实施过程中,出现的主要问题之一是部分回收者将回收的废家电进行倒卖、利用监管机制的漏洞而未将废家电送交给指定的拆解处理企业。这种状况反映了回收经营者与处理者之间物流运输渠道的监管不力,因此《条例》正式生效后,规范回收经营者与处理者之间的物流运输渠道是完善政策设计的重要方面。

2. 加强对废旧机电产品拆解产业的财政支持

我国废旧机电产品拆解产业面临着一个普遍的发展瓶颈:与不使用环境友好型技术的个人回收者相较,正规的废旧机电产品拆解企业需要负担更高的运营成本,这导致企业向消费者提供的废旧机电产品收购价较低,从而大部分废旧机电产品被个人回收者购买,最终流入二手市场或非正规拆解作坊。而正规拆解企业则无法获得足量的废旧机电产品,导致处理能力闲置、亏损严重。以苏州伟翔电子废弃物处理技术有限公司为例,企业为每台废旧电脑所提供的收购价为 50 元人民币 (7.35 美元),而个人回收者可提供的价格为 150~200 元人民币 (22~30 美元)。

在 2009 年家电以旧换新政策实施后,进入"废家电定点拆解企业名录"的企业暂时摆脱了货源不足的窘境,并依靠政策补贴及规模效应改善了经济绩效。但在进入拆解行业的企业不断增加而大力度财政补贴难以长期持续的情况下,如何避免大规模的产业过剩、实现拆解企业普遍盈利,将是下一阶段废旧

机电产品综合利用产业扶持政策的重点。特别是废弃电器电子产品处理基金制度的合理设计与有效实施对保证废旧机电产品的资金流来源影响重大。目前基金补贴办法仍未公布，处理基金的使用原则、补贴水平、补贴渠道尚未确定。对于利润微薄的废旧机电产品拆解企业而言，保障资金来源渠道的畅通，对企业实现盈利、具备可持续发展能力有着决定性的影响，因此需要加强对废旧机电产品拆解产业的财政支持，保障资金来源渠道的畅通。

3. 提高对废旧机电产品深加工企业的污染防治监管力度

废旧机电产品综合利用产业主要包括两类企业：处于上游的拆解企业与下游的深加工企业。拆解企业主要应用机械处理工艺，废水、废气产生量较小，对环境的危害相对较小；深加工产业则通常应用火法或湿法工艺处理各类拆解产物，重点是废电路板等含金属组分，而该类处理可能涉及大量含有毒有害物质的废气、废液排放，环境影响较大。目前我国废旧机电产品综合利用的产业链建设还不够成熟，大量拆解企业处理得到的各类零部件的下游去向尚不够明确。其中，部分废电路板被直接送到普通的铜熔炉进行深加工，而这类熔炉不具备防治二恶英污染的收集与处理设备。此外，废旧机电产品处理后所得到的无法再生利用的零部件及物质的去向管理也不够明确，尤其是阴极射线管等危险废物。该类废物通常送往填埋场或焚烧厂进行最终处置，危险废物则需送往危险废物处理设施进行最终的无害处置。我国的废物最终处置设施的建设与运营都处于较为初级的阶段，尤其是危险废物处理能力不足。因此，需要调查拆解企业处理后得到的零部件的去向情况，并根据调研结果设计相应的对策，加强对废旧机电产品深加工产业以及最终处置设施的污染防治监管工作。

2.1.4.2　再生资源生态工业园区管理制度

再生资源产业园区管理制度主要包括集中拆解利用处置制度、废弃电器电子产品处理目录制度、废弃电器电子产品处理基金制度、废弃电器电子产品处理资格制度、经营情况记录制度、废弃电器电子产品处理发展规划制度，以及废弃家用电器与电子产品污染防治技术政策。

1. 集中拆解利用处置制度

为了贯彻《固体废物污染防治法》的要求，鼓励废弃机电产品的集中拆解利用处置，原国家环境保护总局发布了行业标准《废弃机电产品集中拆解利用处置区环境保护技术规范》（HJ/T 181—2005，2005年9月1日实施）。该标准规定了废弃机电产品集中拆解利用处置区（简称集中处置区）的规划、设计、建设及运行过程中的污染防治和环境保护管理要求。该标准要求集中拆解利用处置区的建设应以废弃机电产品拆解利用企业为依托，以废弃机电产品的资源利用为核心，建设与污染物集中处置设施相配套的园区。具体而言，集中处置区应达到以下要求：选址选择在运输便利的区域，尽量靠近危险废弃物集中处置设施；与相关规划相协调；考虑服务区域内的废弃机电产品产生量等因素，避免重复建设；设置管理机构；遵守国家对环境影响评价与污染排放物排放的控制要求；分区建设；企业需具备符合环保要求的工艺与设施；园区应建设专门的环境友好的废物储存与收集设施、统一的污水处理厂，以及集中供暖设施。

此外，标准还规定了集中处置区内污染物的排放与控制的技术要求与排放限值；针对进口废弃机电产品集中拆解利用处置区的处理对象为进口废物的特点，特别规定了进口集中处置区的选址、进出口监控、检查与记录等要求。该标准对于正在建设中的为数众多的电子废物集中拆解利用处置区或其他涉及废家用电器拆解及深度处理的工业园区具有工程指导意义。

2. 废弃电器电子产品处理目录制度

《废弃电器电子产品回收处理管理条例》的适用范围采用目录制度。国家发展和改革委员会已经会同环境保护部、工信部联合发布《废弃电器电子产品处理目录（第一批）》（2011年1月1日实施），该目录的选择主要考虑社会保有量大、废弃量大、污染环境严重、危害人体健康、回收成本高、处理难度大等因素，确定将电视机、电冰箱、洗衣机、房间空调器、微型计算机五种产品作为首批该目录产品，并对各产品的具体范围进行了限定。该目录中的废弃电器电子产品的处理需遵循该条例的相关规定，取得资质许可，采取多渠道回收和集中处理制度、生产者标识制度、资产核销制度和信息报送制度等。

3. 废弃电器电子产品处理基金制度

《废弃电器电子产品回收处理管理条例》第七条规定：国家建立废弃电器电子产品处理基金，用于废弃电器电子产品回收处理费用的补贴；电器电子产品生产者与进口者依法履行基金缴纳义务。目前基金补贴办法仍未公布，根据国家发展和改革委员会产业所的研究，主张"对拆解处理企业进行直接补贴，而对其他业态的补贴由拆解处理企业反馈来完成"，对于利润微薄的废家用电器拆解企业而言，将要出台的废弃电器电子产品处理基金的使用原则、补贴水平、补贴渠道对企业实现盈利有着决定性的影响。

4. 废弃电器电子产品处理资格制度

废旧机电产品的处理技术不符合环保要求时，可能导致危险物质的释放，威胁到环境与公众的健康，并造成潜在可再利用的资源的浪费。废旧机电产品的这一潜在的危险性决定了从事废旧机电产品的处理，必须具备达到一定要求的设施、设备，有相应的专业技术能力，还必须对从业单位和个人进行技术培训、资质审查和审批，并建立专门的管理机制。《废弃电器电子产品回收处理管理条例》第六条规定"国家对废弃电器电子产品处理实行资格许可制度"，并于第六、二十三、二十四与二十八条分别规定了废弃电器电子产品处理资格的审批部门、申请条件、申请程序，以及未取得资格却擅自从事废弃电器电子产品处理活动的法律责任。废弃电器电子产品处理资格制度的规定将有助于废旧机电产品综合利用管理和技术水平的提高,保证废旧机电产品中所含有的危险废物的严格控制,防治污染事故发生。

5. 经营情况记录制度

废旧机电产品综合利用企业的经营情况记录制度是服务于循环经济与环境管理目标的。经营情况记录可以保证废旧机电产品的运输安全,防治废旧机电产品及其综合利用产物的非法转移和非法处置,保证废旧机电产品的安全监控,防治废旧机电产品中含有的危险废物不当释放从而避免污染事故的发生。

《废弃电器电子产品回收处理管理条例》第十七条规定:处理企业应当建立废弃电器电子产品的数据信息管理系统,向所在地的设区的市级人民政府环境保护主管部门报送废弃电器电子产品处理的基本数据和有关情况。废弃电器电子产品处理的基本数据的保存期限不得少于3年。

《固体废物污染防治法》第九条规定:从事拆解、利用、处置电子废物活动的单位(包括个体工商户)应当按照电子废物经营情况记录簿制度的规定,如实记载每批电子废物的来源、类型、重量或者数量,以及收集(接收)、拆解、利用、储存、处置的时间;运输者的名称和地址;未完全拆解、利用或者处置的电子废物,以及固体废物或液态废物的种类、重量或者数量及去向等。监测报告及经营情况记录簿应当保存3年。

6. 废弃电器电子产品处理发展规划制度

废弃电器电子产品处理发展规划需提出废旧机电产品综合利用的循环经济和环境保护的具体目标和要求,以及将逐步配套出台的响应的政策文件和措施保障,这就成为政府对废旧机电产品综合利用行业进行环境管理的总要求。

《废弃电器电子产品回收处理管理条例》第二十一条规定:省级人民政府环境保护主管部门会同同级资源综合利用、商务、工业信息产业主管部门编制本地区废弃电器电子产品处理发展规划,并报国务院环境保护主管部门备案。地方人民政府应当将废弃电器电子产品回收处理基础设施建设纳入城乡规划。

7. 废弃家用电器与电子产品污染防治技术政策

行业环境技术政策是由政府环保部门制定和颁布的,是为实现一定历史时期的环境目标,在提高行业技术发展水平和有效控制行业环境污染的同时又能引导和约束行业发展的技术性行动指导政策。

原国家环境保护总局在2006年发布了《废弃家用电器与电子产品污染防治技术政策》(2006年4月27日实施),对家用电器与电子产品的环境设计、废弃产品的收集、运输与储存、再利用和处置全过程的环境污染防治,以及废家用电器与电子产品再利用和处置设施的规划、立项、设计、建设、运行和管理提供了管理目标、技术指导及政策制定建议。

2.1.4.3 项目准入制度管理

1. 项目准入原则

为了实现经济、社会和环境的效益最大化，不断补充和完善再生资源生态工业园区的生态产业链网，逐步构建稳定的再生资源生态产业体系，促进园区持续健康发展，必须选择与再生资源综合利用相关的行业和企业进入生态园。综合考虑园区发展和生态产业体系的需求，入园的行业、企业需要满足以下基本原则。

（1）符合国家和地方产业结构政策要求。这是项目入园的最基本要求，凡是违反国家和地方产业结构政策的企业一律不得进入生态工业园。例如，《产业结构指导目录》（2005年本）中限制类、淘汰类项目不得进入生态园；《外商投资产业指导目录》（2007年修订）中限制类、禁止类项目不得进入生态园；《限制用地项目目录》（2006年本及2006年增补本）、《禁止用地项目目录》（2006年本及2006年增补本）中列出的不得用地项目不得进入生态园。同时，进入再生资源生态工业园区的企业必须要满足再生资源产业相关的政策要求。

（2）符合国家、地方及园区环保政策要求。环保是入生态园的基本需求，因此，入园项目首先要求满足国家、地方及园区的环保政策要求，污染物排放量要达到相关要求。同时，可能会污染园区环境的企业一律不得进入生态园。入园项目的治污设备必须要达到国家的相关标准和要求，污染物排放量也必须要满足园区总量控制的要求，而且，未经过环境评估的项目，一律不得进入生态园。

（3）符合再生资源产业生态产业链的需求。生态工业园区是生态产业链支持下的闭路循环经济，因此，入园项目必须是再生资源产业链上的一环，即引进的项目必须要有利于构建和完善再生资源生态产业链。入园项目可以是园区生态产业链上的任意一环，可以是园区前向关联产业，也可以是后向关联产业。园区企业通过产业和废弃物的相互衔接，促进园区资源的优化配置，废弃物得到有效利用，环境污染程度降低，园区竞争力得到有效提高。

（4）符合园区整体规划发展要求。入园行业必须要符合园区整体规划要求，包括园区城市总体规划和再生资源产业发展规划。入园项目在规划上要服从园区的整体布局，在行业上要符合园区的整体发展规划。同时，相互关联产业的布局还可以使入园企业充分利用园区及当地的资源，推动再生资源产业链的完善和经济的发展。

2. 项目准入指标体系

生态工业园区对入园项目既要有定性的原则性要求，又需要有定量的指标体系要求。入园企业的指标体系要遵循全面性、重点性、动态性、定量与定性相结合等原则。由于不同生态工业园区的经济发展水平、产业结构、产业发展方向等都不尽相同,所以,入园项目的指标体系需要根据各个园区的实际情况,构建不同层次的指标体系。在全面性、重点性、动态性、定量与定性相结合等原则的基础上,构建一般的入园项目准入指标体系,如表2-1所示。

表 2-1 生态工业园区项目准入指标体系

项目	序号	指标
用地控制指标	1	投资强度
	2	建筑容积率
	3	建筑系数
	4	行政办公及生活服务设施用地所占比重
	5	绿地率
经济指标	6	土地产出率
	7	科技投入占总投资比例
循环经济特征指标	8	工业用水重复使用率
	9	工业固体废物综合利用率
	10	清洁能源利用率
	11	前向关联产业
	12	后向关联产业
环境管理指标	13	废水处理达标排放率
	14	工业废气达标排放率
	15	危险废物处理处置率
	16	环境影响评价报告书情况
	17	污染防治设施配套状况
技术水平指标	18	工艺生产水平
	19	清洁生产水平

注:根据各生态工业园区的实际情况,项目准入指标体系需要进行相应的调整;各指标的指标值主要参考国家及各地方有关政策、规定,借鉴各地的实际情况

2.1.5 园区绿色物流管理体系

绿色物流作为"清洁生产、绿色流通、合理消费"的可持续发展模式的组成部分,既包括企业的绿色物流活动,又包括对绿色物流活动的管理、规范和控制[4]。在对园区进行绿色物流规划时,从整个供应链的视野来组织物流,建立起包括生产商、批发商、零售商和消费者在内的物流系统。对这个系统的每个组成部分进行绿色管理和控制,尽可能地避免因物流而带来的环境影响。

（1）规制发生源。在发生源规制方面做到，根据大气污染防治法对废气排放进行规制，根据对车辆排放 NO_x 的限制来对车种规制，推进对车辆噪声进行规制；在交通量规制方面做到，促进企业选择合适的运输方式，统筹物流中心的建设；在交通流规制方面做到道路停车规制。

（2）选择绿色供应商。强化企业环境责任意识，结合信息公开化工程，督促园区企业对供应商的环境表现进行评估，对环境表现差的供应商进行督促和适当取舍。

（3）倡导绿色生产和绿色营销理念。采用物耗能耗低、废弃物少、对环境影响小的工艺技术，倡导生态设计和绿色制造，采用清洁运输工具，加强对绿色包装的宣传，树立企业的绿色形象。

（4）保证绿色仓储。制定储存和保管过程环保要求，开发引进绿色保养技术，规范值班人员的工作制度，严格按照符合安全与环保的工作守则操作，减少工作中人为造成的污染。

（5）建立废弃物的回收再利用系统。与供应链上的其他关联者协同起来，从整个供应链的视野来组织物流，最终建立起包括生产商、批发商、零售商和消费者在内的"生产—流通—消费—再利用"的绿色物流系统。

2.1.6 园区管理信息系统

再生资源生态工业园区管理信息系统，是园区的信息交换中心，是保持园区活力和不断发展的重要条件，在园区发挥着重要的作用。一方面，提供再生资源生态工业园区内相关信息，便于物质和能量在园区、周围社区和区域内进行流动和交换；另一方面，通过示范、宣传等手段，扮演教育和营销角色，以宣传生态工业原理，帮助企业尤其是中小企业理解环境问题和环境法规，克服生态工业运行的障碍。另外，管理信息系统还可以提供有关提高能源效率、节约资源、废物最小化、清洁生产技术和应急反应等方面的指南和建议。

为了实现再生资源生态工业园区管理信息系统的作用，在构建园区管理信息系统时应按照业务内容、业务性质、服务对象及实现功能的不同，将整个系统分为以下几个部分：对外信息发布系统、内部 OA 系统、电子商务应用系统、企业信息化公共服务系统、数据交换系统及环境管理信息系统[5]。

（1）园区门户网站。主要用于园区管理方对外统一发布各类政务信息，为办理相关事务的园外人士提供网上服务。园区门户网站是展示园区整体形象的窗口，也是园区对外服务及联系的平台。它向公众提供园区全方位的网上展示与介绍、信息发布、企业与产品介绍、招商引资、政策咨询、投诉服务等功能。

（2）内部 OA 系统。是园区公文处理、工作交办、人事管理、信息发布等事项的重要办公平台。一方面可使得管理者根据城市园区及园区内的企业基本档案了解园区基本信息；另一方面也方便企业与管理部门的事务办理与沟通，帮助管理者对园区建设与管理等事宜进行更好、更合理的决策。

（3）电子商务应用系统。主要用于优化业务流程，实现对销售体系更全面、更及时、更有效的监控、分析和利用。通过循环数量统计管理、网上支付、交易管理等手段实现上下游企业间在经济上的良性循环，同时也为企业产品销售扩展了电子渠道。通过建立基于全国范围的企业内部信息交互、资源共享的网络，紧密结合企业的业务流转过程和管理过程。围绕商机、谈判、合同、产品、订货、运输、交付等各个业务环节，建立完整的交易体系，以及灵活、简单、易用的仓储物流管理系统，进行有效的管理。

（4）企业信息化公共服务平台。是解决中小企业信息化问题的有效途径。建立安全可靠、诚信运营的公共服务模式，推动行业及企业信息资源共享。利用网络化的手段，为其他企业提供信息化技术咨询、新产品开发和技术人才培训等专业知识服务。平台集成各行业专家、厂商、供应商等信息化相关服务和资源，形成信息共享与服务互动。平台还提供企业、供应商、行业专家及行业专业人士的在线交流服务，多方协作。

（5）数据交换系统。该系统不仅仅是提供数据通信的通道，同时也提供不同部门之间数据格式的转换。另外，平台也是信息资源共享的平台，所有审批业务中需要各部门共享的数据都需要在共享交换平台处保存，以便于流程的快速执行与监控。

（6）环境管理信息系统。主要功能是将环境信息存储起来，并结合统计数学、优化管理、预测评价模型、规划决策模型等手段进行分析。该系统主要包括企业清洁生产评价子系统和园区物质集成子系统等。企业清洁生产评价子系统根据国家及城市管理部门所确定的环境评价指标体系及园区物流、能流、水流等基本数据对园区生态环境、生态效益做出综合评价，内容包括企业和行业的资源重复利用指标、环境保护指标、环境绩效指标、生态建设指标、生态环境改善潜力的评估。园区物质集成子系统根据企业的用水、原材料、副产品的类型数量等信息，运用过程集成技术，调整物质流动的方向、数量和质量，完成工业生态网络的构建。

2.1.7　园区环境保护管理系统

再生资源生态工业园区环境保护管理系统包括建立 ISO14000 环境管理体系、实行园区环保动态监控及污染控制体系、能源的梯级利用管理体系和水资源一体化集约管理等内容。

1) 建立 ISO14000 环境管理体系

ISO 环境管理标准融合了世界上许多发达国家在环境管理方面的经验，是一种完整的、操作性很强的体系标准，包括为制定、实施、实现、评审和保持环境方针所需的组织结构、策划活动、职责、惯例、程序过程和资源。其中 ISO14001 是环境管理体系标准的主干标准，它是企业建立和实施环境管理体系和通过认证的依据，其目的是规范企业和社会团体等组织的环境行为，以达到节省资源、减少环境污染、改善环境质量、促进经济持续健康发展的目的。

对再生资源生态工业园区内企业实行 ISO14000 环境管理，不仅有利于推进企业实行清洁生产，减少污染物质的排放，节约能源与资源，也有利于园区实现生态化和国际化，使之与国际接轨，更好更快地发展。

2) 实行园区环保动态监控及污染控制体系

根据再生资源生态工业园区污染物实际状况，针对废水、废气、固体废弃物、噪声建立动态监控体系。

3) 能源的梯级利用管理体系

能源梯级利用是能量综合利用的一种形式，包括按质用能和逐级多次利用两个方面。能源的梯级利用就是要根据体系内部产业链的链接状况及资源的流动方向，合理地配置和利用资源和能源以达到较高的利用效率。在园区企业的内部推行节能和合理用能的技术，同时进行园区内的余热回收利用。此外，还可进行园区内能量综合利用，采用系统工程的观点实现能量的最大化利用。这种能量利用方式除在发电和供热企业应用广泛外，现已扩展到各种工业过程，园区可以根据园区内各用能企业能级需求的高低构成能量的梯级利用关系，实现对能源的充分利用。

4) 水资源一体化集约管理

水是一种可更新和可再利用的资源。在用途为非消费性和使用后可被返回的地方，需要建立机制来确保废水流对于资源流或水供给是有用的增加物。如果缺少协调管理，废物流经常只是通过削弱水质和提高水供给的未来成本来减少有效供给。作为一种寻求转变当前不可持续的水资源开发和管理系统的变化的方法，一体化集约水资源管理没有固定的起点，也将很可能不会有终点。因此，一体化水资源管理系统需要对变化做出反应，并能够适应新的经济、社会和环境条件。水资源管理则采用一体化管理模式，强调一体化所有涉水事务的管理和企业间的相互联系，以及社会经济系统与自然生态系统的和谐。

在再生资源生态工业园区的水资源管理模式中，供给管理与需求管理并重，并特别强调需求管理和效率管理，即认为需求是可控的，供给管理应该基于需求管理和效率管理。而且水资源需求是多方面的，基础设施建设应该与不同终端用户水需求的多样化特点如数量、质量（生物、化学和物理方面的）和可靠性水平等相匹配。水资源在园区内多次再利用和再循环，以多种方式

（现场、分散或集中等）处理后排放到外部社区或自然生态系统。排放管理在需求管理和效率管理的基础上，主要依据园外社区和自然生态系统的需要进行。而对于雨水，生态工业园将其视为一种重要的资源，将雨水收集作为水源并通过渗透或保留的方式来涵养蓄水层、航道和植被等。

2.1.8　园区生态文化建设

在再生资源生态工业园区建设生态文化就是要将生态理念融入园区文化体系，包括生态意识、生态精神、生态道德、生态制度、生态价值观等，使之成为园区经营发展的指导思想并贯穿到园区的各个方面，其目的是实现园区企业、生态、经济、社会及民生的可持续发展。园区生态文化建设有利于保护环境，维护生态平衡；有利于节约资源，提高园区竞争力；有利于塑造园区形象，提高园区整体素质。园区生态文化建设是生态工业园区建设的重要内容和最高境界，是构建和谐生态工业园区的思想动力，也是实现生态工业园区健康可持续发展的前提和基础。

为了提高再生资源生态工业园区的综合竞争力，实现园区和谐，必须要加强生态工业园区生态文化建设，实现园区全面、协调、可持续发展。培育园区生态文化理念是一个系统的工程，主要包括物质层、行为层、制度层和精神层等四个层次的文化[6]。

（1）物质层文化。物质层文化，是再生资源生态工业园区的各种产品、设备、基础设施等物质基础，是一种以物质形式表现的园区表层文化。产品及设备等物质器具是企业生产的基础，是企业的重中之重，自然也是企业关注的焦点，无需我们过多关注。在这里我们重点关注园区基础设施建设。园区生态文化的基础设施建设主要包括园区生态环境建设、生态文化场所及生态文化设备。首先，良好的园区环境是园区生态文化建设的前提条件。园区生态环境重点是园区道路、通水、通电、通信和环保系统等，重在为园区生态文化建设提供系统和谐的园区生态环境。其次，开辟生态文化场所也是园区物质层文化的重要方面，如开设图书馆、教育基地、文艺馆、健身馆等场所，为园区生态文化建设提供平台，没有场所的园区生态文化建设都是空谈。最后，购置生态文化设备，为园区生态活动提供可能性，如购买图书、教育设备、健身器材、音乐器材等。

（2）行为层文化。行为层文化，是再生资源生态工业园区员工在日常生产经营及业余活动中所产生出来的活动文化。首先要为生产经营过程营造良好的工作环境，让员工在融洽的环境中为园区生态文化贡献自己的一份力量。其次，在员工业余生活中，积极营造生态社区，树立园区的生态生活，在园区宣传循环经济和可持续发展的思想，树立生态文明生活理念。例如，可以在园区普及废旧家电产品的循环再利用等知识,让居民充分融入到生态工业园区循环经济体系之中。最后,倡导生态环保消费模式,促进再生资源产品的销售。

(3) 制度层文化。制度层文化,是与再生资源生态工业园区有关的法律法规、地方政策及园区管理的总成。首先,国家层面的法律法规制度建设,为生态工业园区提供宏观保障作用,使生态工业园区的管理有法可依。其次,地方政府需要根据各地的实际和园区发展现状,一方面进一步完善相关的规章制度来确保各地生态工业园区的健康发展;另一方面要根据各地实际发展适合当地特色的生态产业。最后,完善的园区运行机制也是制度文化层面的重要内容。一方面,要有完善的园区管理组织机构,各组织机构分工合作,共同对园区的发展负责;另一方面,要有完善的园区运行机制,而且确保运行机制得到有效执行。

(4) 精神层文化。精神层文化,是再生资源生态工业园区意识形态的综合,包括园区价值观、园区道德、园区经营哲学、园区精神风貌等。生态工业园区是以循环经济发展为手段来实现绿色发展和可持续发展的,因此,要以人与自然和谐共处为基本原则,加强宣传教育,在全园区树立生态可持续发展理念。同时,精神层面文化是生态工业园区建设的根本,需要贯穿到生态工业园区建设的全过程,所以,精神层面文化需要从物质、行为、制度等宏观方面,以及园区的生产、生活、消费等微观层面去把握,在精神层面文化指导下开展各项生态文化活动,促进生态工业园区生态文化的建设和发展完善。

2.1.9 园区保障体系

任何经济区域的发展都离不开人、财、物的支持,再生资源生态工业园区的发展也不例外。人具有主观能动性,是生态工业园区建设的核心;资金是购买的基础,是生态工业园区建设的保障;物是发生作用的载体,是生态工业园区建设的基础;三者缺一不可。

1. 人才保障

人才保障是生态工业园区建设的核心,循环经济和生态工业园区迅速发展对专业化人才的需求量是极大的,但我国生态工业园区专业人才是十分匮乏的,需要通过专业人才的培养和引进来补充。

生态工业园区人才的培养。首先,需要依靠我国教育资源的支撑,在我国高校课程中专门开设再生资源生态工业园区相关专业课程,培养综合的生态工业园区建设人才。高校专业人才的培养是生态工业园区人才的主力军。其次,加强在职教育,培养实践性专业人才,通过开设培训班、网络教育、职称教育等方式,加强对在职人员的教育。在职人员一般具有较强的动手实践能力,但是理论水平相对匮乏,通过在职教育可以迅速提高在职人员的综合能力和工作水平。最后，人尽其才，人才是资源，合理使用人才资源，让员工在适合的岗位上发挥自己的才能，也是培养专业人才的有效手段。

生态工业园区人才的引进。在坚持自主培养专业人才的基础上，积极实施人才引进战略，从海外引进专业技术人才，改变生态工业园区人才资源匮乏的现状。人才引进战略需要户口政策、资金、居住等一系列优惠政策，更需要具有发展前景事业的吸引。

2. 资金保障

有效的财税政策是再生资源产业发展的主要推动力。发达国家主要从政府奖励、税收优惠、收费改革等方面，使经济负外部性内在化。我国再生资源产业的发展还处于初期阶段，政府的财税政策是促进再生资源产业发展的关键因素。在相关政策的制定上，要根据再生资源产业发展的需要制定相关鼓励政策，例如，为引导社会资金向再生资源产业流动，国家对技术比较成熟的新建和扩建的企业，在企业运营初期要制定相应的税收、贷款等方面的优惠政策。对于需要扶持发展的企业，国家要长期给予税收等方面的优惠政策，并将依据生产者延伸责任制所收取的废旧产品处理资金补偿到这类企业中。同时要调整和创新产业发展政策，对原先制定的不利于产业发展的各项政策进行清理和调整，并加强政策系统性、配套性和可操作性。此外还要采取各种措施，加大政策的实施力度。为充分发挥财税杠杆作用，应从以下几个方面建立健全的再生资源产业财税政策体系。

1）强化实施政府绿色采购

政府绿色采购，就是通过政府庞大的采购力量，优先购买对环境影响较少的环境标志产品，从而促进企业环境行为的改善，加大对环保型企业的扶持力度，推动国家循环经济及其具体措施的落实，同时对社会绿色消费起到巨大的推动和示范作用。政府应优先采购具有绿色标志的、通过ISO14000体系认证的、非一次性的、包装简化的、用标准化配件生产的产品，以此影响消费者的消费方向和企业的生产方向，从而促进循环经济的发展。我国已颁布了《政府采购法》，但内容过于宽泛，有些规定不是很明确，应把政府购买再生资源产品的比例明确写入法律法规中，如美国规定政府机构采购的纸张必须含有废纸再造纸的最低比例，以此提高造纸厂家废纸再生利用的积极性。

2）增加资金投入，扩展融资渠道

财政部制定的《2010年政府收支分类科目》的支出功能分类中，首次将资源综合利用列为环境保护的事务支出科目。为了促进再生资源产业的发展，应进一步确立资源综合利用支出作为经常性支出预算科目的地位，并保持一定的增长比例。但仅靠国家财政投入很显然会造成投入资金不足的问题，因此，为保证我国再生资源产业的发展拥有充足的资金支撑，需要引入多元投资主体，寻找多方面的资金来源，并根据不同的投资项目类型确定融资方式。可以考虑将已有的各项相关财政专项资金进行合并，利用已有的相关专项资金做进一步的整合、充实与完善。

此外，政府优惠的信贷政策是企业绿色生产的保障。政府可以对进行资源再利用的技术研发、设备投资、工艺改进的企业实行优惠的贷款政策，由专门的政策性银行以低息贷款、延长信贷周期、优先贷款的方式对企业予以资金扶持。发展再生资源产业还需要经常性的直接财政补贴支持，可以借鉴发达国家在这方面的经验，通过建立创新型的技术研究开发补助金制度、物价补贴制度对购买绿色产品的消费者进行补贴等。

3）完善税收政策体系

我国应逐步发展以市场为基础的再生资源产业税收政策体系。在发展再生资源产业的过程中，政府一方面要致力于建立和实施一套限制和规范经济参与者的行为、发展再生资源产业的税收政策制度；另一方面要通过制定激励性的税收政策手段，来引导市场行为向着循环经济的目标发展。应着眼于运用税收手段来影响人们和市场主体的行为取向，力求以灵活多样的税收政策为工具来协调经济发展和资源再生利用之间的关系，以最小的消耗获取最佳的社会、经济和环境效益。首先可通过开征环保税、原生材料税、填埋税等综合性和专门的生态税。此外，要完善现有税制，具体包括扩大现有资源税的征收范围，提高资源税征收标准；对再生资源产业从外部购入或无偿取得的废渣等原材料、循环利用的内部废物等纳入增值税抵扣链条中，在核实购入量、使用量等数据基础上准予抵扣，并通过提高进项税抵扣的办法合理拉开再生资源与原生资源之间的税赋差距；把资源消耗量大的消费品，如一次性生活用品、高档建材、原浆纸列入消费税的征收范围，设计差别税率，鼓励使用再生产品；对利用再生资源原材料或半成品生产的产品免征所得税；对再生产品或设备的购买，可以在所得税上给予一定抵扣。

4）建立资金监管机制与平台

设立财政专项资金以扶持再生资源产业的发展，应该保证资金的专款专用，而更关键的是要提高资金的使用效益。首先，各级财政部门要根据当地实际情况认真进行项目启动前的调研、论证与可行性研究，之后要在此基础上进行评审，以考察建设的前期预算，严格把关，确保资金使用的科学性和有效性。其次，要加强资金的流向管理，从立项开始即对投入的资金跟踪，直到财政资金及时、足额拨付到位，以防止挪用，并做好财务决算。再次，建立专项资金流动的信息共享和信息监测系统，加强专项资金的前期管理以明确责任、落实中期管理以监督使用、巩固好后期管理以保证效果；建立全国范围的再生资源信息监控平台，统一发布各地再生资源数量、价格信息，来引导再生资源的合理流动；逐步建立企业级全程无害化监控平台，保障生产过程中的废弃物最小化和合法转移。由于目前我国再生资源分布范围广，管理力量相对薄弱，不可能对所有地区的所有行业进行全方位的监督，所以再生资源产业的发展还需要各界社会力量均参与监管，形成政府、行业协会、社会公众及媒体舆论共同监督的机制。这样，一方面可以节省相关管理部门的人力、物力和财力；另一方面也有利于全社会监督企业经营行为，对违反法律和政策的企业进行及时举报。社会监管的具体措施有义务监督员、举报和奖励制度、评议和公共听证制度等。

3. 物质保障

生态工业园区建设的物质保障，主要包括管理机构设置、企业、技术保障体系。

生态工业园区管理机构设置属于生态工业园区建设的物质保障，设置健全的园区管理机构，明确各部门职责，分工协作，共同对园区的发展负责。生态工业园区管理机构的设置需要根据管理模式的变化而变化，总体来说，生态工业园区管理机构主要包括国土、建设、规划、招商、财税、环保、后勤等部门。生态工业园区管理机构的设置和具体领导是生态工业园区健康有序运营的前提和基础，是重要的物质保障。

生态工业园区的企业是主体，是生态工业园区实现生产的场所。生态工业园区企业要适应现代趋势和潮流，逐步建立现代企业制度，提高入园企业的综合实力。入园企业是生态工业园区企业的来源，在入园企业的招商和选择过程中，要根据园区的总体规划，逐步吸引再生资源加工产业链各环节的高科技再生资源加工企业入园，形成园区内物质充分循环利用、能量交换梯级使用和环境源头治理的循环产业链和循环生产网络。建议园区入驻企业应具有一定的规模，外商投资或合资企业注册资金在 20 万美元以上，内资企业注册资金在 100 万元人民币以上；企业具备较好的加工废物资源能力，具有 10 台以上的废物加工设备，15 名以上经过培训的操作工人，5 名以上的高素质管理人员。园区应鼓励入园企业采用先进技术和设施，提高机械化拆解率，提高最终产品的附加值。

技术保障是生态工业园区保障体系的重要一环，是生态工业园区赖以生存和发展的基础。对于废金属和废旧机电产品综合利用工业园区，技术保障体系主要包括废金属和废旧机电产品拆解和深加工技术、工业生态体系设计、工业生产环保技术体系和风险预警方案、生态工业园区信息交流技术体系等。

2.1.10　公众参与和社会监督

公众的参与和监督对生态工业园区的建设管理具有重要的作用，公众的参与和监督应该与园区的其他管理体系相结合。

公众参与，让大众融入到再生资源生态工业园区建设中，如可以倡导居民建设生态社区、消费再生资源等绿色消费产品、对机电产品垃圾进行分类处理等。对于区域民众来讲，加大宣传和教育力度，提高各级管理者和和广大民众的生态环保意识，加强生态工业园区的信息交流和宣传教育工作，积极通过电视媒体、杂志、报刊、网络在线教育、巡回演讲等各种宣传和教育手段，向民众宣传生态工业园区的建设思想、建设政策和最新动态等，让民众充分融入到生态工业园区建设中。对于园区企业来说，要积极承担生态工业园区建设的企业社会责任，积极履行企业的社会义务，树立符合生态工业园区的企业文化、管理理念、管理制度和企业环境等，制定符合绿色发展、循环发展和可持续发展的企业发展战略，采用再生资源原材料、生产再生资源产品，定期向社会公布社会环境责任书，并且通过园区生态工业信息平台向社会公布企业信息，提高企业信息的公开度。

社会监督，主要包括社会公众对企业生产管理的建议和对企业违法行为的监督，对生态工业园区行为和制度的批评和建议，对政府行为政策的批评和建议，对社会公众行为的批评和建议等。对于政府和生态工业园区管理机构来说，应该为社会公众意见表达提供渠道，如设立政府信箱、接待日、公告栏等。同时，政府和生态工业园区的管理机构也应该完善监督机制和信息反馈机制，提高社会公众对生态工业园区建设的积极性。对于企业来讲，对园区企业进行监督和管理不仅能够规范企业运营，实时掌握企业状况，也有助于再生资源产业园区的规范化管理。对于园区企业的监督和管理主要包括企业产品监督和企业环境管理两部分内容：①企业产品层次监督。要注重对不同阶段产品的监督，使之符合生态设计和环境标志产品的要求，鼓励企业利用先进的生产技术，开发生产低耗、可循环利用的产品，最终通过企业产品层次的监督使产品在生产过程中达到目标要求，形成绿色产品。②企业环境管理和监督。园区实行 ISO14000 环境管理体系，鼓励并促进企业针对自身特点建立和实施 ISO14000 标准；监督企业对法律法规的自律，尤其是监督企业在生产过程中是否严格遵守环境法律法规；鼓励并监督企业进行污染预防，从源头考虑如何预防和减少污染的产生；鼓励企业进行持续改进，针对自身特点改进拆解加工工艺，促进企业实现清洁生产和污染物零排放；同时鼓励和监督企业进行系统化和程序化的管理，促进企业合法经营。

2.2 再生资源生态工业园区清洁生产管理体系

清洁生产战略是关于园区企业产品和生产过程预防污染的一种战略，再生资源生态工业园区清洁生产管理体系旨在促使园区企业开展清洁生产活动，保护周边区域生态环境。本节主要介绍再生资源生态工业园区清洁生产管理体系，包括清洁生产的主要技术、实现途径、指标体系和保障措施。

2.2.1 清洁生产理论概述

20世纪60年代，工业化国家开始采用各种途径和技术对生产过程中产生的废弃物和污染物进行治理，以减轻对环境的危害，即所谓的"末端治理"方式。随着末端治理模式的广泛应用，人们发现末端治理并不是一个真正有效的解决方案，很多情况下需要投入高昂的设备费用、维护开支与最终处理费用，其工作本身还要消耗资源、能源，且这种方式还会使污染物在空间和时间上发生转移而导致二次污染。从70年代开始，一些企业开始相继尝试采取如"污染预防""零排放技术""减废技术""废物最小化""源削减""零废物生产""环境友好技术"等方法和措施，来提高生产过程中的资源利用效率、削减污染物以减轻对环境和公众的危害，这些尝试取得了很好的环境与经济效益，使人们逐渐认识到改进工艺过程与产品的重要性。在总结工业污染防治理论和实践的基础上，联合国环境规划署于1989年提出了清洁生产的战略和推广计划[7]。

清洁生产战略是关于产品和生产过程预防污染的一种全新战略，它突破了过去以末端治理为主的环境保护对策的局限，将污染预防纳入到产品设计、生产过程和所提供的服务之中，是实现经济与环境协调发展的重要手段。1992年在巴西里约热内卢召开的联合国环境与发展大会上制定的《21世纪议程》，将清洁生产作为实现可持续发展的重要内容，号召各国工业界提高能效，开发更先进的清洁技术，更新、替代对环境有害的产品和原材料。2000年在加拿大蒙特利尔召开的国际清洁生产高层研讨会指出：清洁生产已经成为技术进步的推动者、改善管理的催化剂、革新者的典范、连接工业化和可持续发展的桥梁[8]。

我国在20世纪70年代就曾明确提出了"预防为主，防治结合"的方针，强调要通过调整产业布局、产品结构，通过技术改造和"三废"的综合利用等手段防治工业污染，但当时由于缺乏健全的法规、制度和操作细则，加之计划经济体制对资源分配统一管制，这一方针并未得到准确的贯彻和执行。自1993年以来，我国政府开始逐步推行清洁生产工作。1994年，我国制定了《中国21世纪议程》，把建立资源节约型工业生产体系和推行清洁生产列入了可持续发展战略与重大行动计划中，并启动和实施了一系列推进清洁生产的项目，实现了清洁生产从概念、理论到实践的转变。目前，全国绝大多数省（自治区、直辖市）都先后开展了清洁生产的培训和试点工作。对开展清洁生产审核的219家企业的统计显示，推行清洁生产后企业每年获得经济效益超过5亿元，化学需氧量排放量平均削减率达40%以上，废水排放量平均削减率达

40%~60%，工业粉尘回收率达95%；试点经验表明，实施清洁生产将污染物消除在生产过程中，可以降低污染治理设施的建设和运行费用，有效地解决污染转移问题，节约资源，减少污染，降低成本，提高企业综合竞争能力[9]。我国政府已将清洁生产纳入有关的法律以及有关的部门规划中，在先后颁布和修订的《大气污染防治法》《水污染防治法》《固体废物污染环境防治法》等法律法规中，将实施清洁生产作为重要内容，明确提出通过实施清洁生产防治工业污染，2002年6月《清洁生产促进法》的颁布更预示着我国的清洁生产工作已走上法制化的轨道。

2.2.2　清洁生产的含义

2.2.2.1　清洁生产的主要内容

按照《清洁生产促进法》给出的定义，所谓清洁生产，是指不断采取改进设计、使用清洁的能源和原料、采用先进的工艺技术与设备、改善管理、综合利用等措施，从源头削减污染，提高资源利用效率，减少或避免生产、服务和产品使用过程中污染物的产生和排放，以减轻或消除对人类健康和环境的危害。清洁生产也被称为"废物减量化""无废工艺""污染预防"等。从本质上说，清洁生产是在满足人类需要的基础上，尽量减轻或消除人类生产过程对自然环境的破坏，使经济效益、环境效益和社会效益最大化的一种生产模式。清洁生产是一个持续过程，也是一个不断创新的过程，其基本目标就是提高资源利用效率，减少和避免污染物的产生，保护和改善环境，保障人类健康，促进经济与社会的可持续发展。对企业来说，应改善生产过程管理，提高生产效率，减少资源和能源的浪费，限制污染排放，推行原材料和能源的循环利用，替换和更新导致严重污染、落后的生产流程、技术和设备，开发清洁产品。清洁生产的主要内容通常包括三个方面[10]。

（1）清洁与高效的能源、原材料利用。清洁利用矿物燃料，开展以节能为重点的技术进步和技术改造，提高能源与原材料的利用效率。

（2）清洁的生产过程。采用少废、无废的生产工艺技术和高效生产设备，尽量少用、不用有毒有害的原料，减少生产过程中的各种危险因素和有毒有害的中间产品，组织物料的再循环，优化生产组织和实施科学的生产管理，进行必要的污染治理，实现清洁、高效的利用和生产。

（3）清洁的产品。产品应具有合理的使用功能和使用寿命；产品本身及在使用过程中，对人体健康和生态环境不产生或少产生不良影响和危害；产品失去使用功能后，应易于回收、再生和复用等。

2.2.2.2 清洁生产的理论基础

清洁生产不仅致力于减少污染，同时也致力于提高效益；不仅涉及生产领域，也包括整个管理活动。因此，清洁生产的理论基础包括可持续发展理论、物质平衡理论、循环经济理论、科学技术进步理论等理论[11]。

（1）可持续发展理论。可持续发展是指在人与自然、经济、社会、环境等和谐发展的基础上，既满足当代人的需求，又不对后代人的需求和发展构成危害。清洁生产以系统的思想，节约资源和保护生态环境，寻求经济、社会效益和自然生态系统的平衡，达到以最低的消耗满足人类的基本需求。清洁生产一方面注重利用科学管理的思想提高资源的利用效率，降低生产过程对自然环境的危害；另一方面开展资源的循环利用，变废弃物为可循环利用的有用资源，将人类对自然环境的危害程度降到最低，达到保护环境的目的。因此，清洁生产符合可持续发展战略的要求，已成为各国实施可持续发展战略的重要举措。

（2）物质平衡理论。依据物质不灭定律，在生产过程中，各种物质按照质量平衡原理相互转化，如果生产过程中的废弃物较多，则原材料投入也会很大，即生产过程中产生的废弃物是由原材料转化而来的。开展清洁生产，不但可以节约资源，保护环境，还可以减少生产过程中的废物排放量。因此，建设生态工业园区，必须推行清洁生产，开展资源的循环利用，实现工业生产废物的无害化处理和再利用。

（3）循环经济理论。循环经济是以3R原则为生产活动的行为准则，按照"资源—生产—消费—废弃物—回收—再生资源"的循环过程进行的。通过对封闭式的循环经济体系的管理，促进社会体系的和谐发展。循环经济是闭环式的经济体系，其原则也应该是全过程的，包括输入阶段的减量化（reduce）原则、过程阶段的再使用（reuse）原则和输出阶段的再循环（recycle）原则。

（4）科学技术进步理论。马克思曾经预言："机器的改良，使那些在原有形式上不能利用的物质，获得一种在新的生产中可能利用的形式；科学的进步，特别是化学的进步，发现了那些废物的有用性。"现代科学技术的进步，为清洁生产的开展提供了坚实的基础，一方面通过改进生产工艺，减少了生产过程中废弃物的产生量；另一方面通过技术创新，开发废弃物资源化的技术，实现废弃物再利用。

此外，清洁生产涉及工业生态学原理、污染预防理论、最优化理论、经济学中的福利经济学理论等理论，这些理论为生态工业园区清洁生产工作的开展提供了支撑和指导，体现了清洁生产的必要性和可行性。

2.2.3　生态工业园区清洁生产的主要实现途径

清洁生产是一个系统的工程，包括企业生产的输入、过程和输出等三个阶段。由于企业生产千差万别，清洁生产业应该从企业的行业特点等出发，采取适合企业实际情况的清洁生产方案。根据清洁生产理论及各地生态工业园区的成功实践，生态工业园区清洁生产的主要实现途径包括以下几种。

（1）合理布局。合理布局，主要包括生态工业园区的经济结构布局和产业链布局。一方面调整园区的经济结构和产业结构，发展资金密集型、科技密集型等低耗能和低污染产业，通过优化经济结构来减少对资源的浪费和对环境的污染。另一方面，科学合理地规划园区产业链，按照"生产者—消费者—分解者"的工业生态系统，建立原材料循环利用的生态工业园区，提高资源循环利用能力，降低对环境的污染。而且，要不断延伸产业产品链，提高产品和原材料的深加工程度，提高资源的利用效率，减少整个生产链上企业的污染物排放量。

（2）开发清洁产品。开发与生产对环境低污染甚至无污染的清洁生产产品，从源头上减轻企业对环境的污染。将清洁生产的思想纳入到企业的全生产过程中去，推动企业清洁生产的实现。在产品设计和选用原材料过程中，将环境因素纳入到企业产品设计过程中去，推行生态设计、绿色设计等，减少因资源的浪费而造成的环境污染。同时，在设计过程中，尽量选择对环境污染小的优质原材料，尽量减轻原材料对环境的污染和破坏。

（3）改进生产工艺和技术设备。在企业生产过程中，改进产品生产线的工艺和技术设备，最大限度地减轻生产对环境的污染。更新原有生产设备，引进最新技术设备；调整企业生产计划，优化企业生产程序；提高原材料的深加工程度和水平，提高原材料的利用效率；尽最大努力实现少甚至零废生产，降低生产过程对环境造成的破坏。

（4）节约能源和原材料，提高效率和有效性。通过资源和原材料的节约和合理利用，提高资源利用效率，尽可能地将原材料中的所有组分都能通过生产过程转化为产品，减少甚至杜绝废弃物的产生，达到保护环境的目的。

（5）开展资源综合利用。开展资源综合利用是清洁生产的重要内容，对于废弃物中的有用原材料，进行综合利用和开发，使原来的废弃物得到循环利用，减少废弃物的排放和对环境的破坏，达到资源综合利用的目的。

（6）提高企业的科学管理能力和水平。科学管理是减少企业环境污染和实现清洁生产的重要途径。国内外的实践经验表明，企业生产管理不善是造成工业污染的重要来源。因此，企业必须要不断改善管理，提高企业的管理能力和水平，改进生产操作过程，减少生产过程中废弃物的产生。

(7) 依靠科技进步，推动企业科技创新。科学技术是第一生产力。企业要想做到清洁生产，必须要依靠科技进步，研发和推广少废物和无废物生产的技术、设备和生产工艺，降低企业的环境污染程度。这既包括企业自主创新，也包括引进、吸收和再创新。同时，在企业生产现状和现有设备等生产能力的基础上，积极策划清洁生产方案，推动企业清洁生产的实现[12]。

2.2.4　再生资源生态工业园区清洁生产指标体系

清洁生产评价指标可分为六大类：生产工艺与装备要求类指标、资源能源利用指标、产品指标、污染物产生指标、废物回收利用指标、环境管理指标[1]。

1）生产工艺与装备要求类指标要求

对项目的工艺技术来源和技术特点进行分析，说明其在同类技术中所占的地位和所选设备的先进性。

2）资源能源利用指标要求

（1）单位产品的能耗。生产单位产品消耗的电、煤、石油、天然气和蒸汽等能源，通常用单位产品综合能耗指标。

（2）单位产品的物耗。生产单位产品消耗的原材料主要为原、辅材料，单位产品的物耗也可用产品收率、转化率等工艺指标反映。

（3）新用水量指标。单位产品新用水量主要有单位产品新用水量、单位产品循环用水量、工业用水重复利用率、间接冷却水循环率、工艺水回用率、万元产值取水量。

（4）原辅材料的选取。可从毒性、生态影响、可再生性、能源强度及可回收利用性这五个方面建立定性分析指标，对原材料与辅助材料进行评价，从而指导原材料与辅助材料的选取。

3）产品指标要求

对产品的要求是清洁生产的一项重要内容，产品应是我国产业政策鼓励发展的产品。另外，从清洁生产要求的角度，还要考虑产品的包装和使用，如避免过分包装、选择无害的包装材料、运输和销售过程不对环境产生影响、产品使用安全、报废后不对环境产生影响等。

4）污染物产生指标要求

除资源（消耗）指标与产品指标外，另一类能反映生产过程状况的指标便是污染物产生指标，污染物产生指标较高，说明工艺相应地比较落后或管理水平较低。通常情况下，污染物产生指标分三类，即废水产生指标、废气产生指标和固体废弃物产生指标。

（1）废水产生指标。包括单位产品废水产生量指标和单位产品主要水污染物产生量指标，还包括污水回用率指标。

（2）废气产生指标。包括单位产品废气产生量指标和单位产品主要大气污染物产生量指标。

（3）固体废弃物产生指标。包括单位产品主要固体废弃物产生量和单位固体废弃物综合利用量。

5）废物回收利用指标要求

一吨废电机、废电线电缆、废五金电器拆解后不可利用物质分别为 3%、2% 和 6%；一吨废电机、废电线电缆、废五金电器回收利用指标分别为 97%、98% 和 94%；综合废物回收利用指标为 96%。

6）环境管理指标要求

（1）环境法律法规标准。要求企业符合有关法律法规、标准、规范的要求。

（2）环境审核。按照行业清洁生产审核指南要求进行审核、按 ISO14001 建立并运行环境管理体系。

（3）废物处理处置。要求一般固体废弃物妥善处理、危险废弃物无害化处理处置。

（4）生产过程环境管理。对生产过程中可能产生废弃物的环节提出要求，如要求原材料质检、消耗定额、产品合格率考核、防止跑冒滴漏等。

（5）相关环境管理。对原料、服务供应方等的行为提出环境要求。

2.2.5　再生资源生态工业园区清洁生产保障措施

再生资源生态工业园区清洁生产保障措施包括配套的法律法规、监督管理体系，以及宣传和教育措施等。

1）完善清洁生产相关的法律法规制度

我国政府对清洁生产高度重视，2002 年颁布了《清洁生产促进法》，极大地促进了我国清洁生产的普及和发展。在立法的基础上，国家还在积极推行一系列与清洁生产相关的管理制度，如环境影响评估制度、排放污染物许可证制度、环境保护目标责任制度、限期治理制度等，这些法律制度无疑推动了我国清洁生产的发展。

《清洁生产促进法》以法律的形式规定了清洁生产的制度和措施，为清洁生产奠定了法律基础，实现了清洁生产的有法可依。但是，我国清洁生产有关的制度、措施等需进一步细化和完善，如清洁生产审核制度、废旧机电产品等废弃物强制回收制度等。国家还需进一步探索有利于清洁生产的产业政策、财政和税收优惠政策等，综合利用法律手段、行政手段、经济手段等，鼓励企业生产清洁产品和服务，采用符合清洁生产要求的生产技术、生产设备、生产工艺，提高资源综合利用率，降低企业对环境的污染程度。

2）清洁生产的监督和管理

清洁生产涉及产品的全部生产过程，不能单纯依靠某一个部门的监督和管理，需要多个政府部门从产品生产全过程中的各个角度对其监督和管理，多部门分工协作，共同对清洁生产负责。所以，清洁生产的实现需要各政府部门从各自职能范围出发，实现对清洁生产的多部门协同监督和管理，共同推动清洁生产的实现和发展。

《清洁生产促进法》第五条规定："国务院清洁生产综合协调部门负责组织、协调全国的清洁生产促进工作。国务院环境保护、工业、科学技术、财政部门和其他有关部门，按照各自的职责，负责有关的清洁生产促进工作。县级以上地方人民政府负责领导本行政区域内的清洁生产促进工作。县级以上地方人民政府确定的清洁生产综合协调部门负责组织、协调本行政区域内的清洁生产促进工作。县级以上地方人民政府其他有关部门，按照各自的职责，负责有关的清洁生产促进工作。"这一规定明确了国务院相关部门在清洁生产促进工作方面的相关职责，国务院及地方行政主管部门在牵头部门的协调下，各行政主管部门分工负责，共同领导本行政区域的清洁生产促进工作，对本行政区域内的清洁生产促进工作负责。

3）清洁生产宣传和教育措施

清洁生产追求经济效益和社会效益的最优化，推动人、自然与社会的和谐发展，是我国实现可持续发展及和谐发展的必由之路。虽然清洁生产是利国利民的好政策，但现阶段公众对清洁生产的认识不足，没有充分认识到清洁生产的重大意义，而且清洁生产在推广的过程中也受到各级阻碍实力的阻挠。因此，需要加大力度，对社会公众进行清洁生产宣传和教育，推动清洁生产的实现。

在宣传方面，利用网络、媒体、电视等多种大众媒体手段，宣传和普及清洁生产的相关知识和重大意义，提高公众对清洁生产的认识。同时，也要积极宣传清洁生产是每个公民应尽的责任，进而获得全社会对清洁生产的支持。

清洁生产的教育方面，主要包括学校教育和培训教育。在学校教育体系中，逐步将清洁生产纳入到各级学校教育课程中，提高社会公众对清洁生产的认可和接受程度。在培训教育中，政府管理部门要组织企业的技术人员、管理人员、政府人员等进行清洁生产的再教育和培训，对于管理人员，重在让管理者意识到清洁生产的必要性和重要意义，让他们在思想上对清洁生产引起足够的重视；对于技术人员和企业工人，对他们进行必要的技术和操作培训，让他们顺利地执行各项清洁生产措施。

4）清洁生产技术支持

清洁生产最普遍的一个障碍就是清洁生产技术的落后，这点在中小企业尤为突出。为了突破清洁生产的技术瓶颈，政府、高校和科研院所、企业等应该从各自角度出发，加强对清洁生产技术的研发和推广应用工作。

政府部门应该利用自己手中的资源优势和条件，邀请经济、环境等领域的专家学者，开设清洁生产学习班，交流清洁生产的经验和心得，扬长避短，推动本地区清洁生产的发展。同时，邀请国内外知名专家学者进行清洁生产相关讲座，学习最先进的清洁生产与理论方法。

高校和科研院所担负着培养清洁生产专业技术人才和进行清洁生产技术科研开发的工作，是克服清洁生产技术壁垒的关键一环。高校应该开设清洁生产相关专业，开设相关课程，培养掌握清洁生产综合理论的专业技术人才。高校和科研院所应该积极进行清洁生产技术研发工作，依靠技术推动清洁生产的实现，为企业清洁生产提供技术支持。

企业是清洁生产的主体，是清洁生产最终实现的地方。为了克服清洁生产技术壁垒，企业一方面通过企业培训和员工再教育等方法，培养自己的专业人才，在企业实践中取得清洁生产的技术攻关；另一方面也要积极引进专业技术人才和先进的清洁生产设备，同时，要在引进的基础上实现再创新，提高企业的技术研发能力。

2.3 再生资源生态工业园区技术标准与规范

再生资源生态工业园区技术规范和标准是规范园区建设与运营，规范和指导企业运营的行动指南。本节首先分析技术标准建立的必要性，介绍我国再生资源产业标准现状，以废旧机电产品产生园区为例，分析国内外废旧机电产品标准建立的情况，初步探讨我国废旧机电产品标准框架体系。

2.3.1 技术规范建立的必要性

技术标准与规范是指重复性的技术事项在一定范围内的统一规定，是有关使用设备工序、执行工艺过程，以及产品、劳动、服务质量要求等方面的准则和标准，当这些技术规范在法律上被确认后，就成为技术法规。

由各个企业通过向标准组织提供各自的技术和专利，形成一个个产品的技术标准；企业产品的生产按照这样的标准来进行，所有的产品通过统一的标准，设备之间可以互联互通，这样可以帮助企业更好地销售产品；标准组织内的企业可以以一定的方式共享彼此的专利技术的特点。技术标准包括基础技术标准、产品标准、工艺标准、检测试验方法标准，以及安全、卫生、环保标准等。

知识经济时代的到来，使世界范围内的技术标准竞争越来越激烈，谁制定的标准为世界所认同，谁就会从中获得巨大的市场和经济利益。因此，一个时期以来，发达国家政府都争先恐后地加大力度进行标准化战略研究，试图在技术标准竞争中牢牢掌握主动。目前，欧盟拥有的技术标准就有10万多个，德国的工业标准约有1.5万种，日本则有8200多个工业标准和400多个农产品标准。

（1）技术标准作为人类社会的一种特定活动，已经从过去主要解决产品零部件的通用和互换问题，正在更多地变成一个国家实行贸易保护的重要壁垒，即所谓非关税壁垒的主要形式。据统计，发展中国家受贸易技术壁垒限制的案例，大约是发达国家的3.5倍。

（2）技术标准与专利技术越来越密不可分。在传统产业里，技术更迭缓慢，经济效益主要取决于生产规模和产品质量，技术标准主要是为了保证产品的互换和通用性，技术标准与技术专利分离。而今天，对于高新技术产业来说，经济效益更多取决于技术创新和知识产权，技术标准逐渐成为专利技术追求的最高体现形式。在国外出现一种新的理念：三流企业卖苦力，二流企业卖产品，一流企业卖专利，超一流企业卖标准。

（3）技术标准越来越成为产业竞争的制高点。技术标准已经成为产业特别是高技术产业竞争的制高点。在传统大规模工业化生产中，是先有产品后有标准。在知识经济时代，往往是标准先行，这在高技术产业领域表现尤为明显，如在互联网应用前就先有了IP协议，在高清晰度彩色电视和第三代移动通信尚未商业化前，有关标准之战已如火如荼。关于高新技术标准的竞争，说到底是对未来产品、未来市场和国家经济利益的竞争。正因为如此，技术标准不仅在产品领域受到青睐，而且已经成为抢占服务产业制高点的有力手段之一。还有一个值得注意的现象是，在国际标准之外出现了越来越多的所谓事实标准。例如，美国微软公司的Windows操作系统和英特尔公司的微处理器，虽然没有成为国际标准，但事实上得到世界公认，并且"赢者通吃"。事实标准的出现是新经济时代的一个重要新特点。

2.3.2 我国再生资源产业标准现状

我国的国家标准和行业标准的制修订工作由全国各标准化专业技术委员会归口管理，目前我国约有550个标准化专业技术委员会和660个分技术委员会，其中没有专门的再生资源标准化技术委员会。因此，再生资源的技术标准的制修订分布于不同的行业，由各相关的标准化技术委员会分头开展。

从数量来看，我国再生资源行业标准还远远不够，很多方面尚未制定配套的标准。因此，我国急需加快再生资源标准体系的构建，绘制再生资源标准制修订工作的发展蓝图，分阶段不断完善各类标准，尤其是产品质量标准及配套的原材料选购、生产工艺、检测方法、能耗限制、废物排放等标准，加快标准的制修订进程，如尽快完成各类废旧机电产品、再生塑料制品、再生有色金属的产品标准，用标准来规范产品的生产，促进产业健康有序发展。

2.3.3 废旧机电产品加工国内外标准法规现状

废旧机电产品处置已经成为一个全球性环境问题。面对电子废弃物快速增长的状况，一些发达国家颁布实施了电子废弃物的相关法规和指令。我国目前则仍缺乏相应的法律规范和标准，已不能适应目前的环境保护要求，也不能满足电子废弃物资源化产业的发展需要。如何根据国情，建立起一套适合自己发展的电子废弃物法规和标准，成为目前我国环境保护及电子业界需要共同解决的课题。

2.3.3.1 发达国家废旧机电产品标准规范现状

1. 欧盟

欧洲近年来电子电气设备报废量平均每年440万吨，其中德国约180万吨，法国约150万吨，芬兰约10万吨。据估计，电子电气设备报废量在未来5年内会增长20%[14]。

欧盟在20世纪60~70年代就开始颁布有关某些有毒有害物质的限用或禁用法规，所管制的有毒有害物质的范围及受限产品不断扩大。欧盟现有相关法规主要包括：67/548/EEC指令，即欧盟理事会关于危险物质分类、包装及标签的成员国的法律、法规及管理条例趋同指令；1999/45/EC指令，即欧洲议会和理事会关于危险制品分类、包装及标签的成员国的法律、法规及管理条例趋同指令；76/769/EEC指令，即欧盟理事会关于限制某些危险物质及配制品的营销和使用成员国的法律、法规及管理条例趋同指令；91/157/EEC指令，即关于含有部分危险物质的（消费者用）电池和蓄电池指令，该指令主要限制的是电池里所含的汞、铅及镉等有害物质；94/62/EC包装及包装废弃物指令；2002年10月颁布的《欧盟电子废弃物管理法令》。可见，欧盟对含有毒有害物质废弃物的管理，随着其环境认识与意识的变化而不断发展完善。

经过各利益相关者长时间的谈判与博弈，欧盟在2003年2月13日颁布的2002/95/EC指令，即《关于限制电子电气产品中使用有害物质的指令》（简称RoHS指令），要求欧盟成员国家确保从2006年7月1日起，所投放于市场的电子电气产品不包含铅、汞、镉、六价铬、聚溴二苯醚（PBDE）或聚溴联苯（PBB）；2003年2月13日颁布的WEEE指令要求生产者对废弃后的家用电子产品承担部分回收、处理和处置的责任，并给出了十大类超过80个品种的报废电子电气设备清单。这两项法案对电子电气设备的生产直到回收处理处置的全生命周期都做出了相应的规定，奠定了欧洲各国国内立法的基础和框架。

WEEE 指令概括性地提出了报废电子电气设备处理的相关环保要求，包括鼓励使用有利于拆除和恢复报废电子电气设备及其组件和材料的设计和生产，报废电子电气设备分类收集、处理的规定，再生利用率的规定等方面。要求成员国确保建立系统且使用能获得的最先进的处理、回收和循环技术负责报废电子电气设备的处理，并确保报废电子电气设备的处理单位获得权威机构的许可。WEEE 指令规定了下列物质必须从废弃电子电气设备中去除：含多氯联苯电容器，含汞零部件、电池，表面积大于 10 平方厘米的印刷线路板，含溴化阻燃剂的塑料、阴极射线管、氯氟烃、氢氯氟碳、氢氟化碳、碳氢，表面积大于 100 平方厘米的液晶显示屏气体放电灯泡，含放射性物质的组件，高度大于 25 毫米，直径大于 25 毫米的电解液电容器等 15 类零部件或材料。此外，给出了阴极射线管、含有臭氧层破坏气体的零部件及气体放电灯泡拆解的特别要求，以及报废电子电气设备储存、处理的技术要求。此外，2006/12/EC 废弃物指令也有对废弃物回收处理技术的原则性规定。

2. 英国

英国每年有超过 5 万吨的废电路板被淘汰，其中仅有 15% 以一定方式回收，剩下 85% 被填埋处理。为实施欧盟 WEEE 指令，2006 年英国贸易和工业部向国会提交了 WEEE 法规（*The Waste Electrical and Electronic Equipment Regulations* 2006），该法规于 2007 年 1 月 2 日生效。该法规结合英国法律体系及电子电气设备报废状况，制定了回收利用率目标及具体实施细则。2007 年 1 月 5 日，WEEE 许可证法规 [*The Waste Electrical and Electronic Equipment* (*Waste Management Licensing*) (*England and Wales*) *Regulations* 2006] 生效，该法规规定了报废电子电气设备的处理及资质要求。为使《WEEE 许可法规》及《报废电子电气设备处理的再循环与回收利用》具有可操作性，英国环境部制定了《报废电子电器设备处理、回收利用与再循环最佳可得技术导则》，以危险物质的零部件的去除为核心，十分详细地规定了报废电子电器设备处理、回收利用与再循环的技术与设施要求[15]。

3. 日本

日本将循环经济理念全面地融入到社会经济运行架构中，日本的循环经济立法体现了这一点：出台了基本法《循环型社会形成推进基本法》，将循环社会作为日本"环境—经济—社会管理"的基本原则；设立了《固体废弃物处理和公共清洁法》、《促进资源有效利用法》两部综合法，再根据产品的性质制定了七部专项法，分别是《容器包装分类回收及再生利用促进法》《特定家用电器再生利用法》《食品资源再生利用促进法》《绿色采购法》《建筑材料再生利用法》《多氯联苯废弃物妥善处理特别措施法》《报废汽车再生利用法》。这些专项法直接反映了日本对固体废弃物类别的认识以及社会回收处理系统的架构[16]。

其中与废家用电器关系最紧密的专项法是《特定家用电器再商品化法》，该法于 1998 年颁布，2001 年 4 月开始实施。该法的立法目标为促进特定家用电器的回收、运送及再商品化，确保废弃物得到合理处理以及资源得到有效利用。特定家用电器包括电视、冰箱、洗衣机、空调器，2009 年起追加了液晶电视及烘干机。该法明确了各主体的责任：制造商和进口商必须强制回收它们生产的指定电器，并负责安排适当的存放场所以及循环使用回收电器的零部件；零售商必须在规定的条件下收集废旧电器，并将收集的电器运送给生产商或指定接收单位；市政部门必须将收集的电器运送给生产商或指定接收单位，也可以自行再循环；消费者必须参与回收利用工作，如将废旧电器运送给零售商、支付回收费用等。该法还规定了家用电器零部件及材料的再商品化标准。

4．瑞士

瑞士目前适用的电子废物法规全称为《电子电器的还回、回收和处置法令》(ORDEA)，于 1998 年开始实施。规制对象包括家用电器、办公电器、各种信息技术产品等。处理费支付方式采用消费者购买产品时预付的形式，对不同产品种类收费不同。该法令分总则、情况说明书和附录三部分。总则中规定含有污染物的零部件在进一步处理前必须先拆除，并采用环境无害化的方式进行单独处置；阴极射线管和含金属的元件在达到环境要求、经济上有利的条件下必须再利用；不可再利用的有机材料组成部件，如塑料混合废物，必须在有资质的工厂进行焚烧处置。情况说明书则根据目前的工艺水平在对电子电器产品做了总体规定的情况下，再分别对大型电器、小型电器、制冷和空调电器、印制电路板、阴极射线管提出具体的处置要求，内容包括含多溴二苯醚类物资的电容器必须在危险废物焚烧厂进行焚烧；需要再使用的已被模压发泡剂，其残余的氟氯烃含量不能超过 0.5% 等[17]。

5．美国

由于更倾向于利用市场的力量实施生产者延伸制度，美国在电子废物方面的法律法规显得比较分散，既有国家环境署制定的法令，也有各州不尽相同的相关法律。

政府法令方面，美国在 20 世纪 90 年代初就对废弃电子电器产品的处理制定了一些强制性的条例。2002 年当局针对回收利用又出台了一系列法规法令，对从事回收制冷剂的人员资格、使用设备及回收比率等都做出明确的规定，使回收利用过程能够达到政府所规定的各项要求和技术指标。

自 2000 年以来，美国先后有 20 多个州尝试制定自己的废弃电子电器产品专项管理法案。2000 年 4 月，马萨诸塞州最早通过了全面禁止废弃电脑显示器和电视机进入填埋场或焚烧炉处理。阿肯色州 2001 年出台的《电脑和电子固体废弃物管理法案》中规定,解决废弃电子电器产品的方案是部件回收、二次使用、捐赠转移和专业拆解处理等;2003 年 9 月份,加利福尼亚州通过了废弃电子电器产品回收再利用法案,规定从 2004 年 7 月 1 日起顾客在购买新的电脑或电视机时,要交纳每件 6~10 美元的电子垃圾回收处理费,并明确规定了阴极射线管不能填埋处理;2005 年 1 月 1 日全面禁止电脑和电子设备进入州立填埋场[18]。

美国对废家用电器的管制主要分白色家电和黑色家电两类。前者如加利福尼亚州的注册电器回收(Certified Appliance Recycling,CAR)制度主要针对白色家电,包括洗碗机、烘干机、冰箱、冷柜、加热器、空调、干燥器、垃圾压缩器、烤箱、微波炉等;而《电脑和电子固体废弃物管理法案》则主要针对黑色家电,如电脑、电视机、VCD 等。

2.3.3.2　国内标准法规现状

目前我国已有的关于废家用电器处理及回收利用的法规及政策性文件主要包括《固体废物污染环境防治法》《循环经济促进法》《电子信息产品生产污染防治管理办法》《废弃家用电器与电子产品污染防治技术政策》《电子废物污染环境防治管理办法》《废弃电器电子产品回收处理管理条例》等。这些文件通过探索和完善生产者责任延伸制度的责任分配及运行方式,逐步建立起我国的电子废物管理框架。

2004 年修订的《固体废物污染环境防治法》(2005 年 4 月 1 日实施)明确了"污染者依法负责"的原则,产品的生产者、销售者、使用者对其产生的固体废物依法承担污染防治责任,并规定"拆解、利用、处置废弃电器产品和废弃机动车船,应当遵守有关法律、法规的规定,采取措施,防止污染环境"。国家发展和改革委员会制定了《关于建立废旧家用电器回收利用体系工作方案》,并于 2003 年 12 月将浙江省、青岛市确定为国家废旧家电及电子产品回收处理体系建设试点省市,随后在 2004 年的节能、节水、资源综合利用国债项目中又选择了浙江、青岛、北京、天津四个废旧家电回收利用示范项目;原信息产业部于 2006 年发布了《电子信息产品生产污染防治管理办法》(2007 年 3 月 1 日实施),对电子信息产品的生产、销售和进口过程的污染控制措施进行了规定;原国家环境保护总局在 2006 年发布了《废弃家用电器与电子产品污染防治技术政策》(2006 年 4 月 27 日实施),对家用电器与电子产品的环境设计、废弃产品的收集、运输与储存、再利用和处置全过程的环境污染防治,以及废弃家用电器与电子产品再利用和处置设施的规划、立项、设计、建设、运行和管理提供了管理目标、技术指导及政策制定建议;2007 年原国家环境保护总局出台了《电子废物污染环境防治管理办法》(2008 年 2 月

1 日实施),对电子废物的拆解、利用、处置、产生及储存过程中的污染防治提出了较为具体的管理要求,并细化了相应的监督管理措施及相关方责任[19]。

在一系列部门规章及试点工作的探索下,2009年国务院颁布了《废弃电器电子产品回收处理管理条例》(2011年1月1日实施)。该条例立足于"生产者责任制",规定实行废弃电器电子产品回收处理目录、多渠道回收和集中处理、废弃电器电子产品处理专项基金、废弃电子产品处理企业资格许可等制度,以"规范废弃电器电子产品的回收处理活动,促进资源综合利用和循环经济发展,保护环境,保障人体健康"。作为迄今针对电子废物管理及污染防治的效力最高的行政法规,该条例确立了我国今后废家用电器的管理制度框架。该条例规定,废弃电器电子产品处理企业应当取得处理资格,符合国家有关资源综合利用、环境保护、劳动安全和保障人体健康的要求,禁止采用国家明令淘汰的技术和工艺处理废弃电器电子产品,建立日常环境监测制度及数据信息管理系统,并按照规定报送废弃电器电子产品的基本数据和有关情况。

此外,由于废家用电器组成复杂,包括含有危险物质的零部件,所以废家用电器的拆解处理处置的管理与危险废物法规体系联系紧密,包括《危险废物经营许可证管理办法》《国家危险废物名录》等。

我国的废家用电器处理企业资质认定工作由国家环境保护主管部门负责,以电子废物拆解利用处置单位名录的形式公布企业名单。资质的认定是依据《废弃电器电子产品回收处理管理条例》和《电子废物污染环境防治管理办法》的相关规定。资质认定的条件主要是企业处理设施、能力、设备、专业技术人员,以及工商登记手续、环境保护措施及管理制度等方面的要求。我国至今还没有专门关于废家用电器拆解的环境保护方面的标准,对已经开展和即将开展废家用电器拆解业务的企业没有提出统一而有针对性的环境保护要求,从而使得对废家用电器拆解企业的资质认定及监督管理工作不够规范。因此,急需制定专门的废家用电器拆解环境保护标准。

2.3.4 我国废旧机电产品标准框架体系

针对废弃电器电子产品收集、运输、储存、拆解和处理等过程中污染防治和环境保护的控制内容及技术要求,环境保护部于2010年1月4日发布并实施推荐标准《废弃电器电子产品处理污染控制技术规范》(HJ 527—2010)。

作为我国首个正式的规制电子废物回收利用全过程的环境保护标准,《废弃电器电子产品处理污染控制技术规范》(HJ 527—2010)有一定的指导意义,但该技术规范对废家电拆解的规定显现出较为笼统、针对性不强的问题,具体表现在以下几方面。

(1) 标准中所界定的"拆解"仅包括整机解体以及含危险物质零部件的

去除，机械破碎与深度处理则均归入"处理"环节。此外该标准将清洗、组装等再使用操作归入"拆解"环节，但在实践中，再使用通常在废家用电器回收环节进行，拆解企业通常不进行废家电的再使用。因此，该标准对拆解环节的具体界定与产业实践的契合程度有待提升。

（2）标准仅规定了"各种废弃电器电子产品应分类拆解"，未对拆解产物的分类收集提出要求。

（3）在作为产品分类标准的废弃电器电子产品类别及清单中，将《废弃电器电子产品处理目录（第一批）》中规定的五类废家用电器分别归于"计算机产品""视听产品及广播电视设备"，以及"家电及类似用途电器产品"三大类中，此外电线电缆也被单独归为一类。该分类与实际操作的吻合度有待改善，例如，实践中计算机显示器与阴极射线管电视机的拆解线通常合并为一条。

（4）该标准规定含溴化阻燃剂的废塑料应与其他塑料分类处理，但在实践中尚缺乏有效识别废塑料是否含有溴化阻燃剂的方法。

因此，随着中国废家用电器拆解产业逐渐展现出独立性，有必要按照该产业的环境与技术特征，在现有框架标准的基础上，补充制定更具针对性的废家用电器拆解环境保护标准。根据废旧家用机电产品废弃量规模、潜在污染程度、处理技术发展水平、综合利用经济效益等指标，对于废家用电器、废小型家用电器，以及后续深加工处理的主要对象——废电路板，应制定一系列的标准规范，包括：① 废家用电器：废家用电器拆解污染控制标准、废家用电器拆解企业设计规范、废家用电器拆解技术规范。②废小型家用电器：废小型家用电器拆解污染控制标准、废小型家用电器拆解企业设计规范、废小型家用电器拆解技术规范。③电子废料：电子废料回收利用污染控制标准——废电路板、电子废料回收利用企业设计规范——废电路板、电子废料回收利用技术规范——废电路板。

参 考 文 献

[1] HJ/T275—2006.静脉产业类生态工业园区标准（试行）[S]．北京：中国环境科学出版社，2006-08.

[2] 徐海．生态工业园模式与规划研究 [D]．上海大学博士学位论文，2007.

[3] 胡上春．生态工业园区空间布局模式研究 [D]．重庆大学博士学位论文，2007.

[4] 夏锦文．生态工业园的绿色物流运行机制 [J]．中国流通经济，2007，(7)：42-46.

[5] 邹阳．生态工业园区管理支持系统研究 [D]．大连理工大学博士学位论文，2005.

[6] 韦亚权．生态工业园区的规划与设计研究 [D]．西北大学博士学位论文，2005.

[7] 刘建兰，张东明，陈亚萍．清洁生产的回顾与展望 [J]．化工纵横，2000，(11)：20-23.

[8] 赵家荣. 清洁生产回顾与展望 [J]. 产业与环境, 2003, (7): 12-16.
[9] 马妍, 白艳英, 于秀玲. 中国清洁生产发展历程回顾分析 [J]. 环境与可持续发展, 2000, (1): 40-43.
[10] 毕俊生, 慕颖, 刘志鹏. 我国工业清洁生产发展现状与对策研究 [J]. 节能与环保, 2009, (3): 13-15.
[11] 石芝玲, 侯晓珉, 包景岭, 等. 清洁生产理论基础 [J]. 城市环境与城市生态, 2004, 17 (4): 28-40.
[12] 石磊, 钱易. 国际推行清洁生产的发展趋势 [J]. 中国人口·资源与环境, 2002, 12 (1): 64-67.
[13] 黄海峰, 刘京辉. 德国循环经济研究 [M]. 北京: 科学出版社, 2009.
[14] Barba-Gutierrez Y, Adenso-Diaz B, Hopp M. An analysis of some environmental consequences of European electrical and electronic waste regulation [J]. Resources, Conservation and Recycling, 2008, (52): 481-495.
[15] 赵立祥. 日本的循环型经济与社会 [M]. 北京: 科学出版社, 2007.
[16] Steinborn G W J, Tobias L T S, Herrmann C. Implementation of the *WEEE Directive*: economic effects and improvement potentials for reuse and recycling in germany [J]. The International Journal of Advanced Manufacturing Technology, 2010, (47): 461-474.
[17] Ongondo F O, Williams I D, Cherrett T J. How are WEEE doing? A global review of the management of electrical and electronic wastes [J]. Waste Management, 2011, (31): 714-730.
[18] 吴雯杰, 王景伟, 王亚林, 等. 对我国电子废弃物处理技术规范制订的思考 [J]. 上海第二工业大学学报, 2007, 24 (2): 134-139.

第 3 章　再生资源生态工业园区污染监控体系

本章根据以废金属和废旧机电产品综合利用为主要业务内容的再生资源生态工业园区污染实际状况，首先分析废旧机电产品拆解过程中的排污系数，然后分别从废水、废气、固体废弃物、噪声方面建立动态污染监测体系，并提出相应的污染控制措施。

3.1　再生资源生态工业园区污染监测

从废旧机电产品中分解出可再利用的金属及塑料材料，相比原始矿山的开采以及原材料的冶炼过程，再生资源产业减少了资源的开采与能源的消耗，并降低了矿山开采及原材料提炼过程中对环境产生的污染。但是，废旧机电原材料再生加工过程也会产生一些污染，如废水、固体废弃物、废气、噪声等。再生资源生态工业园区如未对这些污染物进行有效的控制与监督，则再生资源加工也将成为一项高环境污染性的过程。因此，再生资源生态工业园区应建立一套完善的污染监督与控制体系，使园区朝着环境友好的方向发展。以下以废金属和废旧机电产品综合利用工业园区为例分析再生资源生态工业园区的污染监测。

3.1.1　废旧机电产品拆解过程的排污系数

废旧机电产品中含有铜、铝、铁等可再利用金属材料，并附带橡胶、塑料等非金属成分，在拆解加工过程中会产生一定的环境污染物。再生资源生态工业园区内的典型废旧机电产品在加工工艺中的排污环节及污染物种类如表 3-1 所示。

表 3-1 废物原料拆解排污环节和污染物种类

废物种类	排污环节	污染物的种类
带壳废电机	去壳	固体废弃物、油污废水、噪声
	分离定子和转子	固体废弃物
	去铜绕线	固体废弃物、噪声
	去轴承和钢片	固体废弃物、油污废水、噪声
	热洁炉	废气
	装卸、存放、拆解	粉尘
不带壳废电机	分离矽钢片和铜线	固体废弃物、油污废水、噪声
	热洁炉	废气
	装卸、存放、拆解	粉尘
废电线电缆	剥线机/铜米机	固体废弃物
	人工分离铝和电缆皮	固体废弃物
	装卸、存放、拆解	粉尘
废五金电器	人工分拣	固体废弃物
	根据不同种类进行拆解	固体废弃物、油污废水、噪声
	装卸、存放、拆解	粉尘

下面以宁波镇海再生资源生态工业园区三期工程为例，定量分析第七类废物拆解加工过程中产生的主要污染物，并通过污染物的定量分析最后确定拆解第七类废物拆解过程中的排污系数。

3.1.1.1 废气污染源排放情况

宁波镇海再生资源生态工业园区内以废旧机电产品的拆解为主，几乎没有再生金属的深加工产业。因此，废气污染源主要为加热炉废气，以及进口废物在装卸、堆放和拆解中产生的扬尘，污染物主要产生于各拆解加工区内的防雨堆场和拆解厂房。

1. 加热炉废气

园区原有加热炉两台，但先后于 2006 年 1 月和 2008 年 6 月停用，新加热炉 2008 年 7～8 月到位。该加热炉为中山市凯德环保设备有限公司生产的 E280 热洁炉，与原有的 E238 加热炉相比，除外壳隔热层加厚、集成急冷系统外，其他配置和处理能力和原 E238 加热炉基本相同（E238 加热炉不含急冷系统，是后来增加的）。其加热能力为 12 吨/批，每批加热时间 5 小时，柴油用量 200 千克。

根据相关资料，随着生产工艺的改进，大部分的转子、定子使用液压拉铜机进行处理，因此需进行烧解处理的转子、定子数量逐年大幅度减少。根据实际调查，2006年第七类废物处理量约100万吨，其中烧解处理量约0.9万吨；2007年第七类废物处理量为110万吨，其中烧解处理量约0.6万吨；2008年前5个月第七类废物处理量为50万吨，其中烧解处理量约0.18万吨。根据园区三期建成后第七类废物加工总量219万吨/年计算，预计需要使用加热炉处理的定子数量约0.8万吨/年。园区三期建成后加热炉污染物排放量见表3-2。

表 3-2　加热炉污染物排放情况

污染物类别	排放浓度	排放量
废气量	10 000 米^3/小时	240 000 米^3/天
二氧化硫	16 毫克/米^3	0.534 吨/年
烟尘	14.8 毫克/米^3	0.493 吨/年

2. 粉尘

粉尘主要来自进口废物的装卸、堆放和拆解过程，主要产生于各拆解加工区内的防雨堆场和拆解厂房。分拣和拆解第七类废物时产生的扬尘，颗粒和密度较大，沉降快，且废物分拣和拆解在室内进行，有厂界围墙保护，因此产生的扬尘对公司厂界外的大气环境基本无影响，仅对公司内拆解操作人员有一定影响。实践表明，厂内水泥地面极易积尘，积尘主要为铁锈、泥土并含有少量废机油。为避免地面扬尘被风刮起造成二次污染，企业应定时清扫地面杂弃物，园区内还应加强绿化措施减少扬尘影响。

3.1.1.2　废水污染源排放情况

园区污水主要是雨污水、卫生打扫废水和一般的生活污水，这些污水需要在园区内进行处理。随着园区的进一步发展，污水处理的规模还需要加大。根据规划，园区西北将新建镇海污水处理厂。因此，远期污水处理主要依靠镇海污水处理厂处理，园区内仅进行污水预处理，使排水水质达到进入城市下水道的要求。园区污水处理能力按照400吨/秒考虑，污水经缓冲、隔油、沉淀、调节、生化、絮凝沉淀处理，达标排放。

1. 雨污水

园区位于宁波镇海临港区，受台风带来的暴雨侵袭较多，为了防止露天堆场货物受暴雨淋浸而产生大量污水，在园区建设中，每个加工区应统一建设防雨的堆场，禁止露天堆放散货。镇海再生资源生态工业园区的环境影响评估仅考虑了在监管区的装卸区的雨污水的水量和处理的问题。具体如下：

装卸区的雨污水排放量需根据暴雨量估算，暴雨强度按如下公式计算：

$$i = (18.105 + 13.901 \lg TE)/(t + 13.265)0.978$$

式中，i 表示暴雨强度，单位为毫米/分；TE 表示非年最大值法的重现期 a，本项目中取 5a；t 表示降雨历时，单位为分，本项目中取 180 分。

计算所得的暴雨强度为 0.463 毫米/分。雨污水量为暴雨前 30 分在装卸区内产生的雨污水，雨污水排放量按如下公式计算：

$$Q = i \times T \times A$$

式中，Q 表示雨污水，单位为米³；T 表示降雨时间，单位为分，本项目中取 30 分；A 表示集雨面积，单位为米²，其中，装卸区面积为 8000 米²。

然而，在园区实际运行过程中，由于防雨堆场面积不足，加工企业部分货物露天堆放，目前园区露天堆场面积总计约 22 万米²，因此，雨污水的实际产生量将大大增加。根据原环评雨污水的计算条件，算得园区雨污水实际产生量为 4300 米³/次。园区在三期建设中仍未考虑该问题，露天堆场面积总计 115 023 米²，根据原环评雨污水的计算条件，算得园区三期雨污水产生量约为 2350 米³/次。在目前情况下，园区无条件对这些雨污水进行处理，同时也不符合《废弃机电产品集中拆解利用处置区环境保护技术规范（试行）》（HJ/T 181—2005）的要求。因此，园区应扩大入园企业防雨堆场面积，严禁进口废物露天堆放，应加强对企业的监管力度，以避免雨污水产生。此外，为避免道路上雨污水产生，园区应禁止企业在雨天进行废物的运输，雨天到货要放在监管区的装卸区暂存。在采取以上措施的情况下，园区三期项目无新增雨污水产生。

2. 车间废水

车间废水主要为员工在工作后洗手和少量冲洗水，还有少量办公室的打扫卫生废水，水量约为每人每天 20 升。园区三期入园企业职工人数为 4000 人，则三期车间废水的水量水质见表 3-3。生产车间废水通过园区污水管道进入园区污水处理系统处理达标排放。

表 3-3　园区三期车间废水的水量水质估算

水质指标项目	污染物
废水量	26 400 米³/年（72 米³/天）
悬浮固体（SS）	119 毫克/升
化学需氧量(以重铬酸钾作为氧化剂，COD_{Cr})	310 毫克/升
石油类	2.28 毫克/升

3. 废水排放汇总

园区三期废水及主要污染物产生量与外排量见表 3-4，其中，出水 COD_{Cr} 浓度按污水处理厂出水标准 120 毫克/升计算。

表 3-4　园区三期废水及主要污染物产生量与外排量

种类	产生量		处理后外排量	
	废水	COD_{Cr}	废水	COD_{Cr}
车间废水	80 米³/天	24.8 千克/天	80 米³/天	9.6 千克/天
	26 400 米³/年	8.184 吨/年	26 400 米³/年	3.168 吨/年

4. 三期给排水平衡

对上述数据进行整理，绘制了给排水平衡图，如图 3-1 所示。

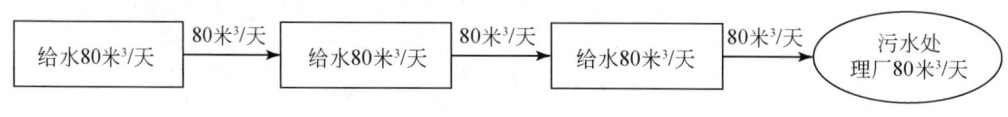

图 3-1　给排水平衡图

3.1.1.3　固体废弃物产生量与处理量

1. 拆解废物产生量

由于拆解废物中不可避免地会有很少量的不可利用废物产生，且拆解废物原料在拆解后也会有部分物质无法回收利用，它们都将以固体废物的形式存在。根据园区实际运行情况和货物来源，散货船来货的第七类废物加工后约产生 3% 的不可利用的残余物，其中石子、泥沙约 60%，碎玻璃约 15%，泡沫塑料约 6%，碎橡胶约 7%，木材木屑约 12%；集装箱来货的第六、第七类废物加工后约产生 0.6% 的不可利用的残余物，其中石子、泥沙约 60%，碎玻璃约 8%，泡沫塑料约 5%，碎橡胶约 7%，木材木屑约 20%。固体废弃物产生情况见表 3-5。

表 3-5　园区三期固体废弃物产生情况　　　　单位：万吨

品名		散货船	集装箱	合计
拆解废物总量		54	36	90
不可利用物质	总量	1.620	0.216	1.836
	石子、泥沙	0.972	0.130	1.102
	碎玻璃	0.243	0.017	0.260
	泡沫塑料	0.097	0.011	0.108
	碎橡胶	0.114	0.015	0.129
	木材木屑	0.194	0.043	0.237

从表 3-5 可见，园区三期拆解后固体废弃物约 1.836 万吨/年，上述固体

废弃物类别均不属于危险废物。据园区实际运行情况，固体废弃物经收集分类后，石子等不可燃部分委托环卫部门填埋处理，木屑等可燃部分委托垃圾发电厂焚烧处理。

2. 其他

其他废物主要为生活垃圾、污水处理污泥、隔油沉淀池油泥和废电路板。其中污水处理污泥约 1 吨/年，隔油沉淀池油泥约 0.5 吨/年，废电路板约 100 吨/年，均属于危险固体废弃物，应委托有资质的单位处置。

3.1.1.4 噪声污染源

园区的噪声源主要来自拆解车间设备噪声，根据同类拆解和设备的类比，主要设备的声压级见表3-6。

表3-6 设备噪声一览表

设备位置	设备名称	声压级/分贝（A）	运转方式	治理措施
拆解车间	切割机	100	间歇	车间隔声
	锯床	100	间歇	车间隔声
	打包机	80	间歇	车间隔声
	行车	80	间歇	车间隔声
	液压机	76.4	间歇	车间隔声
	剥线机	90	间歇	车间隔声
机修间	车床	80	间歇	车间隔声
	铣床	85	间歇	车间隔声
	钻床	80	间歇	车间隔声
	切割机	100	间歇	车间隔声
公用工程	集装箱吊车	75	间歇	房间隔声
	污水处理厂鼓风机	95	连续	

注："分贝（A）"中A表示是以A计权声级测量的噪声值

3.1.1.5 废旧机电产品拆解排污系数的确定

目前我国废旧机电产品综合利用工业园区大都停留在拆解阶段，拆解产物经分类整理后再送至相应专业企业进行加工利用，真正具有从原料拆解到各种再生金属材料的深加工利用的完整产业链的再生资源园区各地几乎没有，即便有也仅是个别金属材料的深加工。因此，以宁波镇海再生资源生态工业园区污染物的定量分析数据为基础总结出该行业的排污系数具有一定的代表性，有利于加强园区项目的环境管理和污染治理，也有利于和其他行业的环境污染风险进行对比分析。

1) 废旧机电产品拆解定子热洁炉的排污系数

根据表3-2加热炉废气污染排放，处理每吨定子产生废气量0.42万立方米，二氧化硫66克，烟尘62克。

2) 废旧机电产品拆解车间水污染产生系数

车间废水主要是工人洗手用水，污水量很少。根据表3-4车间废水污染物产生量，拆解处理每吨第七类废物产生废水量3.3立方米，悬浮固体0.39千克，COD_{Cr} 1.02千克，石油类7.5克。

3) 废旧机电产品拆解产生法人不可利用固体废弃物量

根据表3-5散货船的数据，拆解处理每吨第七类废物产生一般固体废物量30千克，危险废物0.13千克。

废旧机电产品拆解过程的排污系数汇总如表3-7所示。

表3-7 拆解第七类废物污染物产生系数

类别	污染物	产污系数
热洁炉处理定子产生废气	废气量	0.42万米^3/吨
	二氧化硫	66克/吨
	烟尘	66克/吨
车间废水	废水量	3.3米^3/吨
	悬浮固体	0.39千克/吨
	化学需氧量	1.02千克/吨
固体废弃物	石油类	7.5克/吨
	一般固体废弃物量	30千克/吨
	危险废物	0.13千克/吨

3.1.2 废水监测

应设置废水排污口环境监测点位，对各单位及排污汇总口进行定时监控，并进行随机抽查，掌握企业实际产生污染物状况；在污水处理厂排水口进行监测，确保排入水环境中的水质达标。

监控点布点需要遵循以下原则：①在园区范围的上下游布设取样断面。将监控点设在园区一、二期排污河流宏远河，在园区排污的上游500米处、园区污水排放口、园区排污口下游700米处三个点位进行采样，连续采样三天，每天上下午各一次。②在河流枯水期进行取样调查。③各取样断面每次只取一个混合水样，每天上下午各取一次平行取样三天，各断面的具体位置能够反映所在区域环境的污染特征。

所测定的河流污染检测因子为无机盐类（氨氮和总磷）、COD_{Cr}、重金属

(如铜、铬、锌、铅、镍、汞、镉),以及石油类。无机盐的存在不仅影响河流美观,同时影响河流中的生态结构,是水质检测中的重要因子;重金属不能被生物降解,相反却能在食物链的生物放大作用下成千百倍地富集,之后进入人体;石油类物质比水轻又不溶于水,覆盖在水面上形成薄膜层阻止大气中的氧溶解在水中,形成恶臭。

不同的河流污染因子拥有不同的化学特性,因此采用不同的化学测定方法,如采用重铬酸盐法(GB/T11914—89)测定 COD_{Cr} 水质化学需氧量,钠氏试剂分光光度法测定氨氮(NH_3-N)水质与氨氮,钼酸铵分光光度法测定总磷(以磷元素计)水质与总磷,原子吸收分光光度法测定铜水质、铜、锌、铅、镉等。

排污口和排污口上下游地表水执行《污水综合排放标准》中的二级执行标准及四类标准,如表3-8所示。

表3-8 评价标准　　　　　　　　　　　　　　单位:毫克/升

评价因子	标准名称	标准限值	评价因子	标准名称	标准限值
COD_{Cr}	污水综合排放标准	<150	COD_{Cr}	地表水环境质量标准	<30
氨氮(NH_3-N)		<25	氨氮(NH_3-N)		<1.5
总磷(以磷元素计)		<1.0	总磷(以P计)		<0.3
铜		<1.0	铜		<1.0
总铬		<1.5	总铬		<0.05
锌		<5.0	锌		<2.0
铅		<1.0	铅		<0.05
汞		<0.05	汞		<0.001
镉		<0.1	镉		<0.005
石油类		<10	石油类		<0.5
镍		<1.0	镍		<0.5

通过将监测结果与表3-8对比,可以得知园区污水排放口及排放口上下游地表水水样中无机盐类、重金属、石油类含量是否符合相关国家标准,从而加强对污染源的控制,减少相关的排放。

3.1.3 废气监测

运用网格法设置大气环境监测点位,针对园区不同功能分区进行监测,针对不同污染状况设置大气污染控制技术。对于废旧机电拆解区,由于其废气产生量较少,可以采取无组织排放方式,但需进行监控,若排放不达标则需增设大气污染控制设施；对于园区深加工区，由于加工方式不同，可能会产生烟尘等大气污染物，所以需在企业设置大气污染处理设施进行处理后排放；园区共享设施如垃圾焚烧炉、热解炉等在运行过程中会产生二氧化硫等大气污染物，因此必须根据实际情况设置大气污染控制设施，同时对排放气体进行环境监测，确保其达标排放。园区由于露天堆放，在存放和装卸过程中易产生粉尘污染，所以应加强对员工的宣传教育，避免和预防堆放和装卸过程中对人员的伤害。

监控点的布点遵循以下原则：①污染源的下风向作为主要监测范围；②采样点水平低于周围建筑物高度夹角应不大于30度；③各采样点的条件要尽可能一致；④采样品设置在采样口离地面1.5~2米处。

采样点可以设置在厂界处、近海处、厂界处和近海处中间，以及园区与园区之间。所需监测的污染因子为加热炉排放乙苯、甲苯、二甲苯、非甲烷总烃的排放浓度、排放速度和处理效率，以及无组织排放点的苯、甲苯、二甲苯、非甲烷总烃排放浓度值，对园区环境空气的二氧化硫、二氧化氮、PM10、TSP，以及园区各区的污染因子和空气进行监测。大气评价因子选择氯化氢和非甲烷总烃为污染物，氯化氢和非甲烷总烃的评价标准如表3-9所示。

表3-9 氯化氢和非甲烷总烃的评价标准

评价因子	标准值	备注
氯化氢	0.015毫克/米^3	工业企业设计卫生标准（TJ36—79）
非甲烷总烃	1毫克/米^3	无组织监控浓度（T20）

根据所设置的废气检测体系，参照园区空气中氯化氢和非甲烷总烃的检测结果可推断园区大气环境氯化氢含量是否符合《工业企业设计卫生标准》中的居民区大气中有害物质的最高浓度标准；园区大气环境非甲烷含量是否符合"无组织监控的标准"的要求。

3.1.4 固体废弃物监测

园区固体废弃物进行分类别集中收集，统一运输。对于可燃烧的垃圾送至垃圾焚烧炉进行焚烧处理，对于其他废物及污水处理厂污泥经过稳定化处理后送至填埋场进行填埋，在暂存场及填埋场周围设置废气及渗滤液收集监控设施，防止填埋场产气获渗滤液污染环境。

3.1.5 噪声污染监测

园区拆解区及加工区企业作业时机械设备运行会产生噪声污染，因此在厂区设置噪声监测设施,对于噪声可能超标的厂区或区域设置隔声墙、绿化带等隔声设施;对管理区生活区等区域进行噪声监控,严格按照国家标准实施噪声污染控制措施,防止噪声污染。

噪声污染监测的布点要覆盖整个园区监测范围,重点要布置在现有噪声源对敏感区有影响的那些电杆上。监测点布设在园区外围的东南、西南、东北和西北四个方向,4个采样点距离数连续监测3天,监测时段为昼间8点到10点、夜间22点到23点,各监测点在每个时段监测一个值。所监测的对象为园区外围,以及其他散点企业外围的噪声达标状况及主要污染源。园区的噪声评价标准如表3-10所示。根据噪声污染监控体系,可对比园区的和散点企业的噪声测量结果是否符合《工业企业厂界环境噪声排放标准》。

表3-10　园区噪声评价标准

评价因子	标准值	标准名称
昼间	65	《工业企业厂界环境噪声排放标准》
夜间	55	

3.2　再生资源生态工业园区污染控制措施

3.2.1　污水控制措施

1)污水收集

(1)生态工业园区内企业不允许采用酸、碱和化学溶剂溶浸和提取贵金属,也不允许采用水洗的方法加工第七类废物,以防止产生更严重的工业废水污染。

(2)生活污水、加工场所清扫污水、雨污水经过污水管道统一收集后进入生态工业园区污水处理设施集中处理。

(3)加工场所的清扫污水通过地沟排入生态工业园区污水管道之前设立简易沉淀池,使污水溢流进入污水管道、大颗粒物质预沉淀,以减少对污水管道的阻塞。

(4)生态工业园区采取必要措施保证生活污水、加工场所清扫污水、雨污水管道或沟渠的畅通,防止污水长时间停留、漫流,防止污水未经处理直接排放。

2)污水处理

(1)要保证所有污水处理设施进水和出水的畅通,保证日常设施正常运转。

(2) 要防止集水池和调节池在非正常情况下（如特大暴雨）出现漫流，此种情况下可以采取应急处理措施。

(3) 隔油池必须定期清除浮油渣（如十天清除一次），浮油渣不得露天堆放，应存放于专门设施或容器中，并定期运走进行处理。

(4) 好氧池必须严格按照工艺设计参数进行曝气处理，保证池中活性污泥具有连续性和稳定性。

(5) 絮凝沉淀池要严格按照工艺设计要求投加药剂量。

(6) 沉淀池中的污泥应定期清除，脱水后的泥渣不得露天堆放，应存放于专门设施或容器中，并定期清运处理。污泥脱水后的污水应返回调节池或好氧池进行曝气处理。

(7) 污水处理后达标排放。

3) 维护和管理

(1) 污水处理设施设备要经常检查，定期维护保养，做到专人负责，搞好日常运行记录。

(2) 污水处理管理人员或操作人员上岗前应进行必要的专业知识培训，能保证污水正常处理，能发现问题和解决问题。

(3) 操作人员能进行必要的水质分析化验，保证污水达标排放。

3.2.2 固体废弃物控制措施

1) 固体废弃物收集、存放

(1) 生态工业园区产生的拆解废物、污水处理产生的污泥，以及办公垃圾、生活垃圾、道路清扫垃圾由园区环保部门统一收集，统一暂存。

(2) 生态工业园区根据固体废弃物类别设立收集箱和集中堆放场所。

(3) 生态工业园区内的企业应将拆解产生的垃圾按照可回收和不可回收、易燃和不可燃烧分类存放，设立明显的区分标志，存放时间不得超过7天。

(4) 生态工业园区内的企业不得在加工场所以外的地方进行拆解作业，不得将拆解垃圾堆放在加工场所以外的地方。

(5) 加工企业拆解废物和堆存物品尽量在车间或工棚内进行，拆解废物产生的包装物、废塑料和废橡胶等易燃物不得长期存放。

(6) 生态工业园区内的企业应保持车间或场所的清洁卫生，地面油污、尘土、杂质等应及时清理并存放在加工场所内固定设施或容器中，等待园区清运人员清理。

(7) 公用道路、设施的垃圾做到每日清扫、清除。

2）固体废弃物运输

（1）生态工业园区统一配备垃圾清运人员和垃圾收集设施以及运输车辆。

（2）生态工业园区内固体废弃物的装卸、运输不得在夜间进行，不得造成废物的遗撒。

（3）固体废弃物的运输要遵守交通法规。

3）固体废弃物处理、处置

（1）生态工业园区内所有的固体废弃物不得随意处置，严禁乱堆乱放。

（2）生活垃圾、拆解废渣、污水处理产生的污泥送垃圾填埋场进行安全填埋处理。

（3）可燃烧垃圾、废油渣送垃圾焚烧厂进行处理。

（4）可回收的废塑料、废橡胶等废物销售给物资回收公司。

3.2.3 废气与噪声控制措施

1）废气控制措施

（1）生态工业园区内企业拆解第七类和第六类废物不得采用冶炼、熔炼和焚烧的加工方法或工艺技术。

（2）生态工业园区内严禁焚烧各类废物物资和垃圾，防止产生大气污染。

（3）生态工业园区内的废物装卸、拆解加工、垃圾清扫、运输应尽量避免产生扬尘污染。

（4）暂存垃圾应尽量做到日扫日清，避免产生恶臭。

2）噪声控制措施

（1）严禁在加工场所以外的地方和园区集中休息时间进行废物的切割、剥锯，尽量减少连续性的高噪声。

（2）加工厂尽可能将高噪声设备放置在离办公、生活、休息场所较远的地方，对影响环境的噪声源采取降低噪声的措施，通过建立绿化隔离带、围墙、隔音棚等措施降低噪声。

（3）对接触高噪声的操作人员采取必要的劳动保护措施，并对长期接触高噪声岗位的工人进行必要的轮岗和休假制度。

3.2.4 其他措施

为了加强固体废弃物、废水、废气的管理与控制，再生资源生态工业园区应采取一系列的污染防治策略，具体包括以下几方面。

1）加强对园区经济发展规划和建设项目的环境影响评价

根据《中华人民共和国环境影响评价法》和《规划环境影响评价条例》

的要求，加强对规划的环境影响评价工作，提高规划的科学性，遵守有关环境保护标准以及环境影响评价技术导则和技术规范，从源头预防环境污染和生态破坏，促进经济、社会和环境的全面协调可持续发展。坚决不采取危害环境与资源的建设政策，不进行危害环境与资源的项目，保证入园项目低污染、低能耗和低排放。

2) 大力推动园区内清洁生产

大力推行清洁生产，实施对工业污染排放的总量控制，强调对资源的有效利用，而不是只着眼于达标排放。企业在生产过程中应该遵循循环经济的要求，进行清洁生产，实现环境安全化。废旧机电产品再循环利用产业作为静脉类产业，企业应注重减少污染物的产生，利用先进的工艺技术，推进环境安全化的生产方式。在环境安全的前提下，开展废旧机电产品资源的回收利用，建设环境友好型的产业模式。

废旧机电产品的再生利用过程分为拆解和加工两个重要环节。在拆解阶段，要注重企业环保型拆解技术的利用，减少能源消耗和污染物的产生；在加工阶段，实现企业清洁生产，提高资源能源利用率，同时减少污染物的排放，达到废旧机电产品全生命周期的环境友好。

3) 实现废水的资源化，提高园区废水无害化处理率

加快建设园区废水处理厂，提高废水处理技术，利用处理后的废水于园区市政等各种用途，缓解水资源的紧张。水是人类须臾不可缺的重要资源，它既是生命之源，又是发展之本。没有了水，或者说没有了清洁的水，人类和一切生命将将毁灭，到那时再奢谈工业水平或社会财富，都将毫无意义。反过来说，只要有人类的生存，废水处理也就注定是一件必须认真从事的事业。应该大力鼓励和采用适用于我国国情的、高效、低耗的废水处理技术，不要满足于照搬外国的方案和技术。

4) 建立绿色物流，减少物流过程中的环境污染

绿色物流是在考虑现代物流在交通运输、仓储、包装加工等环节对环境影响的基础上建立起来的现代环保型物流方式。绿色物流作为"清洁生产、绿色流通、合理消费"的可持续发展模式的组成部分，包括物流活动、管理和控制。在对废旧机电产品再循环利用园区进行绿色物流管理时，应从整个产业链的角度来组织物流。在上游—园区、园区—下游、下游—市场的物流流通过程中，考虑每个过程进行包括运输、仓储和包装环节的环境影响，进行绿色管理和控制，建立一体化的绿色物流配送体系。

在交通运输方面，根据《大气污染防治法》对车辆运输过程中产生的废气排放限制对车种进行规制，同时对车辆噪声进行规制，促进企业选择合适的运输方式，建设一体化的物流中心；在仓储方面，保证绿色仓储，制定废旧机电产品再循环利用物料和拆解后再生资源的仓储过程的环保要求，建立封闭式

的仓储设施，避免露天暴露产生的粉尘等污染；在包装环节，减少考虑废旧机电产品及其拆解后再生资源的特性采用不同的运输方式，如对金属资源进行压块运输，对废旧印刷线路板进行包覆运输，既要避免因包装简单而造成的环境问题，也要避免因过度包装而造成的浪费。

第4章 再生资源生态工业园区产业链链接模式与技术

了解产业链链接原理对于深入理解再生资源生态工业园区的特点，构建并推动再生资源产业的发展至关重要。本章在阐述再生资源生态工业园区产业链链接原理的基础上，分析产业链链接技术，提出原料主导型再生资源产业链链接模式和产品主导型再生资源产业链链接模式，并以宁波再生金属生态工业园区为例进行具体的分析。

4.1 再生资源生态工业园区产业链链接原理

本节在分析再生资源生态工业园区产业链的内涵与特征的基础上，分析其形成机理，并指出形成再生资源生态工业园区产业链，必须满足四个要素：增大自然资源存量，提高资源生产率，社会性长期需要，以及系统创新活动。再生资源生态工业园区产业链的结构不仅对园区，对所在经济区域，甚至对整个循环经济的发展都至关重要，产业链的设计与集成部分的内容则有助于加深对再生资源生态工业园区产业链链接原理的理解。

4.1.1 再生资源生态工业园区产业链的内涵与特征

产业链一般是指依据循环经济的发展原理，以恢复和扩大自然资源存量为宗旨，为提高资源基本生产率和根据社会需要为主体，对两种以上产业或产品的链接进行设计或改造并开创为一种新型的产业系统的系统创新活动，如图4-1所示。主要通过在企业内部、企业之间建立产业链乃至大范围建立循环工业网络以实现物质的最优循环和利用，其中某个企业的工业"排泄物"通过系统的自身循环或外循环方式，再生为本企业或其他企业的"营养"来源。

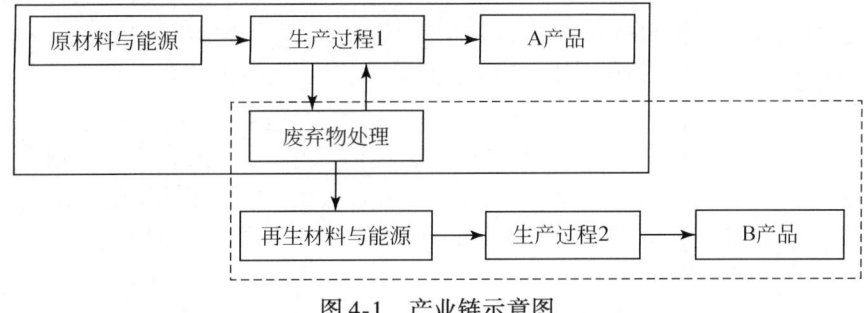

图 4-1 产业链示意图

4.1.2 再生资源生态工业园区产业链的形成机理

在循环经济型工业系统中，同时存在着多种资源通过类似于生物食物营养联系的工艺生产关系相互依存、相互制约的链条，这就是"循环经济产业链"。它既是一条能量转换链，也是一条物质传递链。物质流和能量流沿着产业链逐级逐层次流动，原料、能源、废物和各种环境要素之间形成立体环流结构，能源、资源在其中反复循环并获得最大限度的利用，使废弃物资源化实现再生增值。

在由一系列制造型企业和服务型企业组成的循环经济工业区内，企业间按工业"食物链"和闭路循环实现园区、企业和产品三个层次的管理。通过园区内数十家工厂的数百个不同种类、不同品质、不同大小的物质流、能量流、信息流进行集成、分析，形成物质充分循环利用、能量交换梯级使用和环境源头治理的循环产业链和循环生产网络。循环经济型工业园区内彼此靠近的工业企业或公司的这种相互依存、类似于自然生态食物链过程的"工业系统"，可以用产业链来表征。

当然，要形成再生资源生态工业园区产业链，必须满足以下四个要素。

1）增大自然资源存量

增大自然资源存量就是使自然资源存量增大，是产业链设计与开发活动的宗旨，即所设计与开发的循环产业链的最高目标是在求得经济发展的同时，推动生态系统的恢复和良性循环，使生态圈产生出更丰富的自然资源，不断提高和扩大自然生产力的水平与能力。

2）提高资源生产率

产业链系统是为提高生产率而设计的，但这一生产率要用"资源基本生产率"的概念来评价，即从资源的原始投入对自然环境的作用算起，到产品退出使用、回到自然环境为止，全面和全过程地测度其生产率。在生产转换过程中，人力资源的劳动生产率问题已得到广泛的注意。因此，它更侧重于通过产业链的链接与转换过程的设计、开发和实施，使生态资源在原始投入和最终消费方面提高效率，进而从可持续发展的层面上，全面持久地提高生产率。

3）社会性长期需要

产业链应该具备社会性，即它建立的是依社会长期需要为主体的商业秩序与环境，它在生产、交换、流通和消费过程中所建立的秩序既要使商家及产业链上各方获取利润，又要与自然生态系统保持着长期的友善与协调。

4）系统创新活动

产业链是一项系统创新工程，它要以技术创新为基础，以市场经济为约束，通过探讨各产业之间"链"的链接结构、运行模式、管理控制和制度创新等，找到产业链上生态经济形成的产业化机理和运行规律，并以此调整链上诸产业的"序"与"流"牵动，最终在相关产业内部，建立其"产业链层面"的生态经济系统，再以该系统调整其"序"与"流"，形成产业层面的经济系统。产业链应该是这两个层面上系统的交集，它要通过链的设计、开发与实施，将技术创新、管理创新和制度创新有机地融为一体，开创一种新型的产业系统。

4.1.3 再生资源生态工业园区产业链的设计

在再生资源生态工业园区内，模仿自然生态系统的运作模式，各种在业务上有关联、有关系的企业聚集在一起，形成循环经济产业链。再生资源生态工业园区产业链的结构是决定企业、园区甚至地区的整个循环经济系统的可持续发展的关键因素。

生态工业园区实际上是一个生物群落，可能是由初级材料加工厂、深加工厂或转化厂、制造厂、各种供应商、废物加工厂、次级材料加工厂等组合而成的一个企业群。或者，也可能是由燃料加工厂甚至废物再循环厂组合而成的一个企业群。在其中存在着资源、企业、环境之间的上下游关系与相互依存、相互作用的关系，根据它们在园区中的作用和位置不同也可以分为生产者企业、消费者企业和分解者企业。另外，在该企业群落中还伴随着资金、信息、政策、人才和价值的流动，从而形成一种类似自然生态系统生物链的循环产业链。因此，所谓再生资源产业链是指某一区域范围内的企业模仿自然生态系统中的生产者、消费者和分解者，以资源（原料、副产品、信息、资金、人才）为纽带形成的具有产业衔接关系的企业联盟，实现资源在区域范围内的循环流动。

在整个再生资源生态工业园区中，存在着各种要素与元素，这些要素与元素之间存在着十分复杂的关系，这些关系既有上下游企业之间的副产品交换、信息和资金的流动关系，也存在当地政府、园区管理者的政策和管理活动，以及市场的竞争与合作关系。按照生物链的分析方法，将再生资源生态工业园中的各种要素、元素分成三大类：一类是公共设施类（A），即支持工业园区中企业发展的一些公共设施，包括信息中心、技术中心、环境中心、道路交通、垃圾填埋厂、能源中心（电、热、气）等；第二类是循环经济产业链（B），是指工业园区中的各企业，这是园中的主体，它们按照生产者、消费者和分解者的关系分别处于产业链条的不同节点上，并按照生物链的运作规律进行着资源（材料、能源、水）、信息、资金和人的流动；第三类是支持服务链（C），包括政府、园区管理者、市场和法律、金融等，这些因素将从政策、资金和市场的角度来影响园区内的企业。

A、B、C三类要素除了其内部具有十分密切的关系外，其三者之间的关系也具有很强的依存性。公共设施类因素是为了提高工业园内企业的资源利用效率而建立的一些基础设施，由于这些设施的存在，节省了企业大量的本来由自己去投资建设的开支，成为吸引企业进驻工业园区的一个重要因素，同时也是构成企业生物群落的基础；循环经济产业链是循环经济工业园区中的主体因素，相当于企业生物群落中的生物种群；支持服务因素构成了工业园区企业生物群落生存与发展的大的环境与条件，对于工业园区内的各要素都将产生影响。

4.1.4　再生资源生态工业园区产业链集成

再生资源生态工业园区产业链的构建是在企业内部、企业之间建立产业链以实现对物质和能量等的更有效利用，物质、能量等的循环与共享是通过具体的集成方案得以体现的。在系统集成方案中，将应用生态学和系统工程方法，把最先进的工艺、最具有市场前景的产品融入到产业链设计中。系统集成包括物质集成、能量集成、水集成和信息集成四个方面。

（1）物质集成。构建废旧机电再利用产业链，使各成员之间进行物质传递、供应和副产品交换。具体方法是根据产业集群发展需要，确定企业的上下游关系，并根据物质供需方的要求，运用过程集成技术，调整物质流动的方向、数量和质量，完成生态产业链网的构建。尽量考虑资源的回收利用或梯级利用，最大限度地降低资源的消耗和有毒有害物质的使用。另外，还应引入从事资源回收和再生的公司来收集各企业产生的废物，进行资源化、无害化处理，同时为制造企业提供再生的原材料，在其周围形成资源循环、再生、再加工的格局。

（2）能量集成。构建能量梯级利用产业链，依据能量的品质差异，进行"能量层叠"梯级利用，如热电联产、热电冷三联供。在各企业寻求各自的能源使用效率最大化的同时,实现集群内总能源的优化利用。另外,最大限度地使用可再生能源,如风能和太阳能等。

(3) 水集成。构建水循环利用生态产业链,循环利用、分级使用水资源,既可节约水资源,又可提高水的利用率。水集成主要采用节水工艺、直接回用、再生回用、再生循环方式进行集成。由于下游企业使用的水质要求较低,因而可以采用上游企业的出水。在设计时还应考虑建立具有收集和使用雨水的设施。

(4) 信息集成。信息集成是利用先进的信息技术对集群内的各种信息进行系统整理,建立完善的信息库、计算机网络和电子商务系统,并进行有效的集成,充分发挥信息在集群内部、与外界交流,以及对集群管理和长远发展规划中的作用。信息集成促进集群内各企业之间有效的物质循环、能量利用、环境与生态协调,使其向成熟的产业生态系统发展。这些信息包括有害及无害废物的组成、废物的流向信息、相关生态链上产业(包括其辐射产业)的生产信息、市场发展信息、技术信息、法律法规信息、人才信息及其他相关领域信息等。

4.2 再生资源生态工业园区产业链链接模式

区域产业链是指在某特定区域范围内所形成的产业链条或链段,是产业链在特定区域空间的形态。区域产业链是一种区域经济组织,它的构建、运行和发展应符合区域经济发展及产业组织运行的基本规律,因此,区域经济系统理论、劳动地域分工理论、产业组织理论和竞合理论等区域经济理论和产业组织理论,便是指导区域产业链构建与运行的理论基础。

针对不同的原料及产品,将园区区域产业链划分为以原料为主导的产业链链接模式和以产品为主导的产业链链接模式分别讨论研究。

4.2.1 原料主导型再生资源产业链链接模式

再生资源生态工业园区的废旧原料供应主要来自国内外市场中的废电线电缆、废电机及废五金电器产品。废旧原料经上游企业回收后,运输至再生资源生态工业园区,工业园区内拥有多家从事废电线电缆、废电机、废五金电器拆解的企业,废电线电缆、废电机及废五金电器分别经过拆解、破碎、分选,转化为各种再生原材料,如废铜、废铝、废钢、废不锈钢及废塑料等。园区中的再生原材料主要销往园区外的深加工企业,由深加工企业进行熔融、冶炼转化为各种工业用材料产品,如铁锭、铝锭、不锈钢品、塑料颗粒等。

以原料为主导的产业链链接模式是根据不同的废物原料而设计的产业链链接模式，如图4-2所示。以原料为主导的产业链链接模式中，再生资源生态工业园区主要完成废旧原料的初级加工，如分解、破碎及分拣，将废旧原料仅由废旧形态转变为可再利用的金属形态，而金属的深加工则由园区外的深加工企业完成。因此，以原料为主导的产业链链接模式下的再生资源生态工业园区的生产产物为各种金属原料，园区内的中游拆解企业与园区外的下游深加工企业之间的链接度相对不够紧密。

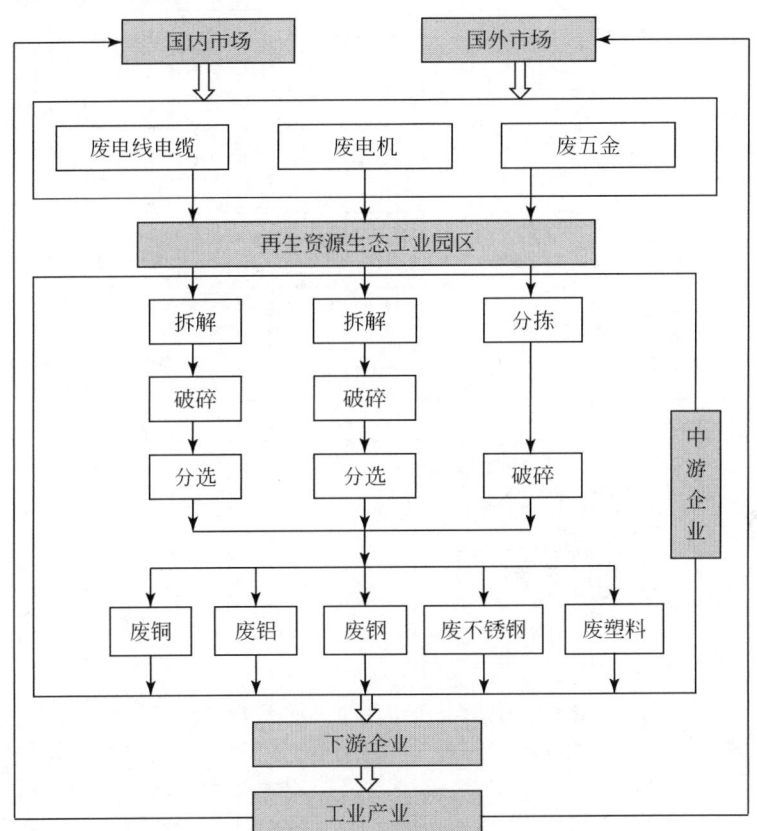

图 4-2　以原料为主导的产业链链接模式

4.2.2　产品主导型再生资源产业链链接模式

园区废旧机电再利用经过中游企业的初级加工及素材加工，拆解产物主要包括五种，分别是废铝、废铜、废钢、废不锈钢和废塑料。不同的拆解产物再经过不同的深加工制成铝锭、铜丝铜杆、钢块和不锈钢制品等。以产品为主导的产业链链接模式是根据不同最终产物而设计的产业链链接模式,如图4-3所示,本节主要以宁波再生金属资源生态工业园区为例分析。

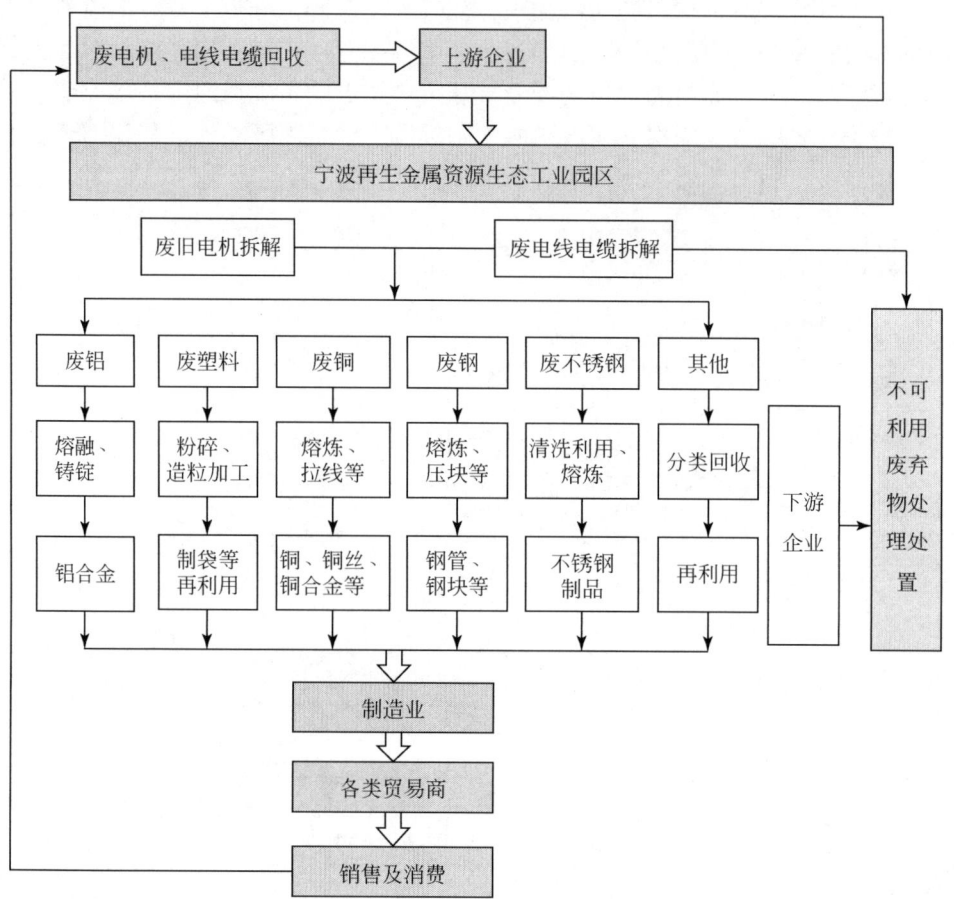

图4-3　以产品为主导的产业链链接模式

注：上游企业为包括美国、意大利、荷兰、比利时等国的八家企业；下游企业为位于山东、安徽、湖北、浙江等省份的利用废钢、废铝、废铜、废不锈钢、废塑料等的十几家企业；制造业主要为全国各地一些利用半成品的制造业,其成品通过各类贸易商进入市场

由图4-3可知,产业链本身就是一个资源梯级利用的过程,所以在产业链各链接部分提高资源梯级利用效率的关键在于将有用的资源配置至合理的部分,同时按照产业链各部分的性质、使用原料及最终产品的差异来合理地利用资源。

根据宁波再生金属资源生态工业园区的实际状况,园区处于废旧机电再利用产业链的初级部分,该部分主要为简单的拆解与收集废旧机电产品中的有用成分,从而提供给产业链的下游企业。为提高产业链间资源的梯级利用效率,可在园区内建立收购这些资源的下游企业，进行初级加工后再利用。通过关联度分析可知，废钢铁可作为该园区的主导产业链，可以废钢铁资源为主导拓展产业链，从而提高资源的利用效率。

据了解，天津子牙环保产业园计划在园区内建立废旧机电产品拆解工业，其中也包括了关于废旧机电产品的精细拆解和拆解后资源的后续利用，在园区内建立关于废旧机电产业的长链条式发展。目前天津子牙循环经济产业区从事废旧机电产品拆解项目的主要企业有广州北方光电有限公司、台州齐合天地金属有限公司、宁波明阳再生资源循环利用有限公司、广州市万禄达集团有限公司等。拆解后的资源在园区内加工利用，终端产品主要有铜条、铜米、铜锭、铝锭等型材，以及电极线等。可在此基础上对园区的产业链上下游企业进行合理的优化配置，形成合理的功能分区，使产业链链接间的资源优化配置达到利益最大化。

4.2.3 再生资源生态工业园区内部产业链循环模式

本节以宁波再生金属资源生态工业园区为例说明以废旧机电产品回收利用为主的再生资源生态工业园区内部产业链循环模式，如图4-4所示。该模式对能源采用减量化以及能源梯级利用技术，使得能源效率得以大幅提高，具体内容如下所示。

首先，在企业内部，可以提倡减少能量消耗的技术。在园区企业的内部，推行节能工艺、节能技术，同时进行园区内的余热回收利用。余热是指在各种热能转化和利用过程中，未被利用而浪费掉的能量。根据余热的种类、排出情况、介质温度、数量和利用的可能性进行企业内部综合热效率及经济可行性分析，可使企业在减少能源消耗和提高对能源的利用上取得明显效果。余热在利用时应优先考虑由释放余热的设备和系统首先利用，在其用于加热设备本身而无法回收，或者用后仍有部分可回收时可用来生产蒸汽或热水，以及产生动力。

再生资源生态工业园区内还可展开能量综合利用。根据能量守恒定律可知，能量在数量上具有守恒性。同时，能量在质量上具有品位性，在其转换与传递过程中，存在品位的差异。热能是能量转换与传递的主要形式之一。电能、机械能可全部转变为热能，而热能却只能部分转变为机械能或电能，即电能、机械能的品位比热能高。在热能转换成机械能过程中，高温高压热源比低温低压热源转换潜力大，说明温度高或压力高的热能品位高。

能量综合利用系统按照能质充分利用能源，使做功与供热两种用能形式相互配合，采用系统工程的观点实现能量的最大化利用。一般来说，高品位的能用途更为广泛。按能质用能要做到"高质高用，低质低用"，尽量不要"高质低用"造成能量的浪费。能源梯级利用是能量综合利用的一种形式，包括按质用能和逐级多次利用两个方面。这种能量利用方式除在发电和供热企业应用广泛外，现已扩展到各种工业过程。在园区内部，对不可利用的废料进行收集，然后进行统一的焚烧处理，可利用焚烧发电或搜集热量进行其他活动，从而提高园区内资源和能源的利用效率。此外，可根据园区内各用能企业能级需求的高低构成能量的梯级利用关系，实现对能源的充分利用。

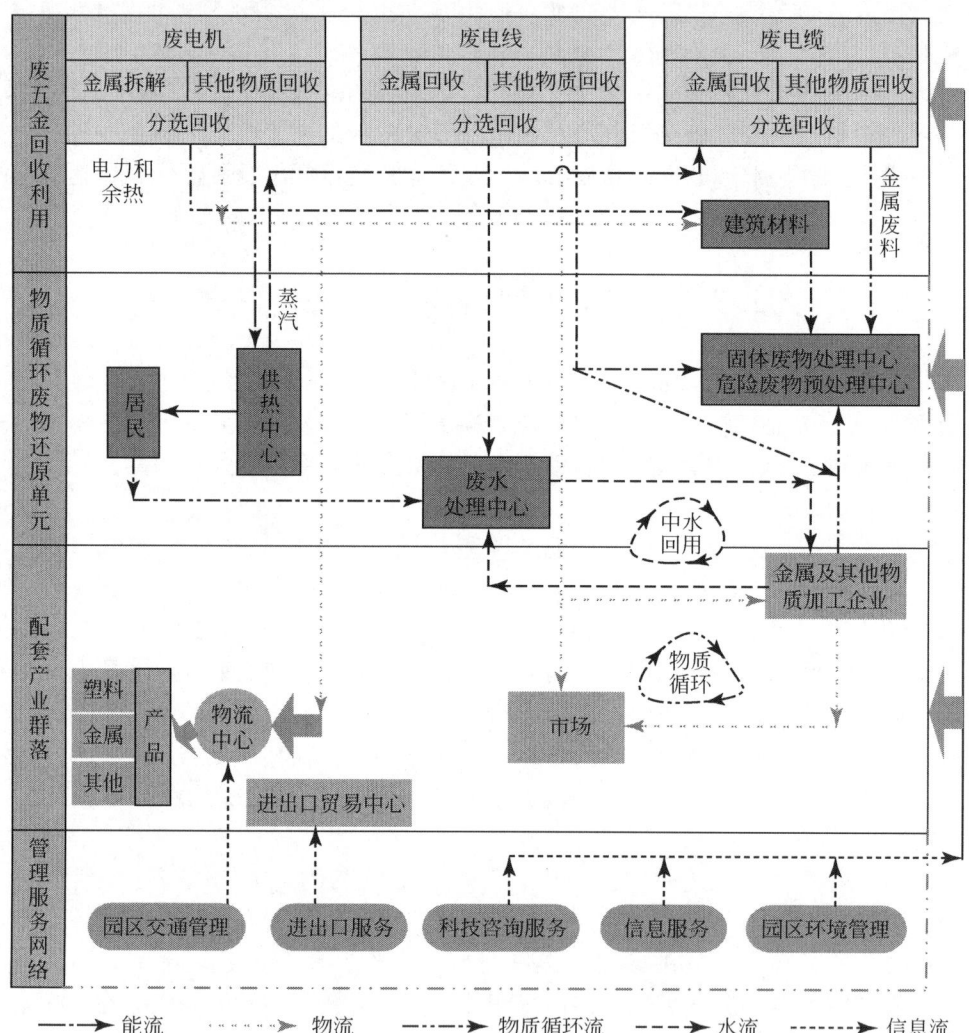

图4-4　宁波再生金属资源生态工业园区产业链内部配置图

4.3　再生资源生态工业园区产业链关键技术集成

再生资源生态工业园区产业链关键技术包括废旧机电产品的拆解技术、破碎技术、分选技术和回收技术。

4.3.1　废旧机电产品的拆解技术

再生资源生态工业园区中废旧机电产品的拆解技术是再生资源加工的一个基础环节，它是运用机械拆解与手工拆解相结合的方式实现的，其中机械拆解所运用的设备有拉铜机、剥线机、切割机、铜米机等。一般拆解可分为破坏性拆解与非破坏性拆解、完全拆解与部分拆解，目前绝大多数再生资源产业园区内的废旧机电产品拆解都属于破坏性的、以获取废旧机电产品的各种可再利用原材料为目的的拆解。

常用的拆解技术有手工拆解法、机械拆解法、化学拆解法与冷冻拆解法。对于直径适中的废电线电缆，一般采用人工操纵剥线机拆解法，拆解产物为纯度高的铜线与塑料；化学拆解法，是使用化学试剂浸泡的分解法，污染性较大；冷冻拆解法采用液氮作制冷剂，使废线缆在极低的温度下变脆，然后经过破碎和振动，使塑料皮和铜线段分离。

4.3.2　废旧机电产品的破碎技术

破碎是利用仪器或设备克服固体废弃物质点间的内聚力而使大块固体废弃物分裂成小块或将小块固体废弃物颗粒分裂成细粉的过程。破碎是预处理工艺，是后续处理与处置必须经历的过程。影响破碎效果的因素有硬度、解理、韧性及物料的机构缺陷等。

破碎方法有干式破碎、湿式破碎、半湿式破碎三类。干式破碎，可分为机械能破碎和非机械能破碎两种方法。机械能破碎是利用电能、热能、化学能等而将其破碎的，非机械能破碎则是利用工具对固体废弃物施力而将其破碎的。湿式破碎，湿式破碎机上方的圆形槽底上安装的多孔筛上带有刀片的旋转破碎辊，使投入的垃圾和水一起激烈回旋，废纸破碎成浆状，通过筛孔落入筛下，然后由底部排出；难以破碎的筛上物质则从破碎机侧口排出，再用斗式提升机送至装有磁选器的皮带运输机，以便将铁与非铁物质分开。

破碎技术主要依靠各种机械所组成的破碎系统，破碎系统以破碎机为主体，破碎机采用双驱动四轴形式，四组不同形式的破碎刀按一定方式排列，形成特定的啮合方式，使不同物性（弹性的、脆性的、刚性的，硬的、软的）的混合物料能同时分解破碎。破碎机主要用于废旧电机和废旧五金电器的破碎，废旧电线电缆的破碎一般使用铜米机进行，对于硬度较大的废旧电机还使用热力破碎技术。破碎机主要有锤碎机、锤磨机、切碎机和旋转破碎机等。由于废旧机电成分复杂，如硬度较高、韧性较强的废旧机电，第一级破碎一般采用具有剪切作用的破碎设备，如切碎机，以达到良好的解离效果。切碎机主要依靠旋转切刀和固定切刀之间的剪切力破碎物料，解离的金属（尤其是铝）也不易缠绕。第二级破碎时可以采用锤碎机、锤磨机或其他设备，以达到所需的破碎程度。

4.3.3 废旧机电产品的分选技术

分选是根据粉碎物料中各组成物的物理特性的差异性，如密度、粒度、导电性、导磁性及表面特性等差异，采用质选、磁选、电选、涡流分选、形状分选、光学分选、气力分选及浮选技术来进行各个组分的分离富集，从而达到回收金属的目的。在实用中，为了更有效地分离金属，往往采用破碎与多种分选技术进行组合。宁波镇海再生金属资源生态工业园区所使用的分选技术主要有水力摇床浮选技术、风力分选技术、磁选技术。

水利摇床分选技术和风选技术都属于密度分选技术，密度分选技术是利用材料间密度的差异进行分离的技术。利用密度分选技术选别矿物的理论基础主要有三种：一是垂直重力场中的矿物粒群按照粒度分层、分离原理；二是斜面重力场中矿物按密度分层、分离原理；三是离心力场（回转流）中矿物颗粒按密度分层、分离原理。密度分选技术要求不同材料的进料尺寸和形状不能相差太大，否则无法进行有效分层。因此，破碎后必须仔细分级，采用窄级别物料进行分选。

磁选技术是利用废旧机电中各种材料的质量磁化系数不同，借助于磁力和机械力分离铁磁金属与非金属的技术。根据磁场强度可分为低磁、中磁和高磁磁选机，按选别方法可分为干式和湿式磁选机，按产生磁场方法可分为电磁式磁选机和永磁式磁选机，按结构不同可分为筒式、盘式、辊式、环式、转鼓式、转笼式和带式磁选机等。用于废旧机电的磁选机一般为干式电磁磁选机，磁场强度越高，分选效果越好。

4.3.4 废旧机电产品的回收技术

（1）金属回收。废旧机电中金属的回收过程比较复杂，通常是先通过高温使金属和杂质分离，然后通过几个相应的加工流程来提炼各种金属。宁波镇海再生金属资源生态工业园区从废旧机电中回收金属主要运用以下三种主要处理技术：机械处理技术、热处理技术、湿法冶金技术。其中机械处理技术工艺简单、易规模化，且产生的二次污染相对较小，迎合了商业发展和环保的需求，但无法将各种金属彻底分离；热处理技术一般会污染环境，金属回收率较低，但对富集金属含量低的废物中的金属具有良好的效果；湿法冶金方法工艺较为复杂，化学试剂耗量大且易腐蚀设备，但金属回收率较高。宁波镇海再生金属资源生态工业园区在不断追求经济有效、环境友好的金属回收技术的基础上，对各种技术进行交叉优化组合，扬长避短，组成一个各种技术相互协调的环境友好型回收系统，实现清洁高效地回收高纯度金属。

（2）塑料回收。塑料的直接堆放会严重污染环境，而焚烧处理又产生大量的污染环境的废气且浪费能量，因此，再生资源产业园区应充分合理利用塑料的可燃性，进行资源化利用。塑料的回收处理技术分为热能回收利用技术、机械再生技术和化学再生利用技术。热能回收利用是通过特殊的焚烧炉对废旧塑料进行焚烧、回收热能的方法，优点为处理废旧塑料数量大、成本低、效率高，缺点是会产生大量有害气体、后续流程长。机械再生利用技术可以分为两类：直接再生利用和改性再生利用。直接再生利用指不需要改性，直接将废旧塑料进行分选、清洗、破碎、塑炼、造粒，直接加工成型制品。改性再生利用是指将废旧塑料通过化学或物理方法进行改性，经过改性的废塑料性能尤其是力学性能得到了显著改善。化学再生利用技术是近年来对废旧高分子材料资源化研究中最为活跃的一部分，该技术二次污染比较小甚至可以避免。

宁波镇海再生金属资源生态工业园区大部分的塑料通过机械方法破碎分选出来，打包直接出售给下游企业。下游企业再通过热能回收利用技术，采用直接再生和改性再生技术进行回收利用。

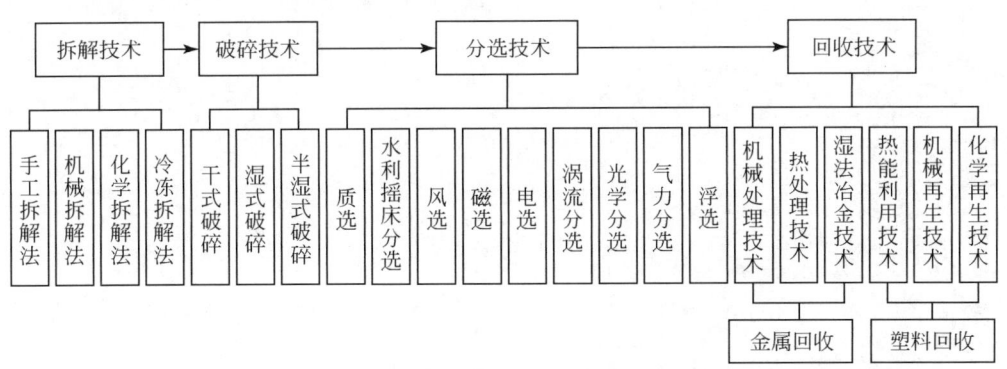

图4-5　废旧机电产品再利用集成技术模式

针对废旧机电产品的拆解技术、破碎技术、分选技术和回收技术，以整个产业链为对象，通过将机械类、化学类、光学类、热学类、电磁类等各领域的技术进行整理、重组与优化，开发了适合我国的废旧机电产品综合利用的技术集成模式，通过技术集成的运营效果实践，达到提高资源综合利用效率的目的（图4-5）。

第 5 章　再生资源生态工业园区的评价

再生资源生态工业园区是为了满足社会快速发展、经济增长繁荣与迫切保护生态环境三者需求的最佳组合方式，同时也是处于发展中的我国从粗放型生产方式转向集约型生产方式，从资源浪费型、环境破坏型发展方式转向降低环境负荷压力、保护生态资源环境同时促进发展的重要组合方式。对再生资源生态工业园区的发展以建设目标为导向，以评价指标体系为标准，以综合评价为依据，从指标体系的构建原则入手，构建科学、合理的评价指标体系和评价方法，从而达到"引导传统工业园区生态化改造，激励生态工业园区产业升级；评判生态工业园区的发展水平和阶段，鉴别其发展潜力；监测园区运行状况，调控发展方向；预测发展趋势，提供决策依据"[1]。

管理学大师德鲁克曾以"无法度量就无法管理"来强调评价对于管理的意义。如何科学、有效、及时、公正并且全面地评价再生资源生态工业园区对于园区的管理与发展也同样重要。如何验收生态工业园区循环经济的发展成果、如何评价生态工业园区发展是否优良、如何为园区下一步发展进行指导和规划，需要一套科学的生态工业园区评价指标体系。本章主要从园区评价指标选取原则入手，分别从园区的建设、产业链、综合效率及生态安全四个方面对园区进行分项评价，最后，结合之前四方面的评价手段及指标构建园区的综合评价指标体系，对园区进行综合评价，从而可以合理、有效、快速、全面地检验生态工业园区的经济发展水平、发展方向、发展潜力，从理论和实践上指导园区健康、高效、可持续发展。

5.1　园区评价指标构建原则

对园区的评价应以可持续发展理论、循环经济理论、生态工业理论、物质流理论、系统分析理论等为理论基础，在此基础上遵循相应的理论原则选取适当的评价指标。对园区的评价应遵循以下几点。

1)"3R"原则

"3R"原则是循环经济的基本原则,"3R"即减量化(reduce)、再循环(recycle)、再利用(reuse),且有一定的实施顺序,首先是减量化,其次是再循环,最后是再利用。"3R"是循环经济中最重要的操作原则,从评价体系的设计角度讲,"3R"原则应是园区评价的首要和核心原则,其核心在于促进园区采用先进的生产工艺,实施清洁生产,减少单位产品的生产原料使用量和污染物排放量,避免二次污染;在保证服务的情况下,拆解的零部件可以多次使用而不报废,使物品寿命得到延长,达到资源使用最大化,即工业资源的减量使用、工业污染的减量排放,以及工业原料与产品的再循环和再利用。

2)系统性原则

生态工业园区本身就是一个复杂的巨系统,园区所形成的经济环境是一个非线性系统,影响其发展的因素非常多,对于这样一个复杂的经济系统,必须贯彻系统性的评价原则,删繁就简,使评价体系简单明了、重点突出。确保评价指标体系中的各指标之间的相互联系与相互制约性,依据系统的理论要求选择指标,由总指标分解成次级指标,组成树状结构的指标体系,使体系中的各个要素及其结构都能满足系统优化的要求。

同时,系统性原则也要求,在构建园区评价指标体系时,需要将园区视为一个大的经济系统中的子系统,从宏观的经济系统角度评价物质的输入与输出,这一子系统对输入与输出物质流的影响是该子系统区别于其他经济系统的本质特点。

3)阶段性原则

生态工业园区的发展出于动态的发展过程,我国经济增长模式的转变、产业结构的升级、工业布局的优化、新型工业化的发展思路也是一个动态、持续发展的过程,同时,民众环保意识的增强,对于生态环境的关注与关心也影响工业产业的发展趋势,所以在对工业生态园区评价时,要以发展的眼光看待园区的发展,考虑到园区的动态变化,综合当时的经济环境与发展阶段,科学、合理地评价生态园区的建设水平,反映园区实际建设状态,指导园区不断完善,引导园区的发展趋势,从而发挥评价体系对园区建设的推动和导向作用。

5.2 园区评价指标选取原则

对园区评价指标的选取除了遵循可持续发展理论、循环经济理论、生态工业理论、物质流理论、系统分析理论等理论外,对园区的具体评价指标选取原则需遵循以下几点。

1）目的性原则

评价指标的选取要考虑到评价目的，也就是说，指标的选择要服从系统评价目的。要从再生资源产业的资源投入和资源投入后给整个产业园区带来的效益作为产出来确定指标体系。

2）相关性原则

评价指标的选取要与园区的核心产业保持高度的相关性，以工业生产为核心，以工业消费为准绳，完整准确地评价生态工业园的发展状况。

3）科学性原则

评价指标体系的设计和选取必须建立在充分认识、系统研究的科学基础上，能够充分地反映出再生资源生态加工园区的真实发展水平。

在设计指标体系时，要考虑理论上的完备性、科学性和正确性，即指标概念必须明确，具有一定的科学内涵，指标的选择、指标权重的确定、数据的选取和综合评价结果的计算与合成必须以公认的科学理论为依据。所设计的指标物理意义必须明确、容易理解，而且要符合我国的国情和园区的实际情况。

4）可操作原则

所选取的评价指标基本数据应该容易获得，具有可测性和可比性，易于量化处理。评价指标的选取应充分考虑数据的可获得性和指标量化的难易程度，保证评价的顺利进行，以及其分析成果的运用和推广。

5）不重叠原则

所选取的评价指标体系中同类指标应避免重复，不同类指标应相互独立。评价指标应能全面反映生态工业园发展的各种因素，同时要注意指标含义尽量不重叠，水平指标和速度指标相结合，反应状态的指标与反应趋势变化的指标相对应，确保评价指标体系中既有反应发展水平的指标，又有反映动态变化的指标，达到静态评价与动态评价相结合。

6）可比性原则

评级指标的选取要保证不同园区评价结果能横向比较，同一园区在时间序列上能纵向比较。评价指标体系所选取的指标要考虑到数据获取的难易程度和可靠性，充分利用现有的统计资料或直接从有关部门获得。一方面，数据要易于获得；另一方面，指标要方便在实践中准确计算。此外，对于同一个指标必须保证数据来源一致，确保可比性。

7）全面性与典型性原则

再生资源产业园是一个复杂的系统，产业园投入的资源多样化，包括人力、物力和财力等；而其产生的效益更是涉及经济效益、社会效益和环境效益的方方面面。单一或少量的指标无法准确反映效率水平，但指标过多又会将问题复杂化，难以把握精髓。因此，不需要选取所有的指标，只需要选择具有代表意义的指标即可。当某些指标存在高度相关性时，只需选择最具代表性的指标。

8）动态性与相对稳定性原则

在设立评价指标体系时应该充分考虑到园区发展的动态变化的特点，选取能够反映园区发展历史、现状、潜力及演变趋势的指标，以便于预测管理。然而，动态与静态是辩证统一的，在一定时期内指标体系的结构应该保持相对稳定。因此，指标体系的选取应该坚持动态与静态相结合。

9）主成分性与独立性原则

根据一般的复杂系统理论的原理，应从众多的指标中依其重要性和对系统行为贡献率大小的不同，筛选出数目足够少，却能表征该系统本质行为的那些有代表性的综合指标和主要指标，并避免指标间信息量的重复，尽可能选择具有相对独立性的指标，从而增加评价的准确性和科学性。

10）整体性和层次性原则

指标体系作为一个整体，应能够完整地、多角度地体现园区的发展水平及其不同于传统工业线性发展模式的特征，既要有反映经济、资源、环境等各个系统发展的主要特征和状态的指标，又要有反映以上各个系统相互协调的动态变化和发展趋势的指标。园区的发展状况是受许多同一层次中具有不同作用和特点的指标，以及不同层次中复杂程度、作用程度不一的指标所影响的，因此指标选择也应具有层次性。

5.3 园区评价指标体系

根据生态园区评级原则及评价指标的选取原则，对再生资源生态加工园区的评价可以从园区的建设评价、园区的产业链评价、园区的综合效率评价及园区的生态安全效应四个方面分别进行评价。

5.3.1 园区建设评价指标体系

5.3.1.1 园区建设评价指标内容

根据目前我国再生资源生态加工园区的实际情况，结合我国工业园区的一些评价方法和经验，将园区建设评价指标分为四级，即总指标、一级子指标、二级子指标和具体指标。其中，总指标指再生资源生态加工园区规划建设综合评价；一级子指标分为控制性指标和指导性指标，"控制性指标"是指园区在建设规划时严格执行使之达标的指标，"指导性指标"是指在园区建设运行过程中支持和鼓励努力实现的指标；二级子指标包括信息基建共享类指标、管理与发展类指标、环境保护类指标、产业共生类指标和核心企业水平,其中前三项属于控制性指标,后两项属于指导性指标;每一个二级子目标下又各有具体的指标。具体指标及其单位如表 5-1 所示。

表 5-1　再生资源生态加工园区建设规划评价指标

总指标	一级子指标	二级子指标	具体指标及其单位
再生资源生态加工园区规划建设综合评价	控制性指标	信息基建共享类指标	(1) 资源信息共享网络平台累计投入率/%
			(2) 园区污水集中处理率/%
			(3) 中水管网铺设覆盖率/%
			(4) 生态景观建设维护累计投入率/%
		管理与发展类指标	(5) 再生资源生态加工园区政策法规制定与实施
			(6) 生态工业相关技术研发和推广投入率/%
			(7) 园区内企业清洁生产审核通过率/%
			(8) ISO14001 认证通过率/%
			(9) 产品环境标志认证通过率/%
			(10) 园区生态工业管理技术人员能力指数/1
		环境保护类指标	(11) 工业用水重复利用率/%
			(12) 万元 GDP 工业能耗/(吨标准煤/万元)
			(13) 绿色能源消费占有率/%
			(14) 噪声达标区覆盖率/%
			(15) 工业废水、废气、固体废弃物排放达标率/%
			(16) 园区年中水回用率/%
	指导性指标	产业共生类指标	(17) 园区能源梯级利用覆盖率/%
			(18) 产业链布局优化程度/%
			(19) 生态链运行效率水平/万元
		核心企业水平	(20) 产品清洁系数/%
			(21) 工艺技术及设备的先进性/%

5.3.1.2　园区建设指标说明及计算方法

1. 资源信息共享网络平台累计投入率

园区企业应依靠企业内部 ERP 系统、利用基于 GIS 等空间技术的园区物料资源共享信息网络平台,在生态链网络中共享资源物料,实时发布企业富余的物资、设备及生产能力等信息。该指标主要考核资源信息共享网络平台的建设力度。

该指标的计算方法如下:

资源信息共享网络平台累计投入率=（园区管委会资源信息共享网络建设累计投资总额+各企业资源信息共享网络建设累计投资总额）/（园区累计完成基建投资+园区企业累计完成投资）×100%

2. 园区污水集中处理率

园区应改变传统工业开发区污水集中处理率低、配套处理设施闲置状态，充分利用配套污水处理设施。该指标主要考核配套污水处理设施利用程度。

该指标的计算方法如下：

园区污水集中处理率=（本年度经处理的工业废水、生活污水总量）/（本年度工业废水、生活污水排放总量）×100%

3. 中水管网铺设覆盖率

中水管网作为园区必要基础共享设施，对企业运行期减少水资源消耗具有显著影响。该指标主要考核中水管网建设的完善程度。

该指标的计算方法如下：

中水管网铺设覆盖率=中水管网铺设覆盖企业数量/园区企业总数×100%

4. 生态景观建设维护累计投入率

园区建设应最大限度地整合当地特有的自然资源和生态环境，建立和维护园区和谐的自然生态景观。该指标主要考核生态环境景观的建设力度。

该指标的计算方法如下：

生态景观建设维护累计投入率=（本年度生态景观维护投资+历史年度生态景观建设累计投资总额）/（园区累计完成基建投资+园区企业累计完成投资）×100%

5. 再生资源生态加工园区政策法规制定与实施

园区应结合国家和地方政策法规及园区自身特征制定适合的政策法规，同时进行有效的实施。该项指标的确定可利用专家打分法，请当地监管部门对该项指标进行打分。

6. 生态工业相关技术研发和推广投入率

技术研发与推广需要园区企业不断投入，企业须提出技术需求并提供研发基金，配合高等院校及科研机构协同解决问题。该指标主要考核园区技术发展潜力。

该指标的计算方法如下：

生态工业相关技术研发和推广投入率=企业生态工业技术研发和推广累计投资总额/（园区累计完成基建投资+园区企业累计完成投资）×100%

7. 园区内企业清洁生产审核通过率

清洁生产审核是推进企业清洁生产的有力手段。该指标主要考核园区清洁生产推行力度。

该指标的计算方法如下：

园区内企业清洁生产审核通过率＝现期通过清洁生产审核企业总数/现期园区内企业总数×100%

8. ISO14001 认证通过率

ISO14001 标准认证是衡量园区企业清洁生产实现程度、绿色制造推进程度及园区管理水平的重要参考。该指标主要考核园区企业环境管理水平。

该指标的计算方法如下：

ISO14001 认证通过率＝现期通过 ISO14001 认证企业总数/现期园区企业总数×100%

9. 产品环境标志认证通过率

产品环境标志使企业产品更具竞争力，越来越多的企业用带有环境标志的产品开拓市场。该指标主要考核园区企业产品在生产制造过程中对环境的影响程度。

该指标的计算方法如下：

产品环境标志认证通过率＝各企业拥有环境标志产品数量总和/园区内企业产品数量总和×100%

10. 园区生态工业管理技术人员能力指数

生态加工园区在管理上要配套独立的管理团队及相当数量的技术支撑人员，为园区企业生产、运行、发展提供服务。此指标综合考虑人员经验（职称）和学历素质（学位）因素，全面衡量生态工业管理技术人员的综合能力。指标主要考核园区配套管理技术人员的能力及素质水平。

该指标的计算方法如下：

园区生态工业管理技术人员能力指数（单位为1）＝园区生态工业管理技术人员职称指数＋管理技术人员学位指数

其中，

管理技术人员职称指数＝$\sum$第 n 等级职称人数×职称系数；

管理技术人员学位指数＝$\sum$第 n 等级学位人数×学位系数；

职称系数：高级为5，中级为3，初级为2，其他为1。学位系数：博士为5，硕士为4，本科为2，其他为1。

11. 工业用水重复利用率

由于企业对水质需求不同，可多次重复利用水资源，减少水资源的实际消耗量，有效降低企业运营成本。该指标主要考核园区循环用水能力。

该指标的计算方法如下：

园区工业用水重复利用率＝本年园区内工业用水重复利用总量/本年园区工业用水利用总量×100%

12. 万元 GDP 工业能耗

万元 GDP 工业能耗（单位为吨标准煤/万元）用以衡量整个生态加工园区

的节能水平。该指标主要考核园区每万元产值消耗能源资源（包括电力、燃气、燃油、煤炭）的情况。此指标与园区主导产业行业特征密切相关，可在一定范围内借助行业系数进行必要调整。

该指标的计算方法如下：

万元 GDP 工业能耗＝本年度生态加工园区内企业总能耗（吨标准煤）/本年度生态加工园区内企业工业总产值（万元）

13. 绿色能源消费占有率

绿色能源包括不产生或很少产生污染物的风能、太阳能等可再生能源。该指标主要考核园区绿色能源使用程度。

该指标的计算方法如下：

绿色能源消费占有率＝本年度绿色能源能耗（吨标准煤）/本年度能源消耗总量（吨标准煤）×100%

14. 噪声达标区覆盖率

园区在进行废旧机电产品再利用的过程中涉及拆解及生产过程中机械设备等的噪声，因此需对噪声进行监测。可将园区根据不同功能分区划分为不同的小区域，针对这些区域进行定期监测。

该指标的计算方法如下：

噪声达标区覆盖率＝噪声达标区/噪声划分总区域×100%

15. 工业废水、废气、固体废物排放达标率

废水、废气、固体废弃物减排率体现了建设生态工业园区前后废物减量化程度。生态工业园区建设过程中，应大幅度削减废水、废气、固体废弃物的排放。

该指标的计算方法如下：

工业废水、废气、固体废物排放达标率＝废水、废气、固体废物达标处理后排放量/废水、废气、固体废物产生总量×100%

16. 园区年中水回用率

园区年中水回用率作为评价指标不仅可以反映企业对水资源利用和节约程度，还对园区外中水资源提出较好的需求导向。该指标主要考核园区企业中水使用程度。

该指标的计算方法如下：

园区年中水回用率＝本年度园区企业中水使用量总和/本年度园区企业用水量总和×100%

17. 园区能源梯级利用覆盖率

能源梯级利用可以提高能源的综合利用率，有效降低企业运营成本，进一步提高园区企业竞争力。该指标主要考核园区能源梯级利用实现程度。

该指标的计算方法如下：

园区能源梯级利用覆盖率＝能源梯级利用网络覆盖企业数/园区企业总数×100%

18. 产业链布局优化程度

优化产业链内企业布局，即通过优化设计，使园区内的工业布局有利于物料最大程度的交换，实现运输费用最低。这要求园区在建设规划初期必须充分考虑如何通过优化产业链内的企业布局，降低企业生产运营成本，提高园区企业竞争力。该指标主要考核园区产业共生链规划布局水平。

该指标的计算方法如下：

产业链布局优化程度=（1－园区规划应迁移企业数量/园区企业总数量）×100%

此外，该指标也可采用专家讨论确定该指标得分来确定

19. 生态链运行效率水平

生态链运行效率主要由两方面决定：一为园区内上下游企业物料交换规模匹配程度。如果上游物料供给量和下游物料需求量差异过大，将导致物料供需不匹配，运行效率降低。二为生态链内企业生产运行稳定程度。如果上游企业产能波动较大，下游企业将无法适应性调整，使生态链内企业联系涣散，降低运行效率。该指标主要考核园区内上下游企业规模匹配程度及生态链内企业运行稳定程度。

该指标的计算方法如下：

生态链运行效率水平（万元）＝生态链内企业物料规模匹配程度+生态链内企业生产运行稳定程度

其中，生态链内企业物料规模匹配程度＝$\sum$（第 i 类副产品和再生资源供给量－第 i 类副产品和再生资源消耗量）/园区企业总数；

生态链内企业生产运行稳定程度＝$\sum$（第 i 家企业当年最大日产值－第 i 家企业当年最小日产值）/产业链内企业总数目

此外，该指标也可采用专家讨论确定该指标得分来确定。

20. 产品清洁系数

指在产品的整个生命周期中，包括生产、流通、使用及使用后的处理处置，不会产生环境污染、生态破坏和危害人体健康的产品。因此，在开发和设计清洁产品时，应考虑节约原材料和能源，不用或少用有毒有害原料，生产过程中不产生或少产生"三废"，包装合理，使用安全，使用后易回收、重复使用和再生。

该指标的计算方法如下：

产品清洁系数＝产品有毒有害成分含量/产品总成分含量×100%

21. 工艺技术及设备的先进性

建设再生资源生态加工园区，应提高园区内企业（组织）的技术水平。

园区内的技术不得采用《淘汰落后生产能力、工艺和产品的目录》上列举的技术，而应尽可能采用《国家重点行业清洁生产技术导向目录》上的技术。高新技术产业在产业中的比重，表明了园区整体技术水平。因此，工艺技术及设备的先进性决定企业及园区的科技水平。

该指标的计算方法如下：

工艺技术及设备的先进性＝企业利用技术的先进性/目前行业整体水平×100%

该公式中先进性的测定可运用专家评价法来确定。

5.3.2 园区产业链评价指标体系

废旧机电产品综合利用产业链的评价指标体系是园区综合评价的重要组成部分，通过建立完善的评价指标体系来衡量园区内废旧机电产品综合利用产业链的发展水平，从而构成园区综合评价的一部分。目前国内外关于园区产业链评价指标体系的研究尚属空白，为了更好地推动园区产业链的发展，构建其评价指标体系已迫在眉睫。因此，本节在园区产业链研究的基础上，根据指标体系的方法学，参考国内外同类研究的成果，尝试构建了园区产业链评价的指标体系。产业链评价的指标体系，是对废旧机电产品综合利用产业链的发展情况进行数值表达的一种形式。

5.3.2.1 评价指标的筛选方法

具体评价指标的筛选应遵循综合性的原则，即全面考虑评价指标体系构建的原则，同时也要考虑目前研究认识的差异。本节综合运用了频度统计法、理论分析法和专家咨询法进行了具体指标的筛选。用频度统计法主要是指对目前提出的有关工业园区规划评价研究、废旧机电产品综合利用产业评价研究、区域可持续发展及循环经济发展评价研究等指标体系进行频度统计，选取那些使用频度较高的指标；用理论分析法主要是对废旧机电产品综合利用产业链的内涵、特征、运行机理、主要问题进行分析、比较、综合，选择重要并且针对性强的指标；采用专家咨询法是在初步提出评价指标的基础上，进一步征询有关专家的意见，对指标进行调整。

5.3.2.2 评价指标体系设计

1. 评价指标体系层次划分

根据废旧机电产品综合利用产业链的特征和规划建设目标，综合考虑评价指标体系的构建原则、指标的筛选方法，从许多相关的评价指标体系方案中优化综合，层层筛选，最后形成由目标层、准则层、指标层和变量层构成的废旧机电产品综合利用产业链评价指标体系。

1) 产业链发展水平指标

产业链发展水平指标包括经济发展水平指标和环境保护水平指标。经济发展水平指标即废旧机电产品综合利用产业链的生产力指标，用于评价产业链整体经济发展的状况，主要用于研究在现有的技术条件与管理水平下，废旧机电产品综合利用产业链规划的构建形式能否具备自发的市场扩张能力，带动经济的发展。如果无法有效扩张，则需要确定是环境激励政策存在问题，还是现有的规划或者技术与管理水平存在问题，其后针对问题，对产业链进行调整改进。环境保护水平指标主要考虑了产业链规划后产生的环境效益，即企业之间通过链接是否有效地提高了环境的绩效、减少了废物的排放，必要的排放是否得到了妥善的处置，以及生态建设情况等。

2) 产业链特征指标

评价产业链本身的柔性、资源的循环利用效率等情况。评价其柔性主要是研究规划的废旧机电产品综合利用产业链是否稳定，如果上下游企业生产发生变化，相关企业能否及时调整维护产业链的平衡。柔性反映了产业链系统的稳定性和抗风险能力。评价资源利用情况的目的主要是研究企业和整个产业链是否贯彻了"3R"原则。一般而言，废物资源化率、资源重复利用率越高，可说明绿色关联技术发展水平越高，产业链系统发展得越好，从而经济发展对环境的压力就越小。通过这些指标可以找出产业链规划的不足，研究其改进方案，提高产业链的稳定性，发挥其环保和经济带动作用。

2. 评价指标体系及各项指标

根据以上原则及方法，设计再生资源生态工业园区产业链评价指标体系如表 5-2 所示。

表 5-2　再生资源生态工业园区产业链评价指标体系

目标层	准则层	指标层	变量层
再生资源生态工业园区产业链发展水平	产业链发展水平指标	经济发展水平指标	(1) 人均工业产值/万元 (2) 工业产值年均增长率/% (3) 万元工业产值综合能耗/吨标准煤
		环境保护水平指标	(1) 危险废物安全处理率/% (2) 工业废水排放达标率/% (3) 工业废气排放达标率/% (4) 工业废物综合利用率/%

续表

目标层	准则层	指标层	变量层
再生资源生态工业园区产业链发展水平	产业链特征指标	柔性特征指标	（1）产品种类可替代率/% （2）原材料可替代率/% （3）产业链的多样性/条
		重复利用指标	（1）原材料循环利用率/% （2）水资源重复利用率/% （3）能源重复利用率/%
		基础设施指标	（1）企业间信息共享率/% （2）废物处理共享设施比例/%

5.3.2.3 指标的含义及计算

1. 经济发展水平指标

1）人均工业产值

该指标的计算方法如下：

人均工业产值（万元）= 园区内所有企业工业产值之和（万元）/园区职工总人数（个）×100%

2）工业产值年均增长率

该指标的计算方法如下：

工业产值年均增长率（%）= $\sqrt[n]{第n年园区工业产值/最初园区工业产值}-1$

3）万元工业产值综合能耗/吨标准煤

万元工业产值综合能耗是一定时期企业单位综合能源消费量与工业总产值的比例，是反映企业能源经济效益高低的综合指标。

该指标的计算方法如下：

万元产值综合能耗 = 能源消耗总量（吨标准煤）/工业产值（万元）

2. 环境保护水平指标

1）危险废物安全处理率

通常指实施资源化后能避免产生危险废物的安全处置，是废物污染控制的末端环节，主要方式为焚烧和安全填埋。

该指标的计算方法如下：

危险废物安全处理率（%）= 危险废物安全处置量（吨）/危险废物产生量（吨）×100%

2）工业废水排放达标率

该指标的计算方法如下：

工业废水排放达标率（%）＝危工业废水达标处置量（吨）/工业废水产生量（吨）×100%

3）工业废气排放达标率

该指标的计算方法如下：

工业废气排放达标率（%）＝危工业废气达标处置量（吨）/工业废气产生量（吨）×100%

4）工业废物综合利用率

该指标的计算方法如下：

工业废物综合利用率（%）＝当年综合利用工业废物总量（吨）/[当年工业废物产生量（吨）+综合利用往年储存工业废物量（吨）]×100%

3. 柔性特征指标

1）产品种类可替代率

该指标的计算方法如下：

产品种类可替代率（%）＝可被替代产品数（种）/产品总数（种）×100%

2）原材料可替代率

该指标的计算方法如下：

原材料可替代率（%）＝可被替代原材料数（种）/原材料总数（种）×100%

3）产业链的多样性

生态工业园区中各企业的废弃物正好能被其他企业利用，园区内企业间可形成上下游产业链，可能只有一条，也可能存在多条。产业链多样性指标是指该生态工业园区中的企业所能形成的产业链条数，因此该指标越大越好。

4. 重复利用指标

1）原材料循环利用率

该指标的计算方法如下：

原材料循环利用率（%）＝（1-补充原材料/循环原材料）×100%

2）水资源重复利用率

该指标的计算方法如下：

水资源重复利用率（%）＝（1-补充水量/循环水量）×100%

3）能源重复利用率

该指标的计算方法如下：

能源重复利用率（%）＝（1-补充能源/循环能源）×100%

5. 基础设施指标

1）企业间信息共享率

该指标的计算方法如下：

企业间信息共享率（%）= 园区企业共享信息量/园区企业信息总量×100%

2) 废物处理共享设施比例

该指标的计算方法如下：

废物处理共享设施比例（%）= 园区废物处理共享设施数（种）/园区废物处理共享设施总数（种）×100%

5.3.3 园区综合效率评价指标体系

5.3.3.1 园区综合效率评价概述

自 2002 年 9 月原国家环境保护总局污染物排放总量控制司在宁波召开再生资源加工园区座谈会以来，全国许多地方纷纷投资建立专门从事再生资源加工的产业园区，园区这个再生资源产业的新生事物迅速在我国的沿海和内陆地区蔓延开来，开始了如火如荼的发展。与此同时，园区的综合效率问题逐渐显现出来。再生资源生态加工园区的建立需要消耗大量的人力和物质资源，发展得好将对经济和社会产生积极影响，若发展得不好有可能造成更大的资源浪费。为此，我们需要建立统一、完善的评价体系对其综合效率进行评价，找出发展中存在的问题进而寻求解决的方法。

1994 年英国国家政府提出可持续发展指标体系框架，这一指标体系由四类指标构成：经济健康发展、保护人类健康和环境、不可再生资源必须优先利用、可再生资源必须可持续利用，这四类指标包括 21 个专题 123 个指标。这套指标主要是针对国家提出的，2000 年，英国又制定了针对局部区域的社区指标体系——社区生活质量指标。1995 年世界银行提出一套全新的可持续发展指标体系，又称为"新国家指标体系"，该指标体系从自然资本、生产资产、人力资源和社会资本四类因素出发，考察一个国家或地区的实际财富及可持续发展能力随时间的动态变化特征，它突出了自然资源的保护、人力资源的开发及基础设施的建设对于一个国家经济可持续发展的重要性。发达国家在废旧机电产品的技术开发、产业链建立、生态工业园区综合评价方面做了大量工作，如今废旧机电产品回收业作为保护环境的"绿色工程"在发达国家受到高度重视。

我国对再生资源产业的研究评价多基于循环经济的相关理论，相关的报道、资料和评价模型十分有限，生态工业园区综合评价体系尚处于雏形阶段，如 2005 年诸大建教授引入生态效率的概念，用以衡量经济增长与环境压力的分离关系，并针对我国与世界发达国家生态效率差距较大的现状，通过生态效率进行情景分析。对再生资源生态加工园区的评价研究在当前国内外再生资源领域还处于空白，因此，迫切需要建立一套完整、科学的综合评价体系，来反映再生资源生态加工园区的发展水平、运营状况和发展潜力，以对国内再生资源生态加工园区及其企业进行评价，以规范园区建设，规范企业行为，促进园区健康发展。

5.3.3.2 园区综合效率评价模型介绍

再生资源生态加工园区综合效率的评价方法很多，如数据包络分析法（DEA）、层次分析法、模糊分析法。相比较而言，DEA 方法在解释力和应用性方面具有明显的优势，因此在工业生产、排污分析等领域得到广泛的研究和应用。

1. DEA 方法概述

数据包络分析（date envelopment analysis，DEA）是运筹学、管理学与数理经济学交叉的一个领域，它是由 Charnes 与 Cooper 等于 1978 年创建的。DEA 以系统的投入、产出指标的权系数作为优化变量，主要采用数学规划的模型评价具有多输入多输出的部门或决策单元（decision making unit，DMU）之间的相对有效性，是一种非参数的评估方法，也是生产前沿面的一种有效方法。由于无需事先估计参数，DEA 方法特别适用于具有多投入、多产出的复杂系统。

1) DEA 方法的评价原理

DEA 的特点是不需要考虑投入与产出之间的函数关系，而且不需要预先估计参数、任何权重假设，避免了主观因素，直接通过产出与投入之间加权和之比，计算决策单元的投入产出效率。由于 DEA 具有这种评价特点，在过去 20 多年里取得大量的理论研究与实践应用的成果，在近几年被用于环境效率的评价研究。

DEA 效率评价的基本思路是把每个被评价单位作为一个决策单元，再由众多决策单元构成被评价群体，通过对投入和产出比率的综合分析，建立最优边界，并测量相对于边界的效率。通过对输入和产出数据的综合分析，DEA 可以得出每个决策单元的综合数量指标，据此将各 DEA 定级排队，确定有效的（即相对效率最高的）决策单元，并指出其他决策单元非有效的原因和程度给评价者提供管理信息。DEA 还能判断各决策单元的投入规模是否恰当，并给出了调整投入规模的正确方向和程度。将 DEA 应用于园区的循环经济综合效率评价中，基于 DEA 所获得的效率值为相对效率值，而非绝对效率值，通过相对效率的比较，评价若干生态工业园区的循环经济的发展。

2) DEA 方法的优点

在处理多投入、多产出的复杂问题时，DEA 方法的优点主要表现在以下几个方面。

(1) DEA 方法可以同时计算决策单元的各项投入与产出的相对效率，无需事先知道投入与产出之间的函数形式，实际操作时也无需估计参数。

（2）每个决策单元的投入与产出比重都是模型根据最优化原则自行计算出来的，不是由决策者人为制定的，避免了主观因素的干扰，更加符合公平客观的原则。

（3）绝大多数的多准则决策方法在计算之前常常要进行数据的无量纲化，极有可能导致计算的结果不同，而 DEA 方法不受计量单位的影响，指标无需量纲化，更加精确。

（4）DEA 方法不仅能对决策单元的有效性做出判断，而且还可以为决策者提出改善决策单元的信息建议，帮助决策者做出科学的决策。

（5）DEA 方法适用于多种类型的数据，不但可以处理比例尺度数据，也可以处理顺序尺度数据。

3）DEA 方法应用于生态工业园区综合效率评价的优点[2]

（1）所需指标少，具有较高的灵敏度与可靠性，降低了对园区评价的数据需求。

（2）可以对无法价格化甚至难以轻易确定权重的指标进行分析，避免了人为确定权重的主观影响，各测量指标能够以原来的面目出现，不必统一单位，大大简化了测量过程，保证了原始信息的完整。

（3）DEA 可以对具有多指标投入和多指标产出特点的相同单元的相对效率进行综合评价，不需要任何变量间的函数假设，特别适合相同的生态工业园区之间的比较。

2. 基于 DEA 的模型

DEA 方法最常见的模型是由 Charnes 和 Cooper 于 1978 年首先提出的，因此被称为 C^2R 模型，C^2R 模型对决策单元有效性和技术性同时进行评价，即 C^2R 模型中的有效决策单元不但规模适当而且管理水平高。

假设 C^2R 模型中有 n 个决策单元，每个决策单元有 m 种输入和 s 种输出，x_{ij} 表示第 j 个决策单元的第 i 种投入量（其中 $i=1, 2, 3, \cdots, m$；$j=1, 2, 3, \cdots, n$），y_{rj} 表示第 j 个决策单元的第 r 种产出量（其中 $r=1, 2, 3, \cdots, s$；$j=1, 2, 3, \cdots, n$）。模型如下：

$$\min[\theta - \varepsilon(\sum_{i=1}^{m} \bar{s}_i + \sum_{r=1}^{s} \overset{+}{s}_r)]$$

$$st. \begin{cases} \sum_{j=1}^{n} x_{ij}\lambda_j + \bar{s}_i = \theta x_{ij}, & i \in (1, 2, \cdots, m) \\ \sum_{j=1}^{n} y_{rj}\lambda_j + \overset{+}{s}_r = \theta y_{rj}, & r \in (1, 2, \cdots, s) \\ \theta, \lambda_j, \bar{s}_i, \overset{+}{s}_r \geq 0, & j=1, 2, \cdots, n \end{cases}$$

上式中 $\bar{s}_i$，$\overset{+}{s}_r$ 分别为松弛变量，ε 为非阿基米德无穷小。

该模型的生产可能解必须满足以下几方面假设：

（1）凸性公理：如果投入 x 能够产出 y，投入 $\hat{x}$ 能够产出 $\hat{y}$，那么投入 $\lambda x+(1-\lambda)\hat{x}$ 时，$\lambda y+(1-\lambda)\hat{y}$ 的产量也可能得以实现，其中，$\lambda \in [0, 1]$。

（2）无效性公理：不同的投入可获得相同的产出，反之亦然，换句话说，存在着生产资源配置不当和效率低下的问题。

（3）最小性公理：生产可能集中包含所有情况，且生产可能集是符合前两个公理的所有解的最小集合，唯一且确定。

C^2R 模型可对决策单元的规模有效性和技术有效性同时进行评价。规模有效是指投入产出比最佳，也就是单位产品成本最低时的生产规模；技术有效是指在一定条件下，各投入得到了充分利用，要增加产出只能通过增加收入实现。模型的经济学意义是 λ_j 将各个有效点连接起来，形成有效前沿面。松弛变量 $\bar{s}_i$，$\hat{s}_r$ 使有效前沿面朝着水平和垂直方向延伸，形成包络面。θ 表示决策单元距离包络面的投影。当 $\theta=1$，$\bar{s}_i=0$，$\hat{s}_r=0$ 时，则决策单元为 DEA 整体有效。它是指在 n 个决策单元组成的经济系统中，原投入 x 产出的 y 已达到最优，其所形成的有效前沿面为规模收益不变，决策单元不仅规模有效而且技术有效。当 $\theta=1$，$\bar{s}_i\neq 0$，$\hat{s}_r\neq 0$ 时，决策单位为 DEA 弱有效，即在这 n 个决策变量组成的经济系统中无法等比例地减少各种消耗，但对于投入 x 可减少 $\bar{s}_i$ 仍保持产出 y 或在投入 x 不变的前提下将产出提高 $\hat{s}_r$。当 $\theta<1$，$\bar{s}_i\neq 0$，$\hat{s}_r\neq 0$ 时，决策单元为 DEA 无效，可能是技术无效或者规模无效。若 $\theta<1$，表示在现有制度、结构和技术水平下存在浪费，生产缺乏效率，可以用比现在水平更少的投入获得同样的产出，若 $\theta=1$，则认为现有的产出水平已经达到最高。DEA 方法求得的结果基于帕累托有效前沿，现实水平可以达到度量的最好产出，同时 DEA 方法还可以鉴别无效率点及无效率程度。

3. DEA 评价的指标体系构成

DEA 方法主要涉及两类指标，即投入指标和产出指标，因此为了更好地发挥模型的评价功能，需要建立一套专门针对废旧机电产品再生利用的综合效率评价指标体系。

结合废旧机电产品回收的特定情况，确定 DEA 方法的投入指标主要从资源投入、经济投入和人力投入三方面考虑，而对于产出指标主要从环境产出、经济产出和资源产出三方面综合计算。具体指标体系见表5-3。

表 5-3 DEA 综合效率评价指标体系

指标类型	分类指标		具体指标
投入指标	资源投入	各类资源消耗率	(1) 万元 GDP 能耗/(吨标准煤/万元)
			(2) 万元 GDP 电耗/(千瓦时/万元)
			(3) 万元 GDP 水耗/(米³/万元)
		土地资源利用率	绿化覆盖率/%
	经济投入	固定资产投资	(1) 环保投资占工业产值的比例/%
			(2) 清洁生产企业所占比例/%
		R&D 投资	R&D 投入占工业产值的比重/%
	人力投入	园区总人数	园区在职职工数/万人
		园区环保工作者	园区环保工作者占园区总人数/%
产出指标	环境产出		(1) 废水排放强度/(吨/万元 GDP)
			(2) 化学需氧量的排放强度/(千克/万元 GDP)
			(3) 二氧化硫的排放强度/(千克/万元 GDP)
			(4) 工业固体废弃物/(吨/万元)
	经济产出		(1) 人均 GDP/元
			(2) 第三产业比重/%
			(3) 高新技术产值/万元
			(4) 单位面积工业产值/(亿元/平方千米)
	资源产出		(1) 产品综合回用率/%
			(2) 原材料回收利用率/%
			(3) 固体废弃物综合利用率/%

5.3.4 园区的生态安全评价指标体系

5.3.4.1 生态安全的概念与特点

在全球环境不断恶化的背景下，生态安全问题已经成为当代人类面临的最主要的挑战之一。生态安全也已经从最初的自然生态环境的安全性，转变成关于自然生态安全、经济生态安全及社会生态安全的一个综合安全性。生态安全评价是生态安全的核心问题，只有通过对生态安全进行一个综合性的评价才能知晓生态环境的健康程度。对于广义的生态安全来说，生态安全评价是需要多学科互补的领域，因为它不仅涉及自然科学，同时社会科学的评价也具有极高的战略地位。目前我国各地的产业园区都处于初步发展阶段，研究再生资源生态工业园区的生态安全评价指标体系对判断这些园区的建立发展是否有效具有重要的意义。

1. 生态安全的概念

早在 1989 年，国际应用系统分析研究所（International Institute for Applied System Analysis，IASA）已经提出了广义的生态安全概念，它是指在人的生活、健康、安乐、基本权利、生活保障来源、必要资源、社会次序和人类适应环境变化的能力等方面不受威胁的状态，包括自然生态安全、经济生态安全和社会生态安全，组成一个复合人工生态安全系统。而狭义的生态安全是指自然和半自然生态系统的安全，即生态系统完整性和健康的整体水平反映。

生态安全不仅仅指社会环境的安全，它还是所有物种健康安全的体现，是一个包括了自然环境、社会环境及人文环境在内的一个整体的生态安全体系。针对不同类对象的生态安全，国内外学者对生态安全的定义有着许多不同的认识。目前根据生态安全强调的两个不同层面，生态安全概念大体可以分为两类：第一类，强调生态系统自身健康、完整和可持续性；第二类，强调生态系统对人类提供完善的生态服务或人类的生存安全。

针对生态安全所强调的不同类别，国内外专家学者提出了更多不同的生态安全概念。Malin Falkenmark 指出生态系统的安全是生态安全的基础，生态安全可以划分为三个层次：一个是人的生命和健康安全，它取决于生命系统和环境系统的安全；二是生命系统的安全，它取决于环境系统的安全；三是环境系统的安全，它取决于特定空间的安全[3]。曲格平提出生态安全是指自然环境既能满足生存于其中的天地万物的生存与发展的要求，又不至于使自然环境自身受到损害[4]。陈国阶提出生态安全是指人的生活、健康、安乐、基本权利、生活保障来源、必要资源、社会次序和人类适应环境变化的能力等方面不受威胁的状态[5]。

2. 生态安全的特点

（1）宏观性。生态安全首先是整个社会层面上的问题。生态安全关乎整个社会中的一切物种的健康、生存及发展。生态安全对于单个人的研究显然缺乏实用性，只有将整个社会作为一个整体来研究，注重生态系统的整体性、协调性，才能有效地考量生态安全的状况及生态系统的发展。

（2）区域性。从整个地球系统来看，每一个大洲的生态系统特征都各不相同，高原、平原及海洋等不同地形所涵盖的生态特征也不相同，所以生态安全具有区域性的特点。在宏观层面上把握整体的同时，生态安全也要从其自身的特点去考察它对于人类及环境的影响，即生态系统对于不同区域的整体健康程度及完整性是不是支持的。

（3）可变性。生态安全的研究归根到底还是要研究生态系统内各个要素对环境的影响，是否对人类、社会的健康与发展带来安全。这里所指的可变性就是要抓住生态系统的动态可变性来考察生态安全。在人口日益增长的年代里，人口的绝对数量对于自然生态系统包括大气污染、温室效应及物种灭绝等问题都会产生不同程度的影响，那么如果想研究这几种问题相互之间的关系就显得越发困难，所以需要灵活运用各种假设，使得所研究的对象能够尽可能拟合其对生态安全的真实影响。

5.3.4.2 评价指标体系设计

在过去的生态安全评价体系中，主要面向的是自然生态安全，即自然本身所面对的安全威胁，因此，生物环境资源方面的因素占了主导地位。国外在20世纪90年代就有不少的研究，其中具有代表性的是美国国家环境保护局建立的包括化学环境、物理环境、水文条件及生物学状态在内的河流生态系统综合评价指标体系。国内学者也曾利用该体系做过一定的研究，如从资源安全角度出发，综合选取了耕地资源、矿产资源、能源资源、森林资源和二氧化碳等6个资源环境要素对10个人口大国计算安全系数，通过数值和类别比较来说明我国资源环境安全程度。

进入21世纪以来，我国各地陆续开工建设了许多再生资源产业园区，再生资源产业园区正不断地发展壮大。从京津唐地区如天津子牙环保产业园到长三角等地区的废旧金属回收园区，再到华南地区的再生资源产业示范园区，这些如雨后春笋般建立起来的再生资源产业园区依然处在成长初期。由于国家尚缺乏对园区的一个全面的、可持续的评估体系，所以建立一个完善的经济、环境等各方面的评估机制是当务之急。其中，再生资源生态工业园区的生态安全评价指标体系是一个重要的组成部分。

本书遵循生态经济系统的构建原则，以生态安全测度为基础，采用层次结构模型，将指标体系分为目标层、准则层、指标层和变量层四层。根据以上原则及方法，设计出再生资源生态工业园区生态安全评价指标体系，如表5-4所示。

表 5-4 再生资源生态工业园区生态安全评价指标体系

目标层	准则层	指标层	变量层
再生资源生态工业园区生态安全水平	自然生态安全指标	生态环境压力指标	(1) 万元工业产值用水量/吨 (2) 万元工业产值废水排放量/吨 (3) 万元工业产值废气排放量/吨 (4) 万元工业产值固体废弃物排放量/吨
		环境状态指标	(1) 噪声达标区覆盖率/% (2) 废旧机电资源化比率/% (3) 废钢铁综合利用率/%

续表

目标层	准则层	指标层	变量层
再生资源生态工业园区生态安全水平	社会生态安全指标	社会压力指标	平均每月生产安全事故数量/起
		社会响应指标	（1）公众满意度比率/% （2）员工对生态工业认知度/%
	经济生态安全指标	绿色管理指标	企业 ISO14001 认证率/%
		科技投入指标	（1）R&D 投入占工业产值的比重/% （2）大专以上人才比例/% （3）平均每月园区专利申报数/个

5.3.4.3 指标的含义及计算

1. 生态环境压力指标

1）万元工业产值用水量

万元工业产值用水量是一定时期企业单位用水量与工业总产值的比例，是反映企业能源经济效益高低的综合指标。

该指标的计算方法如下：

万元工业产值用水量（吨）= 用水总量（立方米）/工业产值（万元）

2）万元工业产值废水排放量、废气排放量、固体废弃物排放量

万元工业产值废水排放量、废气排放量、固体废弃物排放量是一定时期企业单位废水排放量、废气排放量、固体废弃物排放量与工业总产值的比例，是反映企业能源经济效益高低的综合指标。

该指标的计算方法如下：

万元工业产值废水排放量（吨）、废气排放量（吨）、固体废弃物排放量（吨）= 废水排放总量（吨）、废气排放总量（吨）、固体废弃物排放总量（吨）/工业产值（万元）

2. 环境状态指标

1）噪声达标区覆盖率

该指标的计算方法如下：

噪声达标区覆盖率（%）= 噪声达标区/噪声划分总区域×100%

2）废旧机电资源化比率

该指标的计算方法如下：

废旧机电资源化比率（%）= 废旧机电回收利用总量/机电报废总量×100%

3）废钢铁综合利用率

该指标的计算方法如下：

废钢铁综合利用率（%）=废钢铁回收利用总量/钢铁报废总量×100%

3. 社会压力指标——平均每月生产安全事故数量

过多的安全事故是园区企业生产安全控制不达标的体现，同时过多的生产安全事故会带来社会舆论压力和监管单位监管力度的增强，甚至将遭致法律的严惩。因此，该指标越小越好，数据来源为统计部门。

4. 社会响应指标

1）公众满意度

公众满意的程度，取决于公众接受某项产品或服务后的感知与公众在接受之前的期望相比较后的体验，比值越大，则公众越满意，即公众满意度越高。

该指标的计算方法如下：

公众满意度=公众对服务的感知/公众的期望值×100%

2）员工对生态工业认知度

衡量员工对生态工业内涵及价值的认识和理解度的标准。该指标可通过设计问卷对园区个人进行调查得到，该指标越高越好。

5. 绿色管理指标——企业ISO14001认证率

该指标的计算方法如下：

企业ISO14001认证率（%）=园区通过ISO14001认证企业总数/园区企业总数×100%

6. 科技投入指标

1）R&D投入占工业产值的比重

R&D资金投入的高低显示了园区对新技术研发的重视程度。

该指标的计算方法如下：

R&D投入占工业产值的比重（%）=园区当年研发投入/园区当年工业产值×100%

2）大专以上人才比例

该指标的计算方法如下：

大专以上人才比例（%）=园区大专以上人才数量/园区总工作人数×100%

3）平均每月园区专利申报数

园区每月申报的专利数越多意味着园区具备的创新能力越强，因此该指标越大越好，数据来源为统计部门。

5.4 园区综合评价

5.4.1 园区综合评价简介

在 5.3 节中我们建立了四个评价指标体系，在本节中将就如何利用上述指标体系对园区进行综合评分计算进行阐述。5.3 节单独建立的四个评价指标体系各有侧重点，唯有进行综合评价才能准确衡量园区的综合实力（图 5-1）。

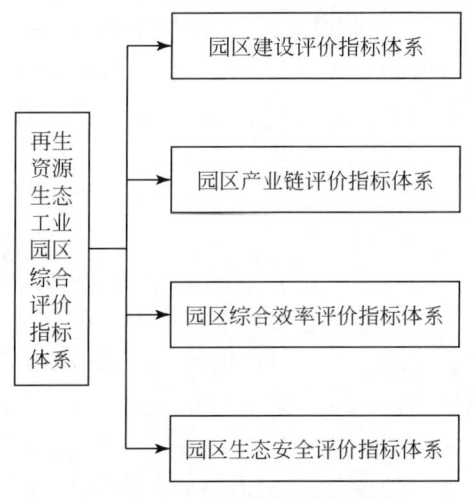

图 5-1 园区综合评价体系结构

园区建设评价指标体系是对园区的基础设施建设、环境保护投入、园区内企业的管理发展水平等的评价，更多地考虑园区及园区中企业本身的能力。综合评价中这一部分的得分反映了园区的定位和实际建设水平，以及其中入驻企业的发展管理水平和环境友好度。

产业链评价指标体系则是来衡量园区内产业链规划的发展水平、产业链本身的柔性和资源的循环利用效率等情况的。研究园区规划的产业链是否稳定，一旦上下游需求出现波动，产业链是否能及时调整保持平衡。完善的产业链具有抗波动能力强，与其所处的经济、社会和自然环境系统和谐等特点。这一部分的得分可以度量园区所构建的产业链是否完善，清楚地指出园区的产业链处于什么发展水平，为管理者有针对性地加强产业的建设提供依据。

综合效率评价指标体系考虑了园区的经济效益和环境效益，以及资源的投入和产出，全面衡量园区所创造的收益。综合效率评价的指标如万元工业产值的能耗、水耗、电耗，科研投入占工业产值的比重，万元产值三废的排放量等，综合评价中此部分的得分能准确地衡量园区的综合效率。

健康的生态系统是稳定的和可持续的，能够维持它的组织结构和自治，以及保持对胁迫的恢复力；反之，不健康的生态系统，是功能不完全或不正常的生态系统，其安全状况则处于受威胁之中。我们应确保园区的运作给环境带来的负担在合理的范围内，所以在园区综合评级中建立生态安全评价指标体系是必不可缺的。

园区综合评价体系的建立对于现有的工业园有着积极的指导和规划作用，所以园区综合评价方法的研究就显得迫在眉睫。园区综合评价是一个复杂的系统工程，本节主要通过将 5.3 节所建立的四个评价指标体系：建设评价指标体系、产业链评价指标体系、综合效率评价指标体系和生态安全评价指标体系进行综合计算评分，对园区的综合水平加以评估，有效地区别和判断园区是否满足要求和条件，为规划园区建设、加强园区管理和监督给出了有力的指导。

5.4.2　园区综合评价方法

由于评价生态工业园区是一个复杂的系统工程，它涉及园区的建设水平，园区的产业链规划，园区的综合效率和生态安全。在 5.3 节我们先对单一项目建立了评价指标体系，有利于园区对该项目的具体情况有更加清晰的了解，并有针对性地加强该因素建设，满足生态工业园区的要求。本节涉及的园区综合评价是多因素评价，多因素评价方法很多，如综合加权评分法和神经网络法。下面分别对这两种方法的原理以及如何应用到园区综合评价中进行展开。

5.4.2.1　综合加权评分法

1. 基本原理

通过设置各个指标权重，进行加权求和对参评单位进行评价的方法，称为综合加权评分法。其基本思想是将多个指标转化为一个能够反映综合情况的指标来进行评价。例如，不同国家经济实力、不同地区社会发展水平、小康生活水平达标进程、企业经济效益评价等，都可以应用这种方法。计算方法如式 (5-1) 所示。

$$\begin{cases} u = \sum_{i=1}^{n} \alpha_i u_i \\ \sum_{i=1}^{n} \alpha_i = 1 \end{cases} \quad (5\text{-}1)$$

这里 u_i 是各单项评分的分数，包括建设评价、产业链评价、综合效率评价和生态安全评价，u_i 值越大，表示各单项水平越突出。同理，各单项得分 u_i 的计算也是由其各自的评价指标体系中的具体变量与其权重相乘再加总后得到的。

经加权求和得出的 u 值代表园区的综合评价得分，u 值越大则园区越优秀；α_i 是加权系数，α_i 值越大，表示对应的独立评价越重要，在综合评价中应予以考虑的比重越大。综合加权评分法通过不同的系数来体现不同指标的重要程度，得到的最后的评分为园区的综合评价情况。

2. 指标的标准化

标准化是用于消除原始数据量纲差异性带来的数据不可比性。通过一定的数学变换来消除指标量纲的影响，即把性质和单位各异的指标转化为可以进行直接比较的相对数。本书对此采用了极差标准化方法，对指标进行量化。式 (5-2) 与式 (5-3) 中，X_i 为某项指标实测值，$X_{\min}$ 为某项指标统计范围中的最小值，$X_{\max}$ 为某项指标统计范围中的最大值。

（1）正向型指标的标准化：

$$Y = (X_i - X_{\min})/(X_{\max} - X_{\min}) \tag{5-2}$$

式 (5-2) 适用于效益型指标，如城市绿化面积越大，环境质量越好。

（2）逆向型指标的标准化：

$$Y = 1 - (X_i - X_{\min})/(X_{\max} - X_{\min}) \tag{5-3}$$

对于成本型指标，如工业废水排放量越大，环境质量越差，则适用于式 (5-3)。

（3）中性指标的标准化：

$$Y = \frac{X_i}{X} \tag{5-4}$$

X 值指给定值，通常是通用标准或国际上普遍认可的理想值。指标"科技投入占 GDP 的比重"属于中性指标，目前，这一指标对应的国际理想水平目标值为 3%。经过以上处理，属性各异、单位不同的具体指标值均被转化为其值越大对应决策方案越优的相对数，具体的指标值也都转化成了无量纲的在 [0，1] 之间的实数，且最优值统一为 1，最差值统一为 0。这种标准化的方法使得复杂系统的综合评价变得简单易行。

3. 确定评价指标的权重

指标的权重是综合加权评分法的重点之一，它是评价者对评价对象某一方面相对重要性的量的表征。权重是一种非常敏感的数据，有时，某项指标权重的变化，会导致整个评价结果的较大变化。如果权重的确定不合理，即使指标体系正确、评价方法合理，也得不出科学的评价结果。评价权重的设置有两种方法：一种是主观赋权法，由专家根据经验判断，确定各指标的相对权重，会产生主观随意性;另一种是客观赋权法,由各指标数据在评价中经过整理、计算而得出的权重系数,虽然避免了主观性,但不能区别指标的相对重要性。这两种赋权方法,在我国的经济社会发展、可持续发展、企业竞争力评价中,都有应用。在生态工业园区的综合评价中,权重的确定方法比较单一,应用较多的是专家调查法和层次分析法相结合确定权重的方法,即主观性评价成分较重。

四个单项的评价指标体系有各自不同的层次,由于各个层次对评价目标的作用程度存在差异性,所以必须按层次结构关系分别确定每一层次评价指标的权重。考虑到评价指标的科学性、客观性、可操作性,可应用层次分析法、结合专家调查法对同一层次的指标两两比较。使用层次分析法最重要的一步就是建立判断矩阵,主要是人们对每一层次中各因素相对重要性给出的判断,这些判断通过引入合适的标度用数值表示出来,写成判断矩阵。判断矩阵表示针对上一层次因素,本层次与之有关因素之间相对重要性的比较。根据"1~9"比较标度法,1代表两指标相关度非常低,依次递增,9代表高度相关。这个过程中需要业内多位专家进行主观判断,选择多位专家多次进行打分评选能够有效避免片面性。对于不同层次的指标进行多轮的打分,构造判断矩阵。

构造好所有的判断矩阵之后应当对其进行层次单排序及一致性检验。首先计算每个判断矩阵的最大特征值 A 和对应的特征向量,并做一致性检验,若一致性检验通过,再进行下一步的层次单排序,计算出的最大特征值所对应的特征向量可作为权系数。通过借助计算机来计算每个判断矩阵的特征值和对应的特征向量,并且引入一个一致性比值 CR,按下式做一致性检验,即:

$$CR = CI/RI \tag{5-5}$$

式 (5-5) 中 $CI = (\lambda_{max} - n)/n - 1$,$n$ 为判断矩阵的阶,RI 表示平均一致性指标。

当 $CR \leq 0.1$ 时,认为判断矩阵有满意的一致性,可进行层次单排序,否则需要对判断矩阵进行调整,直到使其满足 $CR \leq 0.1$ 为止。

4. 计算得分、实施评价

在运用前面介绍的方法完成对指标数据的收集、处理并对具体指标合理赋权之后,可以采用线性加权的方法来计算综合指标得分,即通过确定的评价指标权重和标准化评价值,利用线性加权法计算出各一级指标的得分,然后再利用线性加权法将一级指标得分与一级指标权重计算得到总得分,最后根据这些得分进行评价,从而较为准确地把握再生资源生态工业园区综合发展状况。

5.4.2.2 BP 神经网络评价法

1. 基本原理

BP 神经网络是一种有监督式的学习算法，由信息的正向传播和误差的反向传播两个过程组成，其核心思想其实就是采用 LMS 最小二乘算法及梯度搜索技术，在不断的学习训练中调整网络层与层之间的权值，以期使预测值与实际值的误差平方和最小。其中，前向过程是：输入信号 x 从输入层进入后，通过隐层各个节点的权向量 V_j 得到该层的输出信号 Y；该信号向前输入到输出层，通过其各节点权向量 W_k 得到该层的输出 O。反向过程是：在输出层期望输出 d 与实际输出 O 相比较得到误差信号 δ^0，由此可计算出输出层权值的调整量；误差信号 δ^0 通过隐层各节点的向量反传至隐层各节点，得到隐层的误差信号 δ^1，由此可计算出隐层权值的调整量。训练的目的是使误差函数 E 最小，E 的定义为：

$$E = \frac{1}{2}(d - O)^2 = \frac{1}{2}\sum_{k=1}^{l}(d_k - O_k)^2 \tag{5-6}$$

对式（5-6）采用最小二乘法，最小二乘法是一种数学优化技术，它通过最小化误差的平方和来寻找最匹配数据的函数。利用最小二乘法可以简便地求得未知的数据，并使求得的这些数据与实际数据之间误差的平方和为最小。

完整的流程如下：在输入层输入学习样本，使用反向传播算法对网络的权值和偏差进行反复的调整训练，使输出层输出的结果与期望结果尽可能地接近。当网络输出层的误差平方和小于指定的误差时训练完成，保存网络的权值和偏差。中间层是内部信息处理层，负责信息变换，根据信息变化能力的需求，中间层可以设计为单隐层或者多隐层结构。最后一个隐层传递到输出层各神经元的信息，经进一步处理后，完成一次学习的正向传播处理过程，由输出层向外界输出信息处理结果。当实际输出与期望输出不符时，进入误差的反向传播阶段。误差通过输出层，按误差梯度下降的方式修正各层权值，向隐层、输入层逐层反传。周而复始的信息正向传播和误差反向传播过程，是各层权值不断调整的过程，也是神经网络学习训练的过程，此过程一直进行到网络输出的误差减少到可以接受的程度，或者预先设定的学习次数为止。

2. 模型建立

BP 网络模型包括输入输出模型、作用函数模型、误差计算模型和自学习模型。在进行 BP 网络的设计时，一般应从网络的层数、每层的神经元个数和激活函数及学习速率等几个方面来进行考虑。在 BP 网络中，增加隐含层数可以提高计算精度，但同时使网络复杂化，从而增加了网络权值的训练时间，而误差精度的提高也可以通过隐含层中的神经元数目来获得，其训练效果也比增加层数更容易观察和调整。为了简化模型，提高运算速度，在本网络中选择含一个隐层的 3 层结构模型（图 5-2）。输入层接受外部的输入数据，并可对数据进行适当的处理，其节点数取决于输入园区综合评价的指标。输出层的节点数由输出数据类型和表示该类型所需的数据大小来决定。本网络是根据对生态园区综合评价分数进行评价预测，因此一个节点的输出层就可满足要求。BP 网络中的传输函数才有个 S（sigmoid）型函数和纯线性（pureline）函数。线性传输函数的变换较简单，其输出相对于输入呈线性增长，因而函数输入范围要较小，且它不具有可微分型，这对于具有非线性特性的生态工业园区评价来说并不适用，因此本 BP 神经网络的输入层选择 S 型函数。本网络的输出层为 1 个分数，因此网络输出层选择纯线性函数。

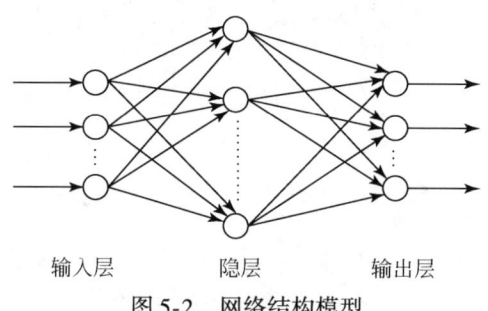

图 5-2 网络结构模型

对于给定的问题，采用哪种训练方法，其训练速度最快，精度最高是很难预知的，因为这取决于许多因素，包括训练样本集的数量、给定问题的复杂性、网络权值和阀值的数量、误差目标、网络用途等。本网络属于函数逼近，因此训练函数选用 LM①，训练样本的选择主要考虑数据样本要充分与减小数据样本的冗余度。对网络进行训练，由于篇幅所限训练样本省略。

3. 计算得分、实施评价

基于神经网络的综合评价法主要是利用其他方法来获得神经网络评价模型的学习样本，神经网络通过学习样本训练后，就将各指标的权重存储在网络中，当把实际问题的特征参数输入后，网络自行给出评价结果。

5.4.3 园区综合评价标度

在最终确立综合评价结果时，综合评价得分的计算是各个指标的权重与各指标数据标准化后的数值的乘积求和，该值一般均小于 1，所得值越大，那么该园区的综合情况越好。通过综合评价得分的确定，不仅可以对同一个园区的

---

① LM 是神经网络训练函数的一种。

不同年份进行纵向比较，还能与国内外同类型的再生资源产业园区进行横向比较。通过对比，既能看到我们国家的生态工业园区的自身发展，又能体现出与发达国家优质园区之间的差距。再生资源生态工业园区综合评价标度及含义如表 5-5 所示。

表 5-5 再生资源生态工业园区综合评价标度及含义

再生资源生态工业园区综合评价得分取值范围	评价结果	含义
[0.00，0.05]	园区危机	园区的经济效益极差，产业链基本不存在，产业的效益完全以生态代价换取，产业系统与其所处的经济、社会及环境系统严重对立，生存环境极度恶化，综合效率低下
(0.05，0.30]	园区失衡	园区有了基本雏形，但生态代价较高，经济效益一般。产业系统与其所处的自然环境系统冲突不断，需要进行调整
(0.30，0.70]	园区显在稳定，潜在失衡	园区建设水平一般，已形成了产业链网系统，产业发展有一定的生态代价，但产业系统与其所处的经济、社会及自然环境系统较为和谐。但这时的生态稳定性较差，应做出调整和改善
(0.70，0.90]	园区平衡稳定	园区建设水平较高，已形成了较好的产业链网系统，产业发展的生态代价较低，产业系统与其所处的经济、社会及自然环境系统非常和谐，人类的生存环境仅受到很少的破坏，且继续恶化的倾向正在好转
(0.90，1.00]	园区繁荣	园区建设水平高，已形成了很好的生态产业链网系统，产业发展的生态代价几乎为零，产业系统与其所处的经济、社会及自然环境系统极为和谐，生存环境十分理想，综合效率高，产业活动已基本实现了能源与废弃物无区分的理想状态

5.5 园区综合评价软件系统构建

园区综合评价软件系统主要是为了建立一个方便对不同企业进行评价的数据库系统。园区综合评价软件系统可以通过编程来实现对园区的评价，只要把每个评价指标的评分范围通过编程给定到数据库中,对于每个输入的园区,当用户根据输入园区的实际情况把每个评价指标的相应值输入软件系统中时,系统将根据该输入园区的所得总分情况给出它的综合评价。根据最后的评分可以客观清楚地定位该园区的综合情况,有利于园区管理者们明确自身园区的建设方向,同时也方便政府部门对园区的规范监督和指导。

园区综合评价软件系统主要组成部分包括:登录系统、评价系统、用户管理系统、查询系统。园区的各个指标参数都储存在数据库中,通过综合软件评价系统调用数据库中的园区各个参数。利用软件评价系统,首先要登录系统,选择系统管理员登录系统或者普通用户登录系统,系统管理员登录可增加园区参数、单一评价权重设置、综合评价权重设置、BP 神经网络参数设置。普通用户可从综合评价、建设评价、产业链评价、综合效率评价和生态安全评价中选择需要的评价系统对企业进行评价。软件系统架构图见图 5-3。

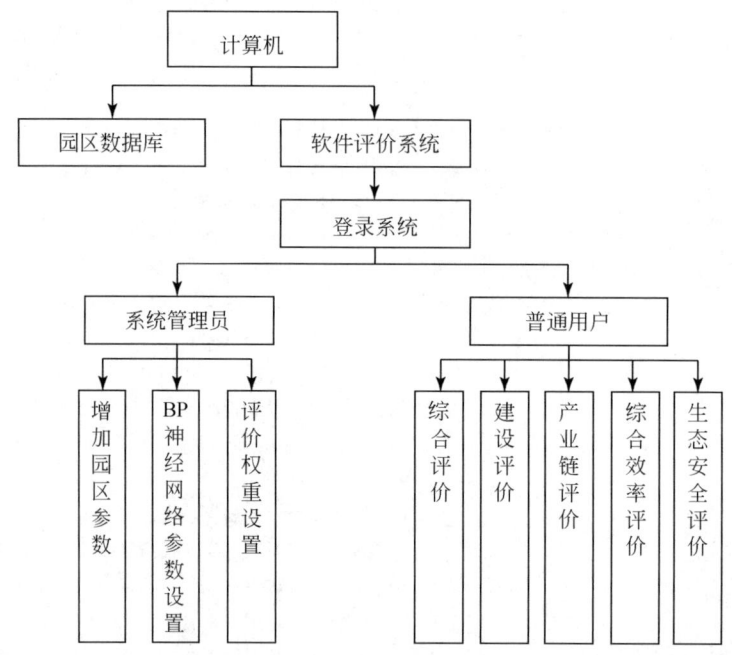

图 5-3　软件系统架构图

园区综合评价指标体系是一个相互联系、相互补充的有机整体。对单一因素评价只是利于园区从各个方面对自身情况的了解,加强园区的规范指导作用。所以最后对园区的综合评价不能将建设水平、产业链规划、综合效率和生态安全孤立地考虑,而应该作为一个有机的整体加以评价,最终得到评估园区的具体情况。

对建设水平、产业链规划、综合效率和生态安全设定加权系数,通过综合加权评分法可以最后给出欲评价园区是否达到示范园区的标准，也可以通过神经网络的方法加以评价，研究输入参数（建设水平、产业链规划、综合效率和生态安全）对输出参数（园区综合评价结果）的影响规律，而这种输入参数与输出参数的研究方法又与 BP 神经网络的原理非常吻合，故在本书中利用 BP 神经网络对园区综合评价结果进行模型的建立也是可行的。

通过对园区进行综合评价，有助于对众多的园区进行甄别，分别采取相应的管理办法和监督措施。同时，通过对园区的各个评价指标的分析，对园区的发展方向和发展水平做出评价，找出园区发展的影响因素。另外，政府对不同类型、不同发展水平的园区的管理办法和政策显然应该有所区别，而通过对园区进行综合评价，政府部门就可以确定园区的类型和发展水平，为制定和调整相关园区政策提供依据。评价的结果还可以为各类投资者的投资决策提供参考依据。

我国再生资源生态工业园区的发展现在还处于初期发展阶段，对于再生资源生态工业园区的评估能够让该行业有一个标榜性的参考指标，对于日后建立健全的评估体系也非常有帮助。但是目前我国各园区的环保意识及产业链建设能力等还非常有限，需要全社会都来参与到再生资源利用的事业中去。另外，园区的数据采集工作也非常困难，不仅仅是单个园区数据非常缺乏的问题，而是整个生态园区行业的统计数据各不相同，无法做到完全一致的行业标准。这方面需要国家在进行一系列的调研之后，制定统一行业标准的法律法规。

参 考 文 献

[1] 雷鸣，钟书华. 生态工业园区综合评价指标体系研究 [J]. 中国科技论坛，2009，11（11）：110.
[2] 薛婕，周景博，罗宏. DEA 在生态工业园区循环经济绩效评价中的应用 [J]. 循环经济，2009，(8)：39.
[3] Falkenmark M, Rockstrom J. Balancing Water for Humans and Nature: the New Approach in Ecohydrology [M]. UK: Earthscan Publications, 2004: 247-256.
[4] 曲格平. 关注生态安全之一：生态环境问题已经成为国家安全的热门话题 [J]. 环境保护，2002，5：3-4.
[5] 陈国阶. 论生态安全 [J]. 重庆环境科学，2002，24（3）：1-4.

第6章 再生资源生态工业园区发展战略

我国《循环经济促进法》中第二条规定"本法所称循环经济,是指在生产、流通和消费等过程中进行的减量化、再利用、资源化活动的总称",同时指出"本法所称资源化,是指将废物直接作为原料进行利用或者对废物进行再生利用"。可见,再生资源产业是循环经济的重要构成部分。而再生资源生态工业园区作为实现资源再生以及促进产业结构转型的重要场所,结合其当前所面临的实际问题,制定再生资源生态工业园区发展战略,对促进我国循环经济发展,最终实现整个中国社会经济的可持续发展将意义重大。

本章通过目前我国再生资源产业所面临的优势、劣势、机会和威胁,构建了再生资源产业发展的中长期战略目标体系。在分析我国再生资源生态工业园区的布局现状和特点的基础上,深入研究了再生资源生态工业园区的区位模式,冀图对再生资源生态工业园区的战略布局规划提供理论指导。同时,由于产业链的结构特点对再生资源产业以及园区的发展影响重大,本章的最后部分根据再生资源生态工业园区的产业链现状,如产业链不完整、回收环节薄弱等,提出了产业链的调整与发展战略。

6.1 再生资源产业发展战略

6.1.1 再生资源产业 SWOT 分析

近年来,我国对再生资源的综合利用尤为重视,再生资源产业也因此得到了大力发展,市场规模越来越大。但由于缺乏一套完善的战略规划,目前中国再生资源产业的发展仍存在许多问题,如市场秩序混乱、企业规模小且经营分散、二次污染严重等。针对中国再生资源产业发展现状的 SWOT 分析如下所述。

6.1.1.1 再生资源产业的优势

1. 再生资源丰富

2011年，我国的废钢铁总利用量达9100万吨，同比增长5%，其中包括钢铁企业产生废钢铁3500多万吨，社会回收废钢铁5000多万吨。国内主要废有色金属回收利用量达465万吨，同比增长12.3%。其中，废铜100万吨、废铝220万吨、废铅135万吨、废锌10万吨。我国再生铜、铅、铝占铜、铅、铝当年产量的比例分别达到50%、23%和42%。废纸综合利用量约7015万吨，其中国内废纸回收量达4347万吨。各类废旧木材产生量达6000万吨，折合材积8500万立方米。废旧轮胎产生量约1000万吨，其中翻新轮胎约1600万条，再生橡胶产量约300万吨，胶粉产量约30万吨。家用电器方面，电视机、洗衣机、电冰箱、房间空调器、微型计算机五种电器理论报废量接近7000万台，社会保有量超过18亿台（其中居民社会保有量占90%）[①]。在大多数情况下，这些废弃产品都是有价值的资源而不是无用的垃圾，如果这些废品不加以利用而直接处理掉，中国将为此每年浪费掉上千亿美元。

虽然我国的再生资源蕴藏量丰富，同时近年来再生资源回收量增长幅度较高，但部分再生资源的回收量与报废量的差距仍然较大，比如，2007年国内汽车报废量约为180万辆，而实际回收量不到90万辆，因而我国再生资源总量丰富的事实应该与回收量相对较低的现实对比来认识。

2. 丰富的劳动力来源以及低廉的劳动力成本

再生资源产业可以分为再生资源回收产业和再生资源加工利用产业。再生资源回收产业有三大职能：一是将散布在社会各行各业的再生资源进行回收，也就是人们常说的废旧物资回收；二是进行拆解、鉴别、分类，以便于充分利用各种资源；三是进行初加工，如进行适当的分割、粉碎、打包、压块等初加工，以便于流转到有关深加工企业进行加工利用。再生资源加工利用产业是由以各种再生资源为主要生产原料，通过深加工以获得具有全新使用价值的物品为目的的各类加工制造企业构成，属于工业生产领域。再生资源时间分布的短暂性和空间分布的分散性，使得资源回收产业有着巨大的劳动力需求。

由再生资源产业的回收和加工利用活动特点可知，再生资源属于劳动密集型产业。随着我国城镇化建设的进一步推进，大量涌入城市的务工人员为再生资源产业提供了丰富的劳动力来源。反过来，随着再生资源产业的发展，将会为更多的人提供就业机会，同时也缓解我国现阶段的就业压力。根据《中国资源综合利用年度报告（2012）》中的数据显示，截至2011年，我国从事再

[①] 数据来自《中国资源综合利用年度报告（2012）》。

生资源回收利用企业有10万余家、各类回收网点有30万个,从业人员达1800多万人。

2012年4月,世界劳工组织以"购买力平价法"计算得出了列入统计的72个国家的人口月平均工资排名。根据其统计,世界人口平均的月均工资为1048美元,卢森堡以4089美元位居世界第1名,美国以3263美元位居第4名,日本以2522美元排在第17名,中国内地以656美元位居第57名。中国人口的月薪资水平在世界上还处于中等偏低水平,中国廉价的劳动力市场不仅可以为再生资源产业的发展提供充足的劳动力,而且还可以降低产业成本,为产业的早期发展提供支持。

3. 具有社会效益、经济效益以及环境效益

进入21世纪以来,我国社会经济的高速发展有目共睹。但我们应清醒地认识到,我国现阶段经济的快速发展是以对资源的大量消耗和环境的严重污染为代价而得来的。近些年来,我国各地不断爆出的水污染事故,全国范围内的雾霾天,都揭示了居民生存环境的不断恶化。

"资源—产品—污染排放"型的线性发展方式不考虑有限的资源和生态环境的承载能力,显然不可取。国外一些国家"先污染,后治理"的发展方式虽然后来取得了显著的成效,但其也为此付出了沉重的代价。循环经济模式则以减量化、再利用、资源化为准则,从源头就试图减少资源消耗和废物产生,通过对废弃物的资源化和再利用,实现资源的高效利用,整个过程对环境的影响最小化。

《中国资源综合利用年度报告(2012)》显示,2011年我国主要品种再生资源回收总量达1.65亿吨,回收总值达5763.9亿元;通过综合利用各类固体废物减少堆存占地10多万亩①;从钢渣中提取出约450万吨渣钢,相当于减少铁矿石开采近1740万吨。在废钢行业中,多用1吨废钢,可节约1.7吨铁精矿,减少4.25吨原生矿的开采。用废钢直接炼钢比用铁矿石炼钢节能60%、节水40%,可减少排放86%的废气、76%的废水和97%的废渣,其社会效益和综合效益十分可观。再生资源产业对废旧资源进行回收和加工利用,创造经济效益的同时,避免对原生资源的大量攫取,具有显著的社会环境效益。发展再生资源产业是实现循环经济,推动社会经济可持续发展的重要途径。

6.1.1.2 再生资源产业的劣势

(1)再生资源产业发展缺乏战略规划和定位。具有完善的再生资源产业发展机制与体系的国家,一般都有明确的产业战略定位。例如,日本的再生资

---

① 1亩=1/15公顷≈666.7平方米。

源产业发展战略以资源再利用为根本目的；德国的侧重点以再生资源技术与设备的出口为主；美国则是建立在环境保护的基础之上；而我国再生资源产业缺乏战略规划与定位，使得再生资源产业涉及多个管理部门，如科技部、国家发展和改革委员会、财政部、环境保护部、供销合作社、工信部等，造成部门分割、机构重叠，从而政出多门，使相关产业政策法规贯彻不力，最终降低管理效率，影响整个再生资源产业持久健康发展[1]。

(2) **企业规模小，技术水平低，容易造成二次污染**。再生资源行业中，民营企业占企业总数的80%，占就业人数总人数的75%左右，是再生资源回收行业的主体，国有企业和三资企业占比较低。从总体上看，我国废旧物资回收利用的企业规模较小，大多采用小作坊或家庭作坊的生产模式，加工利用技术水平低，对环境造成严重污染。一些再生资源加工利用企业用的打包、压块、剪切设备还处于20世纪60~70年代的水平。如何有效规范再生资源产业，提高行业集中度，推进再生资源产业的技术进步和结构升级已经迫在眉睫。

(3) **行业力量薄弱**。中国目前还没有建立一个规模较大的再生资源产业联盟。当国内的再生资源企业与国外一些废旧物资出口商谈判时，他们面对的往往不是一个出口商，而是整个欧洲或美国的出口联盟。单个企业与整个企业联盟比起来，其力量显然是非常渺小的，因此，许多小企业常常在谈判中遭受经济损失。

(4) **市场秩序混乱**。目前，中国再生资源市场中存在一定程度的违法销赃、偷税漏税现象。由于回收环节较多、回收系统以利益为导向，导致了回收成本的上升。像塑料制品等一些经济价值不高的废旧产品往往得不到回收。一些企业无照经营，自行收购报废汽车，私下改装或拼装，扰乱了报废汽车拆解市场的秩序，甚至留下了安全隐患。

(5) **缺乏适当的营销模式**。由于市场秩序的混乱，导致再生产品常常被误认为是二手产品，因而往往在二手市场上以较低的价格卖出。这种简单的销售模式不仅不能反映再生产品本身的价值，而且还会留给消费者一个负面的印象，即再生的产品的质量比新产品的质量差。但实际上，经过先进再生技术的加工，某些再生产品的质量不仅不比新产品差，其性能甚至优于新产品。鉴于再生产品的特殊性，急需为再生产品研究出一套有效的**市场营销模式**。

(6) **产业链较脆弱**。随着再生资源产业市场的逐步放开，中国已形成了从产生源经拾荒者、流动收购点、固定收购点、资源化加工户（或企业）等层层筛选、分类，最终到利用企业的完整流程。再生资源产业链主要包括废旧物资回收、资源化加工处理、再利用三个环节。但中国再生资源产业链比较脆弱，主要原因有以下几个方面：再生资源相对原生资源没有价格优势，利用企业对使用再生资源的积极性不高，从而引起产业链中断；资源再生产业市场结构不合理，存在过度竞争，导致某些环节没有盈利空间，引起产业链中断；劳动力价格上涨、物流成本上升等外部因素所引起产业链上各环节的利润缩减也会引起产业链中断；提高回收利用的环境标准、加大税负等引起成本增加的产业政策使产业链上某些主体无利可图，也会引起产业链中断。

(7) 专业人才短缺。快速发展的产业对专业人才的需求量是极大的。因此，中国再生资源产业的发展急需教育的支持，而到目前为止，中国在高校课程中还没有专门开设资源再生相关的课程，对于再生资源方面的研究还有待深入。

6.1.1.3 再生资源产业面临的机会

1. 建设资源节约型、环境友好型社会的契机

建设资源节约型、环境友好型社会为再生资源产业的发展提供了良好的机会和平台。我国国民经济和社会发展第十二个五年规划纲要在指导思想中提出要把建设资源节约型、环境友好型社会作为加快转变经济发展方式的重要着力点，要求深入贯彻节约资源和保护环境的基本国策，大力发展循环经济，促进经济社会发展与人口资源环境相协调，走可持续发展之路。

再生资源产业是发展循环经济的重要构成部分。2009年1月1日起施行的《循环经济促进法》中指出，"本法所称循环经济，是指在生产、流通、消费等过程中进行的减量化、再利用、资源化活动的总称"。循环经济主要由四部分构成，即生产原料的集约使用、生产的清洁化、产品消费的高效化、废弃物的再资源化，其发展模式为闭环反馈型，即"资源—产品—消费—废弃物—再生资源"，由此可以看出，发展和完善再生资源产业是建立资源循环利用体系，改善经济发展模式，推行新型工业化道路不可或缺的重要步骤[2]。

鉴于此，再生资源回收利用工作首次被列入我国"十二五"规划纲要中，彰显出再生资源行业对于落实科学发展观，实现经济社会全面、协调和可持续发展的重要性。

2012年，党的十八大报告中提出"大力推进生态文明建设，建设美丽中国"，再生资源行业被纳入到生态文明建设范畴。国务院在2012年度先后发布和通过《"十二五"节能环保产业发展规划》《"十二五"国家战略性新兴产业发展规划》《节能减排"十二五"规划》《服务业发展"十二五"规划》《"十二五"循环经济发展规划》，工信部、科技部、环境保护部等部委发布《大宗工业固体废物综合利用"十二五"规划》《废物资源化科技工程"十二五"专项规划》《"十二五"危险废物污染防治规划》。2013年，国务院发布的《循环经济发展战略及近期行动计划》中也指出要完善再生资源回收体系，推动再生资源利用产业化发展。这些国家和部委专项规划，从不同的领域、不同的角度、不同的层面，对再生资源行业的发展目标、发展内容和发展重点做

出规划安排。

2. 再生资源行业法规政策与标准体系逐步完善

近年来，再生资源方面的法规政策日趋完善。《固体废物污染环境防治法》《清洁生产促进法》《循环经济促进法》《再生资源回收管理办法》等法律法规为再生资源的发展奠定了法律与政策基础。

为了规范再生资源行业的发展，国家已出台《废钢铁加工行业准入条件》《再生铅行业准入条件》《铝行业规范条件》《轮胎翻新行业准入条件》《废轮胎综合利用行业准入条件》等，逐渐形成再生资源产业的标准体系。《再生资源分拣中心建设管理规范》《再生资源回收站点建设管理规范》《废塑料加工利用污染防治管理规定》等管理规范也逐步建立。

目前，我国现行资源节约与综合利用标准近 1500 项，其中国家标准近 650 项，行业标准近 500 项，地方标准 350 项[3]。据不完全统计，截至 2013 年 12 月，我国现行有效和已发布尚未实施的再生资源相关国家标准和行业标准已达 120 多项，其中与再生资源相关的国家标准共有 42 项标准①。

为有效贯彻实施《循环经济促进法》和《废弃电器电子产品回收处理管理条例》，国家标准化管理委员会正式发布《GB/T27610—2011 废弃产品分类与代码》、《GB/T27611—2011 再生利用品和再制造品通用要求及标识》和《GB/T27873—2011 废弃产品处理企业技术规范》等国家标准，明确再生资源回收利用领域急需的国家标准项目，为提高资源利用率提供了标准化支持，引导并规范再生资源产业的有序发展，也为我国即将建立"废旧产品回收利用标识制度"奠定了良好的科学基础。

2012 年 7 月 20 日，财政部、国家发展和改革委员会联合发布《循环经济发展专项资金管理暂行办法》，成为落实《循环经济促进法》最有力的配套政策。2012 年 5 月 21 日，财政部等部委发布《废弃电器电子产品处理基金征收使用管理办法》，作为《废弃电器电子产品回收处理管理条例》的配套文件，对正规的有资质的回收处理企业进行专项资金补贴。对于淘汰废家电分散回收和小作坊拆解，防止重金属污染和持久性化学污染，促进回收处理行业的正规化、规范化，具有十分重要的现实意义。

6.1.1.4 再生资源产业面临的威胁

（1）国际以及国内宏观经济环境的影响。经济全球化不仅意味着我国可以进口其他国家的再生资源，满足高速发展的国内资源市场的需要，同时意味

---

① 数据经查询国家标准化管理委员会（http://new.sac.gov.cn）与浙江省标准信息与质量安全公共科技创新服务平台（http://www.spsp.gov.cn）后整理得出。

着我国的再生资源市场要不可避免地受到全球再生资源市场，以及原生资源市场的供需状况的影响。尤其是对于我国来说，再生资源产业刚刚粗具规模，产业市场正处于成长阶段，还急需国家相关政策法规的完善及扶持，产业基础还不够稳定，一旦受到经济危机影响，则损失惨重。2008年，席卷全球的国际金融危机对我国再生资源市场的冲击巨大。受国内外经济下行压力影响，2013年我国再生有色金属总量和进口含有色金属废料数量与2012年相比，均有下降。2013年前三季度我国再生有色金属（铜、铝、铅、锌）总产量为722万吨，同比下降5.1%；2013年1~8月进口含铜、含铝、含锌废料439.4万吨，金额114.1亿美元，分别同比下降9%、8.5%。

(2) 没有有效的再生资源回收体系，资质企业面临"吃不饱"难题。由于再生资源回收市场无序，一方面，很多具备资质的再生资源加工处理企业由于回收不到"原材料"，只能处于半开工或停工的尴尬境地，依靠国家财政补贴才能维持生存。另一方面，小作坊式的加工处理企业，由于处理方式粗放，不考虑环境效益，以牺牲环境为代价来追求利润。例如，在废旧家电回收领域，许多居民受利益驱使，只愿意将废旧家电以较高的价格卖给回收者个人，而这些废旧家电或者未经检测安全性，直接就经个人或私人回收机构转手以二手货名义卖出；或者经简单翻新后被以次充新，给不知情的消费者造成极大的安全隐患和损失。

(3) 公众环保意识不足。一方面，中国公众在日常生活中的行为还没能完全做到环保友好，垃圾随意丢弃的现象在一些小城市很普遍；另一方面，环保消费理念在消费者中还没有普遍建立起来，大部分公众认为再生资源产业就是很脏的垃圾处理行业，认为再生产品一定没有新产品的质量好。这些现象体现了中国公众的环保意识还较差。

6.1.2　再生资源产业发展中长期战略目标体系

根据2013年《循环经济发展战略及近期行动计划》和以上对我国再生资源产业优势、劣势、机会和威胁的分析，以下从社会、经济两方面构建我国再生资源产业战略目标体系。

社会方面的中长期战略目标包括：①完善并细化我国再生资源产业的法规政策和标准体系，加大对二次污染的法律惩罚力度。②完善再生资源回收体系，加强重点再生资源回收；中期目标到2015年，构建起先进完整的再生资源回收体系，主要品种再生资源回收率达到70%。③推动再生资源利用产业化发展，提高行业准入门槛，鼓励集聚发展，进行园区管理。④提高再生资源产业知名度，培养消费者的环境保护意识，引导并鼓励消费者的绿色购买行为。

经济方面的中长期战略目标包括：①保持再生资源利用总量稳步上升，到2015年，主要再生资源利用总量达到2.66亿吨，产值达到1.2万亿元，就业人员达1800万人。②逐步加大再生资源产量占原生资源产量的比重，到2020年争取达到45％。③逐步淘汰落后的再生利用技术，推广新型清洁技术的应用。

"十二五"期间，再生资源相关经济发展主要指标如表6-1所示。

表6-1 再生资源经济发展主要指标

指标名称	2010年	2015年	2015年比2010年提高比例/％
主要再生资源回收利用总量/亿吨	1.49	2.14	43.6
主要再生资源回收率/％	65	70	[5]
主要再生有色金属产量占有色金属总产量比重/％	26.7	30	[3.3]

注：①本表根据2013年《循环经济发展战略及近期行动计划》表二"十二五"时期循环经济发展主要指标整理，有调整

②主要再生资源包括废金属、废纸、废塑料、报废汽车、废轮胎、废弃电子电器产品、废玻璃、废铅酸电池等，主要再生有色金属包括再生铜、再生铝、再生铅三种

③"[ ]"内为提高的百分点

6.2 再生资源生态工业园区战略布局

6.2.1 再生资源生态工业园区战略布局的重要意义

再生资源产业是社会经济发展到一定阶段，经济增长方式发生转变和产业结构进行调整的背景下产生的新型产业，是实施循环经济的重要内容。再生资源生态工业园区在吸引再生资源相关企业集聚，促进产业链耦合以及传统线性经济向循环经济模式的转变方面影响重大，可将其视为推动循环经济发展的增长极。

根据增长极（poles of growth）理论，一个国家要实现均衡发展完全是一种理想，增长并不是同时在任何地方出现，它以不同的强度首先出现在增长点或增长极上，通过增长极的增长或创新来诱导其他经济单位增长[4]。在区域经济运行中，增长极具有两种效应：极化效应和扩散效应。极化效应表现为生产要素向增长极的聚集，扩散效应表现为增长极生产要素向周围区域的转移。

再生资源生态工业园区作为推动循环经济发展的增长极，对其进行战略布局，具有三方面的意义。第一，极化效应可推动园区再生资源经济的发展。作

为增长极的园区，拥有的政策优势和区位优势会吸引大量的再生资源企业及上下游企业入驻，这些企业的集聚又会吸引人才、技术、原材料等各种资源向园区内集中。由于目前我国再生资源产业处于初级起步发展阶段，从事再生资源的企业大多规模小而分散，再生资源的加工处理技术水平低下，对周围环境造成了不可逆转的破坏。通过对园区的战略布局，将不同区域在空间上分散的企业纳入生态工业园区集中管理，不仅可以取得规模效应，还可以使企业不花成本或少花成本获得某些产品和劳务，增加整体收益，取得外部经济，同时具有显著的环保效果[5]。第二，通过园区的扩散效应，以点带面，带动区域的循环经济发展。扩散效应是园区经济发展到一定阶段，园区内各种政策和区位优势逐渐丧失，经济要素和经济活动向区外扩散带动周边地区发展的过程。循环经济不能一蹴而就，再生资源作为实施循环经济的重要途径，对再生资源生态工业园区从宏观上进行战略布局，在园区的再生资源经济发展到某个阶段后，逐渐向外扩散，从而带动整个大区域的循环经济发展。第三，通过对再生资源生态工业园区统一规划战略布局，对各园区的再生资源产业进行精准定位，明确各园区的主导产业和发展重点，可以避免有些地区借建设园区为名或者垄断土地和进口指标，以炒卖土地为主要目的，或者为了获得国家政策上的财务补贴，不顾实际发展情况，一哄而上地重复建设，造成资源的巨大浪费。

6.2.2 再生资源生态工业园区布局现状与特征

6.2.2.1 再生资源生态工业园区布局现状

20世纪90年代以来，沿海经济发达地区由于受到资源稀缺的限制，开始进口国外废金属进行拆解加工利用，逐步发展成一个行业，继而在全国各地发展起来[6]。进口拆解利用废金属虽然满足了迅速发展的经济对资源的需要，但由于拆解加工手段落后，加上利益驱使，对环境造成了污染。

1999年，我国第一家再生资源进口加工区——江苏太仓再生资源进口加工区获得批准。为了规范再生资源行业发展，2002年9月，原国家环境保护总局污控司、国家发展和改革委员会、国家质量监督检验检疫总局（简称国家质检总局）、海关总署以及相关协会的负责人在浙江宁波召开了再生资源加工园区座谈会，会议广泛讨论了园区的发展方向、园区模式等热点问题，最终达成圈区管理的共识[7]。

2003年10月，宁波再生金属资源加工园区被原国家环境保护总局等有关部委列为全国进口再生资源"圈区管理"试点园区，这也是我国首个进口废物圈区管理园区。环境保护部先后批准和已经验收的园区包括：浙江宁波再生资源加工园区、天津子牙循环经济产业区、广东肇庆市亚洲金属资源再生工业基地、河北文安东都再生资源环保产业基地、山东烟台资源再生加工示范区、江西鹰潭市废弃机电产品集中拆解利用加工园区、广西梧州进口再生资源加工园区、福建全通资源再生工业园进口废物圈区管理项目、江苏张家港建设报废汽车压件拆解试点园区（2010年通过预验收，于2012年通过国家级综合验收并投产）等。在地区分布上，浙江、广东、天津、上海是我国进口有色金属废料的四个主要地区，占全国进口有色金属废料的5%。圈区管理的园区试图对再生资源企业实施集中规范化管理，通过规模效益和集聚效应，减少对周围环境的污染破坏，实现循环经济的发展目标。

2010年5月开始，我国国家发展和改革委员会和财政部在全国范围内开展"城市矿产"示范基地的建设，利用中央财政资金重点支持城市矿产资源新增加工处理能力建设、废旧资源回收体系和示范基地基础设施建设。"城市矿产"概念是1988年日本学者南条道夫首次定义的，主要从金属资源回收循环利用的角度出发，把地上积累的工业制品资源，如废旧电子电器、机电设备等看作是可再生的资源，积累这些资源的场所就叫做"城市矿产"[8]。

根据《关于开展城市矿产示范基地建设的通知》（发改环资〔2010〕977号），我国对"城市矿产"的定义是指工业化和城镇化过程产生和蕴藏在废旧机电设备、电线电缆、通信工具、汽车、家电、电子产品、金属和塑料包装物以及废料中，可循环利用的钢铁、有色金属、稀贵金属、塑料、橡胶等资源，其利用量相当于原生矿产资源。"城市矿产"是对废弃资源再生利用规模化发展的形象比喻。通知中规定"城市矿产"示范基地应具备的基本条件有：

（1）已被确立为国家或省级循环经济试点单位；
（2）实行园区化管理；
（3）符合土地利用总体规划和城市总体规划；
（4）有符合标准的各项环保处理设施；
（5）年可利用的资源量不低于30万吨，有合理产业链，加工利用量占"城市矿产"资源量的30%以上，且工艺技术水平国内领先。

"城市矿产"示范基地的要求明确了再生资源分拣加工基地的发展方向和目标，它预示着再生资源产业将以向社会提供优质资源为定位，以加工利用为重点环节，向着产业化、现代化、标准化的方向迈进。"城市矿产"示范基地是对再生资源产业的升级和深化，是对循环经济的纵深发展。

截止到目前，国家批准四批共38家国家"城市矿产"示范基地①，各个

---

① 来自国家发展和改革委员会、财政部《关于开展城市矿产示范基地建设的通知》（发改环资〔2010〕977号）。

示范基地的具体情况见表 6-2 ~ 表 6-5。

表 6-2　第一批 "城市矿产" 示范基地情况

基地名称	面积/千米²	处理量/万吨	经营范围
天津子牙循环经济产业区	135	150	废旧机电产品、废弃电器电子产品、报废汽车、橡塑加工、精深加工再制造
宁波金田产业园	1.3	40	再生铜
湖南汨罗循环经济产业园区	18	200	碳素、废旧电器拆解、再生纸、再生 PVC、再生橡胶、再生不锈钢、再生铝、再生铜
广东清远华清循环经济园	2.69	80	废五金、废家电、废塑料、废钢铁、废纸
安徽界首天营循环经济工业区	10	40	废旧电瓶、再生铅
青岛新天地静脉产业园	2.2	185	固体废物、医疗废物、危险废物的处理、废旧家电拆解
四川西南再生资源产业园区	3.3	30	废弃电器电子、废塑料加工

表 6-3　第二批 "城市矿产" 示范基地情况

基地名称	面积/千米²	处理量/万吨	经营范围
上海燕龙基再生资源利用示范基地	0.15	60	废玻璃、废旧家电及电子废弃物、含铜污泥
广西梧州再生资源循环利用园区	3.33	150	再生铝、再生铜、再生不锈钢、再生塑料
江苏邳州市循环经济产业园再生铅产业集聚区	4.3	100	再生铅
山东临沂金升有色金属产业基地	1.33	100	再生铜、其他再生有色金属
重庆永川工业园区港桥工业园	30.1	180	再生铝、造纸、化工
浙江桐庐大地循环经济产业园	0.23	132.5	有色金属固体废弃物
湖北谷城再生资源园区	0.1	120	再生铅、再生铝、再生钢铁
大连国家生态工业示范园区	0.12	200	可再生资源收集、拆解、加工
江西新余钢铁再生资源产业基地	1.33	100	钢铁、塑料等再生资源回收、加工利用、再生技术发展和精深加工

续表

基地名称	面积/千米²	处理量/万吨	经营范围
河北唐山再生资源循环利用科技产业园	0.22	180	废钢铁为主，电子废弃物、废塑料、废橡胶、废纸
河南大周镇再生金属回收加工区	0.1	200	再生铝、再生铜、再生不锈钢
福建华闽再生资源产业园	0.23	137	金属配件无害化处理再制造
宁夏灵武市再生资源循环经济示范区	0.67	150	废钢铁、废铝、废塑料、废汽车、旧轮胎、旧家电等的拆解加工
北京市绿盟再生资源产业基地	—	310.4（目标）	（在建）探索大都市"城市矿产"产业基地发展模式
辽宁东港再生资源产业园	0.13	300	七类物资拆解及有色金属、精密铸造、塑料制品

表6-4　第三批"城市矿产"示范基地情况

基地名称	面积/千米²	处理量/万吨	经营范围
佛山市赢家再生资源回收利用基地	—	120	城市生产、生活性废物回收及加工
滁州报废汽车循环经济产业园	0.67	117	再生铜
新疆南疆城市矿产示范基地	0.14	33.5	碳素、废旧电器拆解、再生纸、再生PVC、再生橡胶、再生不锈钢、再生铝、再生铜
山西吉天利循环经济科技产业园区	2.67	—	废五金、废家电、废塑料、废钢铁、废纸
黑龙江省东部再生资源回收利用产业园区	0.76	—	废旧电瓶、再生铅
永兴县循环经济工业园	30	—	固体废物、医疗废物、危险废物的处理、废旧家电拆解

表6-5　第四批"城市矿产"示范基地情况

基地名称	面积/千米²	处理量/万吨	经营范围
荆门格林美城市矿产资源循环产业园	0.47	70	废弃电池、废弃电器电子产品和稀有金属资源再生回收和加工利用
鹰潭（贵溪）铜产业循环经济基地	0.1	180	进口废五金电器、废电线电缆和废电机拆解加工

续表

基地名称	面积/千米²	处理量/万吨	经营范围
江苏如东循环经济产业园	16.6	50	废五金电器、废电线电缆和废电机,再生铜、再生铝、再生不锈钢利用
台州市金属资源再生产业基地	4.40	500	金属资源、废旧家电及线路板、废旧塑料回收利用
中航工业战略金属再生利用产业基地	0.72	33	镍、钛等工业战略金属及合金的再生利用和研发制造
四川保和富山再生资源产业园	3.27	165	以废旧铜为主的铜加工产业链,以废旧轮胎为主的改性胶粉、翻新轮胎产业链,以废旧汽车拆解为主的拆解及零部件修复加工产业链
洛阳循环经济园区	0.33	—	废旧家电拆解加工,废纸,废塑料,废汽车拆解,再生资源交易,稀有贵重金属提炼
贵阳白云经济开发区再生资源产业园	2.18	46	废钢铁、废铜、废铝、报废汽车、废电子电器、废旧轮胎、废玻璃、废旧塑料制品
福建海西再生资源产业园	0.86	1030	废旧有色金属、废钢、废玻璃
厦门绿洲资源再生利用产业园	0.35	35	废弃电子电器回收处理、废塑料回收处置、废五金、废电线电缆和废电机拆解

综合分析我国已批准的四批"城市矿产"示范基地的经营情况,可发现大部分示范基地拆解回收利用的对象主要是废金属、废五金、废机电产品等。对于准备再循环的产品,除了支付拆解费用,还需要支付其他费用。通过费用分析,目前只有金属尚能在再循环利用中获得一定的利润。而许多其他的材料,由于需要进行额外的工序处理,而这些工序都要耗费大量的费用,所以常常使再循环加工而成的材料比直接制造新产品还要贵得多[9]。

由中国再生资源回收利用协会发布的《2012"城市矿产"发展研究报告》显示,我国已形成环渤海、长三角和中部地区三大重点"城市矿产"分布区域,华东和华中则初现基地集群。国内再生金属产业已经形成了珠江三角洲、长江三角洲和环渤海地区等三大加工利用中心。国内废金属主要集中在湖南汨罗、河南长葛、山东临沂、安徽界首和江西丰城等再生资源回收交易市场,再生资源回收交易市场已由单纯的回收集散功能开始向产品的深加工方向发展。

6.2.2.2 我国再生资源生态工业园区布局特征

在已经申报成功并大力发展的"城市矿产"示范基地中,部分园区取得了良好的经济效益和社会效益。对这些发展成熟的园区综合其形成背景、区位特点等因素进行分析，主要呈现以下几点：

（1）具有良好的废旧物资回收基础，如山东临沂、湖南汨罗和浙江台州等地区。在 20 世纪 70 年代末期，在浙江台州路桥区峰江镇一带，当地农民就开始从全国各地收购废旧金属，以家庭为单位进行拆解，到 20 世纪 90 年代初期，当地农民逐步开始从国外进口废旧金属，以废旧金属回收拆解为主的再生资源产业在进行园区化集聚管理之前已经培育了良好的产业基础。

（2）园区所在地具有良好的区位优势，选址靠近港口或邻近海域。园区临近港口或海域，一方面有利于企业进口国外的废旧资源，减少中转环节，降低交易成本；另一方面有利于企业在短时间内并以低成本转移进口的废旧资源如天津子牙环保产业园、宁波镇海再生资源进口加工区、广东清远再生资源加工园区正是依托于此。

6.2.3　我国主要废旧机电产品报废量预测

我国的废旧机电产品的两大重要类型为家电产品与汽车产品。2011 年，我国成为全球机电产品生产量和消费量最高的国家。据有关数据统计，仅以年报废更新 2% 计算，每年淘汰的四大类家用电器就达 2000 万台，如果再考虑到不断推陈出新的电脑、手机等高科技电子产品，以及不断涌现的质优价廉的新型家电产品，我国家电的实际年报废量更新已高达 2500 万台以上[10]。而在我国汽车市场上，汽车制造商年产量的增长比率也都在逐年增加。在机电产品消费量持续增长的同时，我国每年都有数量庞大的机电产品报废或者淘汰，这为我国再生资源产业的发展提供了可靠的原材料供应保证。

明确我国废旧机电产品的报废数量趋势，对于再生资源生态工业园区的战略布局决策具有重要的参考价值，同时也能为废旧机电产品加工再利用企业提供参考。本书选取废电冰箱与废电视机两种产品作为废旧机电产品的典型代表，参考吴慧媛[11]等学者对我国各省份家电产品报废量预测的研究方法，分别对 2012~2017 年电冰箱与电视机的报废数量进行预测。

机电产品报废量的预测方法有许多，如趋势外推预测模型和市场供给模型。趋势外推法以预测对象发展变化的稳定性和渐进性为重要假设前提进行推理，属于探索型的预测法。趋势外推预测模型通过观察报废量与人口总数、人均全社会固定资产投资总额、人均 GDP 等各种经济指标之间的规律，建立能够反映其变化趋势的函数关系，并据此对未来进行预测。市场供给模型，是 1991 年德国针对废弃电子电器调查采用的方法，根据产品的销量数据和产品的平均寿命期来估算废弃量。根据电冰箱和电视机的寿命和报废速度较为稳定的特点，本书选取市场供给模型法对电冰箱和电视机报废量进行预测。

通过查找各年《中国统计年鉴》《海关年鉴》等资料，统计得出的2002～2007年电视机与电冰箱的年产量、进口量与出口量如表6-6与表6-7所示。

表6-6　2002～2007年电视机的生产量、出口量与进口量　单位：万台

年份	生产量	出口量	进口量
2002	5447	3164	17
2003	7089	4762	101
2004	7673	6315	81
2005	8778	8592	71
2006	9391	9529	142
2007	8463	5103	121

表6-7　2002～2007年电冰箱的生产量、出口量与进口量　单位：万台

年份	生产量	出口量	进口量
1999	1210	128.16	—
2000	1279	221.69	—
2001	1351.26	249.68	—
2002	1598.87	338.31	—
2003	2242.56	566.14	—
2004	3007.59	827.85	—
2005	2987.06	843.34	—
2006	3530.89	1148.52	—

考虑到电视机和电冰箱淘汰的相对稳定性等特征，利用市场供给模型估算出我国2012～2017年电视机和电冰箱的报废量。其中，根据我国《家用电器安全使用年限细则》中表示，我国电视机的安全使用年限为8～10年，电冰箱的安全使用年限为10～12年。但我国实际情况表明，我国大部分家电产品的使用寿命都超出这个年限。为确保预测的科学性，我们在设定电视机的使用年限为10年、电冰箱的使用年限为12年的基础上，得出如下预测表格（表6-8，表6-9）。

表6-8　2012～2017年我国电视机报废量预测　单位：万台

年份	2012	2013	2014	2015	2016	2017
报废量	2300	2428	1439	257	4	3481

表 6-9　2012～2017 年我国电冰箱报废量预测　　　单位：万台

年份	2012	2013	2014	2015	2016	2017
报废量	1057.31	1101.58	1260.56	1676.42	2179.74	2143.72

由表 6-8 和表 6-9 中可以看出，我国在 2012～2017 年将有大量的电视机及电冰箱报废。根据吴慧媛[11]等对各个省份电冰箱报废量的预测结果显示，从 2011 年开始，东部地区冰箱报废量将进入直线增长阶段，中部和西部地区在 2013 年也将进入冰箱报废量直线增长阶段。

6.2.4　再生资源生态工业园区战略布局规划

再生资源生态工业园区与生态工业园区相比，有自己的特点，它的主导产业是以再生资源的加工利用为主，在具有经济效益的同时，具有更重要的环境和社会效益。在进行再生资源生态工业园区战略布局规划时，首先要了解其规划的原则，在这些原则的指导下继而探索园区布局的区位模式。

6.2.4.1　再生资源生态工业园区战略布局规划原则

由于再生资源产业具有显著的外部性，再生资源生态工业园区的战略规划既要遵循市场经济的规律，也要注重政府的协调引导。在对再生资源生态工业园区进行战略布局规划时，需要遵循以下原则：

（1）统一性原则。近年来，由于我国政府高度重视再生资源产业的发展，国家"十二五"规划也将其列为重点、新型、节能环保型产业，各地出现了一窝蜂上马再生资源生态工业园区建设的现象，某些并不具备园区建设软硬条件的地区也盲目建设，重复建设造成了资源的大量浪费。这要求各级政府应严格审批，认真考察各地的实际状况，依据当地再生资源产业结构特点进行协同统一规划，防止出现重复建设。

（2）系统性原则。园区的战略布局规划是一个复杂工程，应遵循系统性原则。对园区辐射地区的宏观经济、产业和微观环境进行全面调查和研究，深入了解园区周边区域的经济发展状况，以及市场需求和基础设施情况，从区域实际经济发展水平出发，深入分析再生资源产业链，在充分掌握第一手材料并系统性分析的基础上，确定再生资源生态工业园区的建设规模。

（3）市场化原则。园区的建设应遵循"政府搭台，企业唱戏"的模式，政府要按照市场经济要求转变职能。政府可以通过制定法规，如对园区企业污染预防要求，对废物减少和再利用的奖励等构成促进园区向生态工业园的转变诱因。但要注意到，园区企业共生体的形成必须是出于企业的自愿，即不仅在经济上可行，而且同时具有环境效益，这样才能保证园区的长期稳定发展。

6.2.4.2 再生资源生态工业园区的区位模式

区位模式,是指社会经济等活动在空间分布上呈现出来的一般规律。对区位模式进行深入探究,可以认识再生资源生态工业园区的空间布局规律,对再生资源生态工业园区的战略布局规划提供理论指导。

1909年,工业区位论的奠基者,德国经济学家韦伯(Alfred Weber)在出版的《工业区位论》一书中,将影响工业区位的因素分为两类:一类是影响工业分布于各个区域的"区域性因素";另一类是在工业区域分布中,把工业集中于某地而不是其他地方的"集聚因素"。他提出企业应选择成本最小的地方设厂,并指出三个影响工业企业区位选择的主要因素:运输成本、劳动力成本和聚集经济。该理论至今仍被看作是经济地理中进行生产布局和区域规划研究的基础理论之一。之后,区位理论得到了不断的完善和发展。

生态工业园区的重要的区位因子可以概括为以下六个:基础设施、交通运输、自然地理条件、信息系统、资源供给以及政府政策和法律法规[12]。再生资源生态工业园区可以在参考生态工业园区的重要区位因子的基础上,结合自身园区的特点,进行科学分析取舍。

钟书华在《科技园区管理》一书中,将科技园区区位模式分为四种。同样,根据区位因子和再生资源生态工业园区布局的关系,也可将区位模式分为选择模式、拓展模式、营造模式和集聚模式[13]。

1. 选择模式

选择模式是指在特定区域内,借助于逻辑学、数学等分析手段和工具,对某一区域内两个或两个以上的备选地点的区位因子进行分析,选择一个综合区位因素相对较优的地点进行规划和建设。对园区区位因子的分析可以为定性分析,也可以为定量分析。定性分析是把各备选地点的区位因子粗略地分为好、中、差三个等级,通过对比,选择一个总体相对最优的地点作为园址。

选择模式的出现与政府的重视直接相关。近年来,由于政府大力提倡循环经济,并出台了各种鼓励和补贴措施,各地兴起了再生资源生态工业园区建设的热潮,延续了之前其他类型园区布局中"先决策,后论证"的情况,即先解决"可行性问题",再解决"相对合理问题"。

2. 拓展模式

拓展模式要求根据规划中的再生资源生态工业园区的产业特征,在具有"优势区位因子"的地点规划建设。结合再生资源产业的特征,根据"优势区位因子"的不同,可将拓展模式分为以下四种。

(1)基础设施完备型。在基础设施完备的地方选址,既可以缩短园区的规划建设周期,又可以降低前期建设投入成本。

(2)交通便捷型。便捷的交通有利于园区再生资源的快速输入和快速输出。由于我国再生资源产业处于起步阶段，产业利润空间狭小，再生资源的物流费用过大势必会挤占企业的利润空间，加大企业的经营压力，不利于企业的长期发展。

（3）原材料充足型。这里的"原材料"区别于一般意义上的原材料，是指作为再生资源产业加工利用对象的固体废弃物，再生资源行业的特点决定了园区的规划布局应该优先考虑接近这些"原材料"来源丰富的地区。

（4）产业基础雄厚型。分析现有的再生资源加工处理企业的地理分布可以发现，它们主要分布在珠江三角洲、长江三角洲和环渤海地区等产业发展水平较高的地区。这些地区的经济发达，产业集聚度高，相应企业对再生资源产品的接受与需求程度也高。

拓展模式强调优势区位因子对再生资源生态工业园区发展的重要作用。但应该注意，实际现实中，很多园区的选址在考量了优势区位因子的同时，也综合考量了其他区位因子，这些区位因子之间相互加强。例如，宁波市镇海再生资源加工园区所在的镇海区，为浙江省、江西省、安徽省部分地区的内外贸易货物中转运输枢纽，具有良好的区位优势。北通杭州湾，东濒东海，内连杭甬运河，内外水上交通十分发达，区内有镇海港区，目前已基本形成了集铁路、公路、水运和管道等运输方式于一体的综合运输交通枢纽。此外，宁波市镇海再生资源加工园区所在宁波市，金属生产与加工业发达，为园区发展提供了强有力的保障。现有60多家铜、铝、锌等生产厂家，每年约需要125万吨金属原料。

3. 营造模式

营造模式指通过高强度的投入，使某个区域获得相对优势的区位条件，从而在此区域规划和建设。营造模式一般是由政府推动并承担建设成本，前期投入高，投入的回报期限长，具有高成本、高风险、未来发展不确定性的特点。政府在采用营造模式时，需认真论证，谨慎决策，园区再生资源产业链的正常运行需要各个利益相关方的共同投入，任一利益相关方的缺失都有可能阻碍园区的正常发展。

4. 集聚模式

集聚模式是指某一区域通过引入推动型产业之后，吸引再生资源产业链的关联企业加入。再生资源生态工业园与企业集聚根据时间顺序，存在两种关系：第一种是先有再生资源生态工业园，再有企业机组；第二种是先有企业集聚，达到一定规模后，出于对社会利益、经济利益和环境利益的共同诉求，再形成再生资源生态工业园。集聚模式同样受园区区位因子的影响，如完善的基础设施、便利的交通、雄厚的产业基础、优惠的政府政策等。

在集聚模式中，集聚企业之间的关系可分为非关联集聚和关联集聚。关联集聚是指园区的企业之间存在原材料、产品、资金、信息、人员等方面的交流与联系，企业之间可能是生产的上游和下游关系，也可能是生产过程和产品趋同的竞争企业关系。非关联集聚，则是指入驻园区的企业没有原材料、产品、资金、信息、人员等方面的交流与联系，企业的进入主要受园区低廉的土地成本或优惠政策的吸引。

综合上述内容，我国在进行再生资源生态工业园区的战略布局时，应从以下几个方面综合考虑后进行决策。第一，应根据区域废旧机电产品预测的报废量，按报废量相对比例布局园区，以东部为重点，同时在中西部设立示范型园区以点带面进行推广。第二，考虑优势区位因子的基础上，结合当地的产业结构，发展产业特色型的再生资源生态工业园区，从而与当地的产业进行对接，推动区域循环经济的发展。第三，根据节约资源及环保的原则，鼓励再生资源生态工业园区的布局优先选择园中园的模式，这样不仅有利于节约大量的资源，还有助于对已有的工业园区进行改造升级，建立新型的企业共生关系。总之，对再生资源生态工业园区的战略布局要一切从当地实际出发，在政府的引导辅助下，充分尊重市场运行规律，唯有如此，才能保证园区的长期可持续发展。

6.3 再生资源生态工业园区产业链发展战略

6.3.1 再生资源生态工业园区产业链现状

以废旧机电产品回收再利用的再生资源生态工业园区为主要研究对象，研究表明我国再生资源生态工业园区产业链的发展尚存在一些问题与矛盾，主要表现在以下几个方面。

1) 再生资源回收环节薄弱，影响产业链整体效能的发挥

再生资源产业链主要包括回收环节、资源化加工处理环节和再利用环节。这些环节前后紧密联系、环环相扣，任一环节出现问题就会影响整个再生资源产业链的正常运行。目前在我国的再生资源生态工业园中，聚集企业大多以再生资源加工处理企业为主，园区的规划管理者也大多给予入驻的规模再生资源加工处理企业以各种优惠政策，为其提供全方位的支持服务。然而，近几年来，园区的这些企业却普遍面临"吃不饱"的困境。2013 年，全国 91 家具有废旧电器拆解处理资质的企业，平均产能利用率仅为 42.7%[①]。

根据约束理论（Theory of Constraint，TOC），非瓶颈资源的利用水平不是

---

① 浙江法制报．"变废为宝"，企业为何"吃不饱"？http://zjfzb.zjol.com.cn/html/2014-04-09/content_67831.htm．

由自身潜力所决定的，而是由系统的约束来决定的，瓶颈制约了系统的产销率和库存。再生资源产业链的各个环节构成了一个完整的系统，只有各个环节协同运作，整个产业链的效能才能发挥到最大。回收环节作为前序环节出现瓶约束，则对园区产业链的整体发展影响重大，直接制约了后序环节的产能释放，也有悖园区规模经济目标的实现。

2) 园区产业链短且单一，产品的深加工体系有待完善

再生资源产业属于劳动密集型产业，即便是在拥有再生资源加工处理先进技术的国外也是如此。由于我国再生资源产业处于起步阶段，再生资源生态工业园区的中小企业自身实力不强，抗风险能力较弱；而且大多数该类企业技术装备水平低，工艺落后，存在低水平的重复建设状况，创新能力不足，整体竞争力较差。由于园区企业主要是对再生资源的简单处理加工，所以园区产业链短且单一，一旦出现政策或市场风险，这些企业会最先受到冲击，降低企业实践清洁生产和发展循环经济的意愿和能力，直接影响再生资源生态工业园区的可持续发展。园区企业要想实现效益的倍增，必须要提升技术水平，对产品进行纵深加工，拉长产业链，增大企业的抗风险能力，而这恰恰是园区许多企业集体要面对的问题。

3) 园区产业链的基础设施有待加强

废旧机电产品产业链，在增加资源供给、大幅度节能节水、减轻环境负荷、发挥人力资源优势等方面显示了巨大的优势，得到了社会的认同。但是，废旧机电产品的处理和生产，如处理不慎则可能导致环境污染向国内转移。在废旧机电产品的进口、拆解、冶炼、加工过程中，"二次污染"依然是不可忽视的重要问题。

一般而言，废旧机电产品综合利用行业的污染来自拆解、清洗、冶炼过程，由于在这些过程中普遍存在难以处理处置的废水、废气、废渣、废油等，很容易造成"二次污染"。园区通过"圈地管理"，改变了原有的园区周边部分规模小、装备落后、作业条件差的中小企业分散经营、"三废"任意排放、不利于管理的局面。但是，在引导企业进入园区后，实行集约化生产，扩大生产规模，提高资源利用率，共享基地的环保设施，集中防止和治理污染，依然是确保园区实现循环经济理念的必由之路。

4) 园区产业链发展制度建设有待进一步加强

循环经济作为我国的长期发展战略，其理念的推广与深化工作还处于起步阶段。因此，当地政府、园区管理委员会以及园区内部企业都必须加深对循环经济的理解，提高对发展符合循环经济理念的产业链的认识，促进园区将循环经济理念内化至未来的发展行为。

6.3.2　再生资源生态工业园区产业链调整与发展战略

结合我国再生资源生态工业园区产业链的现状，有以下产业链调整与发展战略。

1）构建再生资源回收体系，促进产业链协调发展

2009～2011年，在国家"家电以旧换新"政策的影响下，再生资源回收企业享受到了短暂的"春天"，部分企业在2011年下半年甚至出现了拆解速度赶不上回收速度的现象。根据在此期间实施的《家电以旧换新实施办法》，个人只要将废弃旧家电交售到中标回收企业，并到中标销售企业购买新家电就可以享受家电补贴，中标家电回收企业从购买人手中收购旧家电并交售给指定拆解处理企业即可享受运费补贴，对旧家电拆解处理企业也可享受拆解处理补贴。中标回收企业既有苏宁、国美等大型家电零售商，也有联想、海尔、格力等家电生产企业，还有再生资源回收公司这样的单纯回收企业。

通过这项措施，家电以旧换新回收渠道实现多元化，并且废旧家电被统一回收到正规拆解企业进行拆解处理。由于国家给予一定补贴，消费者愿意把废家电交给生产企业或商场，正规拆解企业也得以通过正规渠道得到集中回收的旧家电。依靠"以旧换新"政策的支持，国内初步建立起由生产企业、销售商、正规拆解企业构成的废旧家电回收处理体系。在2011年"家电以旧换新"结束之后，缺少了国家政策的支持，废旧家电回收处理体系再次面对了"游击队"的冲击。这表明再生资源回收体系仅靠国家财政政策补贴的"直接输血"模式是不能维持长期可持续发展的，再生资源回收体系的构建需要更深入地探索适合我国国情的模式。

国外的再生资源回收模式主要分为路边循环收集模式、抵押模式、商业回收机构、付费回收模式。然而发达国家实行的回收模式都是由政府主导的大量政策资金技术支持，加上人们的高度配合实行的。我国的发展阶段基本国情与国外存在很大差别，制定政策时借鉴国际经验必须结合中国国情，不可照搬硬套，需要寻找符合我国实际国情的回收模式。

2）提高产业链发展的关键技术水平

在自主研发新技术、建立循环经济产业链技术创新体系的同时，可以借鉴国外推行循环经济、建设符合循环经济理念的产业链的经验，引进核心技术与装备。要积极引进国际上现有的先进技术，如替代技术、减量技术、再利用技术等。

3）加强企业间耦合优化，整合产业链

以市场稳定、有发展势头的企业为园区的主体，深入研究园内企业间的耦合关系，定量解剖企业间的物质、能量的利用、废弃物的产生及消化环节，并

以经济效益最大和废弃物排放最小为目标，进行再生资源生态工业园整体耦合与优化。在园区主要产业链的基础上对园区内现有产业（企业）间的链状关系进行规范化和系统化完善，将尚未纳入循环链，但又可以与现有链状、梯级关系耦合的产业（企业）衔接进入园区循环系统。

4）完善园区产业链发展的法规与政策

在未来产业链发展战略中，应该以园区为载体，从政府政策、法律法规方面全面推进。不仅要完善我国再生资源产业法律法规体系，健全再生资源产业政策体系，同时，园区还应结合自身特点，针对园区开发建设的各个环节加强法规和制度建设。此外，应鼓励当地政府采用一系列激励循环经济发展的经济政策，充分利用价格、税收、财政、金融手段等进行调节。

参 考 文 献

[1] 刘光富，鲁圣鹏，李雪芹. 中国再生资源产业发展顶层设计框架体系研究[J]. 华东经济管理，2012，10：80-84.

[2] 朱华桂，贾学军. 基于危机意识的再生资源产业发展研究[M]. 南京：南京大学出版社，2012：8.

[3] 吕征宇，于亚杰. 资源综合利用标准化现状分析[J]. 再生资源与循环经济，2013，8：11-13.

[4] 任军，马咏梅，赵晓辉. 增长极理论视角下的我国中、西部增长极战略布局[J]. 税务与经济，2008，4：11-16.

[5] 阎兆万，王爱华，展宝卫，等. 经济园区发展论[M]，北京：经济科学出版社，2009.

[6] 周宏春. 变废为宝：中国资源再生产业与政策研究[M]. 北京：科学出版社，2008.

[7] 翟昕. 中国再生金属产业回眸与前瞻（三）[J]. 资源再生，2011，2：6-11.

[8] 王昶，徐尖. 日本城市矿产资源开发利用政策及启示[J]. 世界有色金属，2013，2：62-65.

[9] Steinhilper R. 再制造—再循环的最佳形式[M]. 朱胜，姚巨坤，邓流溪译. 北京：国防工业出版社，2006.

[10] 吴国清，张宗科. 中国废旧家电回收处理技术发展探究[J]. 家电科技，2007，11：36-37.

[11] 吴慧媛，刘景洋，董丽伟，等. 我国各省市冰箱报废量预测[J]. 再生资源与循环经济，2011，1：31-34.

[12] 郭翔，钟书华. 生态工业园区的区位模式[J]. 科技进步与对策，2006，6：54-56.

[13] 钟书华. 科技园区管理[M]. 北京：科学出版社，2004.

第7章 再生资源生态工业园区建设案例

自"工业生态学"概念被提出后,学者们通过研究找到产业生态化实现的直接方式——生态工业园。生态工业园区是发展生态工业的重要载体,园区内若干企业聚集在一起,充分利用不同产业、项目或工艺流程之间的资源、主副产品及废弃物的协同共生关系,建立一个工业共生产业链网结构。建设再生资源生态工业园是我国实施可持续发展战略、落实科学发展观、构建资源节约型社会的重要途径。本章选取生态工业园区的典型代表——宁波镇海再生资源加工园区以及天津子牙循环经济产业区进行实例研究,以期能为其他再生资源生态工业园区建设提供可借鉴之处。

7.1 宁波市镇海再生资源加工园区

自20世纪90年代以来,中国沿海经济发达的浙江省台州地区的进口废旧金属拆解业不断发展,逐渐形成了一个专门从事废旧金属拆解的行业,并迅速在其他沿海地区如广东、江苏、天津、上海等地发展。为规范废旧金属拆解行业,促进废旧金属拆解行业的健康有序发展,通过借鉴外国园区的管理经验,我国采取了再生资源产业园区运作模式,对再生资源加工定点企业进行集中管理与监督。宁波市镇海再生资源加工园区是国家首批批准的国家级示范性再生资源产业园区,下面将具体介绍其建设与运行情况。

7.1.1 园区管理体系

7.1.1.1 园区建设布局

宁波市镇海再生资源加工园区在建设过程中重视园区的规划和建设布局,在园区选址、园区规模、园区分区等方面都进行了合理的规划,确保园区后期运行的规范和可持续发展。

1. 园区选址

宁波市镇海再生资源加工园区在选址过程中坚持交通便利并尽量靠近进出口岸、不侵占农田作物区等原则,同时也考虑了当地的市场结构和市场经济基础。良好的市场区位优势和经济发展基础,为镇海再生资源加工园区的发展奠定了坚实的基础。

交通便利且靠近进出口岸。镇海区是浙江省、江西省、安徽省部分地区的内外贸易货物中转的运输枢纽。在水上交通上,北通杭州湾,东濒东海,内连杭甬运河,区内有镇海港区,其所属的宁波港已经成为我国四大国际深水中转大港之一;在铁路运输上,有直通镇海港区的洪镇铁路专用线,并与横贯宁波市的萧甬铁路相连;在公路交通上,宁镇一级公路和甬江隧道已经建成通车,上海—瑞丽公路道主干线的支线(宁波—杭州—南京段)已经运营,正在建设的同江—三亚国际主干线在镇海区通过。目前,镇海区已基本形成了集水运、铁路、公路和管道等运输方式于一体的综合运输交通枢纽。镇海再生资源加工园区即位于宁波镇海区宏远路以东和定海路两侧的空地。园区距镇海港码头仅0.6公里,距北仑港码头8公里,距宁波市中心12公里,距宁波栎社国际机场30公里。铁路支线直达园区,国道、省道与沪甬、甬台温高速公路毗邻园区,杭州湾宁波跨海大桥连接支线穿越园区,2小时可抵达上海,交通十分方便。

园区选址不侵占农田作物区。镇海再生资源加工园区所占用土地均是围海造田的围垦地,是原来的海涂通过围堰,用电厂的粉煤灰淤填埋而形成的土地,不侵占农田作物区。

兼顾当地市场经济结构。镇海再生资源加工园区所在的宁波市,金属生产与加工业非常发达,为园区发展提供了强有力的行业保障。2008年以后,园区周边20公里范围内聚集了年产1000万吨钢铁、120万吨不锈钢、30万吨铜、40万吨铝等大中型金属冶炼企业。

2. 园区规模

镇海再生资源加工园区为了在园区内形成完善的生态产业链,在园区规模规划上坚持高标准要求。镇海再生资源加工园区总规划面积3000亩,其中绿地990亩,绿地率33%,隔离界河及道路用地480亩,实际用地1530亩。入园企业84家,生产工人约1.3万人。三期建设全部完成后,园区年拆解能力为:第六类废物加工能力10万吨/年、第七类废物年拆解加工能力229万吨/年、第十类废物加工能力6万吨/年。园区规模的高标准要求使镇海再生资源加工园区已成为国内具有较强生产能力和较大影响力的再生金属原材料供应基地。

3. 园区分区

镇海再生资源加工园区在规划过程中坚持兼顾生产、监管、生活等相互协调的原则，分别设立办公区，监管区，装卸区，海关、质检监管区，生产加工区和员工生活区。同时，镇海再生资源加工园区合理划分各区功能，保证各区之间衔接合理，满足园区内物流运输及日常管理的需要，具体职责如表7-1所示。合理的功能分区保证了园区生产、生活的和谐有序运行。

表7-1 镇海再生资源加工园区主要功能分区简介

功能分区	简介
办公区	是园区的管理核心，主要包括综合楼、停车场、绿化区等。综合区是园区的管理机构的所在地，根据园区的管理与服务的功能，产业园区中要设立联合办公室，海关、检验检疫、环保、税务等部门安排派出机构，方便入园企业办理进口通关手续
监管区	位于办公区的东侧，包括地磅房、停车场和装卸区，占地约1.5万平方米。地磅房是物流运输的门户，也是统计管理的依据
装卸区	位于监管区旁，方便物流的装卸和进出。为了快捷地实现物流的装卸，园区专门配置一台集装箱专用吊车，该设备是可自由移动的轮式设备，可以实现集装箱的调运和在厂区的运输，可以为入园企业提供运输服务
海关、质检监管区	总占地47公顷，进口货物集装箱在监管区内接受海关和质检的检查，办理通关手续。为方便客户报关，加快通关速度，园区投资600多万元引进IBM服务器两台并与海关、质检实行计算机联网，并在监管区内安装视频监控系统，进行现场检录，保存数据资料，严格防止漏检、错检，使全部进出园区的货物做到信息化、科学化、全面化监管
生产加工区	是生产企业拆解、分拣、生产经营的主要场所，每个单元加工区由园区按照总体规划，根据各加工企业要求，按相应比例建造办公室、拆解分拣厂房、料仓和水泥地坪堆场，各个单元之间由厂房、围墙或绿化带隔离
员工生活区	是专门为加工企业配套服务的场所，由数幢标准宿舍楼构成，设有配套设施完善的食堂、浴室、幼儿园、日用品商店、医务室、公安警务点和文体活动等设施

此外，园区非常重视再生资源加工利用对环境保护的要求，严格按照环保规定进行规划、施工和管理。在园区绿化方面，政府部门投入大量资金，建成了园区隔离带和部分区域绿化带，挖掘了园区隔离河界。在污染治理方面，园区污水处理采取统一规划建设，为各企业加工区建造了隔油沉淀池，然后通过总长3700米的地下污水管道集中到园区污水处理厂，经过化学药剂生化处理后，再将处理达标后的水统一排放。园区产生的固体废弃物，可以直接运至位

于甬江南岸的宁波市垃圾焚烧发电厂,该发电厂是目前全国规模较大的垃圾发电厂之一。

从镇海再生资源加工园区的建设过程我们可以看到其建设布局的主要原则及特点:首先,园区的管理和生活保障等附属设施在园区建设初期就已全部建成,为园区内的企业活动和员工生活提供了便利和保障;其次,园区内的企业引入是逐步的、循序渐进的,是与园区本阶段建设的规模相适应的;最后,根据企业的需求,为其提供相应的场地以及设备的配套设施。

7.1.1.2 园区管理模式

镇海再生资源加工园区采用管委会和企业混合管理模式,园区在镇海区政府的引领下,由园区管委会以及宁波镇海再生资源加工园区发展有限公司共同管理,管理的内容包括园区安全、财务、员工的日常生活等。园区管理的组织机构如图 7-1 所示。在加工区管委会和企业混合管理模式下,政府和企业共同管理园区,既可以充分发挥政府在建设、规划、生产、招商、政策、信息等方面的优势,也可以发挥企业作为独立市场经济主体参与市场竞争的优势,保证了镇海再生资源加工园区的持续快速发展。

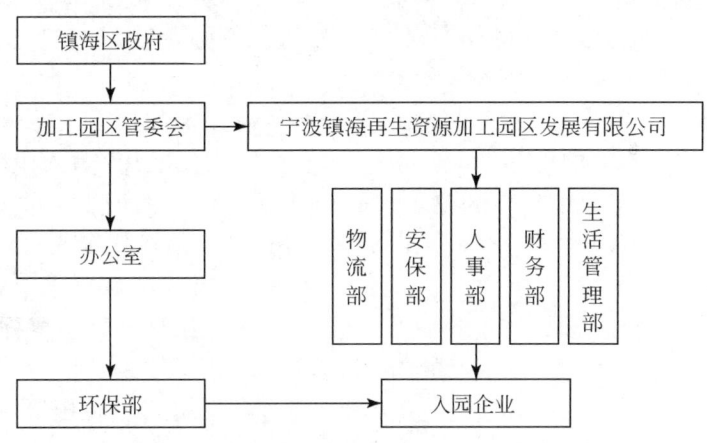

图 7-1 镇海再生资源加工园区组织机构图

7.1.1.3 园区管理制度

为了保证园区生产、生活良好有序的运行,镇海再生资源加工园区在发展过程中也不断完善园区管理制度和规定,包括园区进口管理、企业入园条件、企业自律准则等,对于促进园区规范化、持续化发展具有重要意义。

1. 园区的进口管理

由于镇海再生资源加工园区内的废旧机电产品大部分是从国外的进口的,

所以为了规范园区的废旧机电产品的进出,镇海再生资源加工园区专门制定了货物流通管理的"四不准"制度,对进口废弃物的实行封闭化管理。"四不准"制度包括:第一,园区企业的进口批准证书进口口岸不准有其他港口,只允许一个港口,即宁波港;第二,口岸到港货物至园区运输途中不准社会车辆承运,必须由海关监管车队统一运输;第三,园区企业不准将未经彻底拆解的货物运出园区;第四,园区企业不准使用园区外企业的进口批准证书。以上"四不准"的管理方法,规范并确保了园区内进口废旧机电产品的合理处置。

2. 企业入园条件

再生资源产业属于节能环保型产业,是我国战略性新兴产业的重要组成部分,企业规模和数量不断增加,由于园区容量有限,加上再生资源加工产业的专业性比较强,也为了不断补充和完善园区的再生资源产业链,镇海再生资源加工园区对入园企业制定了严格的入园条件,保证了园区科学、合理、规范化发展。除对企业的合法性等一般要求之外,镇海再生资源加工园区的入园条件还包括以下几个方面。

(1) 从企业性质上,园区要求入园企业必须是从事进口废物原料的进口、加工、销售的经营企业,并在当地环境保护部门登记备案。

从企业资历上,园区要求入园企业从事境外废物原料进口、加工、销售达两年以上,并在海关、商检、环保、工商、税务等政府管理部门无不良记录。

(2) 从企业规模上,园区要求入园企业具有一定的规模,外商投资或合资企业注册资金在 20 万美元以上,内资企业注册资金在 100 万人民币以上。

(3) 从企业实力上,园区要求入园企业具备较好的加工废物资源能力,具有 10 台以上的废物加工设备,15 人以上经过培训的操作工人,5 人以上的高素质管理人员。

(4) 从企业内部管理上,园区要求入园企业应当具有公司章程、生产工艺流程及其操作规程、安全生产责任制度及环境保护责任制度。

镇海再生资源加工园区通过设定严格的企业入园条件,在拒绝一部分规模较小、技术落后、污染严重的再生资源企业的同时,也吸引了大量资金雄厚、技术一流、管理经验丰富的优秀再生资源企业入驻,不断完善和优化园区产业链,推动园区的持续快速健康发展。

3. 企业自律准则

针对已经入园的企业,园区也规定了一套严格的纪律准则,加强管理,以此来保证园区工作的有序、有效进行,同时确保环保目标的达成,促进园区持续健康的向前发展。

园区主要的自律准则有以下几点:首先,企业应当遵守国家和地方颁布的法律、法规,认真学习和贯彻执行各项方针政策,遵守产业园区制定的各项规章制度、信守合同、合约，照章办事；其次，企业在进口和加工废物原料过程中，应自觉抵制有度、有害、有放射性以及国家明文禁止进口的废物原料，按照海关、商检、环保及相关部门的要求办理废物原料进口手续，不走私进口废物原料，不假借进口废物原料名义走私进口其他物资、物品，不倒卖进口的第七类废物原料；最后，企业领导和管理人员不断提高环境保护意识，带头遵守国家的环境保护法规，注重环境保护设施的投资和建设，不断提高企业的环境保护能力。

7.1.2 园区主要业务

宁波市镇海再生资源加工园区的主要业务类型以处理进口的废旧机电为主，包括废旧电机拆解、废旧电线电缆的拆解和废旧五金电器的拆解等业务。本小节将主要介绍园区的主要业务及其主要设备和拆解工艺。

7.1.2.1 废旧机电拆解业务

镇海再生资源加工园区根据电机拆解的要求，把废电机分为两类：带壳废电机和不带壳废电机。这两类电机在拆解流程、拆解设备、拆解工艺及都有所不同。

1. 废旧电机的拆解工艺

带壳废电机的拆解。带壳废电机拆解时，首先根据不同的外壳材料，采用不同的方法将外壳去掉；其次分离废电机的定子和转子，并分别拆解定子和转子。

不带壳废旧电机的拆解。不带壳废旧电机一般只有两种物质：一种是矽钢片，另一种是铜线。不带壳废电机先经过机械挤压，然后由分解工人手工分离。

2. 废旧电机拆解主要设备

（1）热洁炉。目前，热洁炉是废旧电机拆解中所主要使用的焚烧炉，其存在两个相对独立的加热系统和温度烟雾控制系统，第一加热系统将炉加热到一定温度并控制炉内气温，使有机物分解（或裂解）成由简单物质组成的可燃白色气体，当这些气体进入到第二加热系统并停留几秒被高温彻底处理后，通过烟囱排出二氧化碳和水蒸气等无害物质。E280型热洁炉的外形如图7-2所示。

（2）拉铜机。拉铜机是用机械方式将定子中的铜线从定子中拉出来的设备，避免了焚烧炉焚烧对铜线所造成的破坏，是目前采用较广泛的一种方式。

图 7-2　E280 型热洁炉

3. 废旧电机拆解后的废弃物及处理方法

废旧电机拆解过程中的主要废弃物是泥土,处理方法是卫生填埋。其次为油污,现在大多数油污处理方法是用水冲洗,污水流入隔油池中,经污水处理系统进行处理至达标排放。隔油池的浮油渣需要定期清理,隔油池中沉淀的污泥处理一般采用集中填埋的方式。

7.1.2.2　废旧电线电缆拆解业务

电线电缆一般是由金属线芯、绝缘层和保护层(或称护套)组成的。金属线芯主要分铜、铁和铝三种;绝缘层由绝缘胶、绝缘纸及其他有机绝缘材料组成;保护层材料一般为金属材料或非金属材料。废旧电线电缆一般按电线电缆的金属种类分为废旧铝线和废旧铜线,是镇海再生资源加工园区的主要加工对象之一。

(1) 废旧电线电缆的拆解工艺。镇海再生资源加工园区拆解企业常用的方法有三种:手工剥皮法、机械剥皮法、铜米机处理法。这三种方法的应用主要取决于废旧电线电缆的品种以及拆解企业的经济实力。一般来讲,手工拆解的都是些容易用手工刀剥皮的粗线,剥线机主要用于粗电缆、铜芯比较粗的电线电缆,铜米机适用于拆解细的、柔软的电线电缆。

(2) 废旧电线电缆拆解主要设备。目前,镇海再生资源加工园区在废旧电线电缆拆解中使用的工具有:剥线刀、剪刀、剥线机、铜米机等。

(3) 废旧电线电缆拆解后废弃物处理方法。废旧电线电缆拆解过程中的主要废弃物是泥土、废纸以及铜米机中产生的灰尘等，处理方法是卫生填埋。泥土经收集之后做填埋处理，废纸作为垃圾运往垃圾处理厂处理，加工区内的灰尘经各种吸尘器吸附收集后由专门人员定期处理。

7.1.2.3 废旧五金电器拆解业务

镇海再生资源加工园区废旧五金电器主要依靠进口，包括废旧程控交换机、废旧燃气表、废旧空调水箱、废旧电机、废旧冰箱外壳、废旧喇叭、废旧电控柜、废旧铝门窗、废旧开关、废旧电线电缆等。

（1）废五金电器的拆解工艺。由于废五金电器种类多，镇海再生资源加工园区首先要对废五金电器进行分类；然后，根据各种废五金电器的不同成分分别进行拆解。

（2）废旧五金电器拆解主要设备。镇海再生资源加工园区在废旧五金电器拆解中使用的工具主要有铁锤、剪刀，以及各种规格的钢钎、氧焊枪、电动螺丝刀、叉车、翻斗车等。

（3）废旧五金电器拆解后废弃物及处理方法。废旧五金电器拆解过程中的主要废弃物是泥土、拆解过程中产生的灰尘等，其处理方法是卫生填埋。

7.1.3 园区产业链链接模式

按照不同的废旧原料及产品划分，宁波镇海再生资源加工园区主要有两种产业链链接模式，即以原料为主导的产业链链接模式和以产品为主导的产业链链接模式。

7.1.3.1 以原料为主导的产业链链接模式

因宁波镇海区独特的区位优势，园区周围原已存在众多金属深加工企业，所以园区内处于废旧机电再利用产业链的初级部分，主要为简单地拆解与收集废旧机电产品中的可再利用成分，如废钢、废铜、废铝，并将这些可再利用的资源提供给产业链的下游企业。但是，为提高产业链间资源的梯级利用效率，可在园区内建立收购这些资源的下游企业，实现园区内初级加工后的深加工。通过关联度分析可知，废钢铁可作为该园区的主导产业链，以废钢铁资源为主导拓展产业链，从而提高了资源的利用效率。

7.1.3.2 以产品为主导的产业链链接模式及生产线建设

以产品为主导的产业链链接模式是根据不同的最终产物而设计的产业链链接模式，如第四章图 4-3 所示。园区内废旧机电产品经过中游企业的初级加工及素材加工，拆解产物主要包括五种：废铝、废铜、废钢、废不锈钢和废塑料。不同的拆解产物在经过不同的深加工后制成铝锭、铜丝铜杆、钢块和不锈钢制品等。

该模式的主要链段包括上游企业、园区拆解企业和下游深加工企业，具体情况如下所示。

1. 上游企业

目前，绝大多数再生资源产业园区的废金属主要靠国外进口，主要的进口国家为美国、日本、韩国及欧洲各国，其中欧美国家的废物回收企业基本上都是家族企业，并在全国各地建有若干料场。目前，中国进口废料主要来自国外的 8 家企业：美国阿尔布特钢铁金属公司、美国奥特实业公司、美国 California Metal-X（CMX）公司、美国工商五金公司（CMC）、意大利 Pyrcco 金属回收公司、荷兰 Reukema 再生金属贸易有限公司、比利时 Sinomet Recycling S. A 金属回收公司、比利时 Partners Metal 公司。这些公司大多是提供废铜、铝、钢材等有色金属废料的供应商。

2. 园区拆解企业

宁波镇海再生资源加工园区内有近 90 家企业，主要从事废旧电机、废电线电缆及废五金电器的拆解。废电机和废五金电器首先通过人工或机械拆解，然后采用机械分选或人工分选对各类物质进行分类处理。园区对进口废料拆解后所得到的主要资源为废铜、钢、铝，不锈钢等金属，这些金属经压块后运往下游企业，一些分选后少量的印刷线路板等复杂废料运往下游企业提取金属及其他物质。

3. 下游企业

根据园区加工后的资源分析，不同种类资源流向不同的下游企业。目前，宁波园区的下游企业主要包括铅、铝、铜、锌、塑料等企业。废铜经熔铸加工成为铜杆，铜丝及铜合金板材等；废铝主要加工成为铝合金锭等进入市场出售；废钢主要通过熔铸加工形成各种钢管及钢块等产品；一些其他的金属如铅等通过建工形成铅块、合金等；一些少量的塑料通过下游企业进行加工造粒进行再利用。目前其主要的下游企业情况如表 7-2 所示。

根据宁波镇海再生金属资源产业园区的实际状况，园区处于废旧机电再利用产业链的初级阶段，该阶段主要为简单地拆解与收集废旧机电产品中的有用成分，并将这些有用的资源提供给产业链的下游企业。为提高产业链间资源的梯级利用效率，园区内较适宜建立收购这些资源的下游企业，实现园区内初级加工后再利用。

表 7-2　宁波镇海再生资源加工园区主要下游情况介绍

公司名称	主要业务
山东天圆铜业有限公司	是一家专业生产高精度铜及铜合金板带、棒材、阳极板的加工企业，主要生产锡磷青铜、紫铜、黄铜、白铜系列板带、电缆、电线棒材及各种型号规格丝、阳极板等二十余种产品
山东金升有色集团有限公司	主要生产连铸连轧光亮圆铜杆生产线和高纯阴极铜生产线；新格集团致力于二次铝合金、锌合金的生产及废金属贸易，主要收集废铝料，将其进行熔解铸锭
安徽华鑫铅业集团有限公司	是以废旧电瓶回收和再生铅冶炼加工为主导产业，公司的产品有还原铅、精铅、合金铅、氧化铅、电瓶极板、塑料电瓶壳、电瓶等
湖北金洋冶金股份有限公司	是以有色金属再生冶炼、铅基系列合金研制与生产为主的专业化公司，主要产品有：免维护铅蓄电池板栅低锑、铅钙系列合金、铅锑系列合金、电解铅、精铅、锑硒合金、核屏蔽铅构件、全密闭蓄电池正/负接线柱衬套铅零件、铅丝、铅粒及副产品等
宁波香豪莱宝金属工业有限公司	主要生产锌基合金及其他各类有色金属；通过利用各种再生金属，生产各种规格铜杆、裸铜丝、镀锡丝、铜棒、铝合金锭、锌合金锭等
开来丰泽有限公司	是台州金属再生行业规模最大的企业之一，主打产品是压铸铝合金锭；台州齐合天地金属有限公司是环境保护部定点的固体废弃物进口、回收、拆解加工、综合利用的外商企业，主要产品是铝合金锭
河北华澳废弃物加工处理有限公司	主要对废塑料进行粉碎、造粒加工等
江苏邦中高分子材料有限公司	主要对废塑料进行粉碎、造粒加工等
亚星（太仓）再生资源开发有限公司	主要对废塑料进行粉碎、造粒加工等
丰立集团	主要回收各种废钢材，生产各种标准的精密钢管、焊管，各种规格的废钢铁压块等
怡球金属熔化（太仓）有限公司	主要生产高品质压铸、铸造型、翻砂用之铝合金及锌合金

7.1.3.3　园区废旧机电产品集成技术生产线建设

产业链链接模式的不同，使得不同园区内的生产线建设也存在差异。以上文内容为基础，接下来将从整个产业链的角度，研究生产线的组成及工艺流程，提高区域内再生资源产业的衔接度，促进整个区域内再生资源产业的发展。

区域内的废旧机电产品集成技术生产线包括废旧机电产品的供应、分类、拆解、破碎、分选、熔融、铸造等过程，由于区域内废旧机电产品再生产业链的形式不同，区域内废旧机电产品集成技术生产线有两种模式，如图 7-3 及图 7-4 所示。

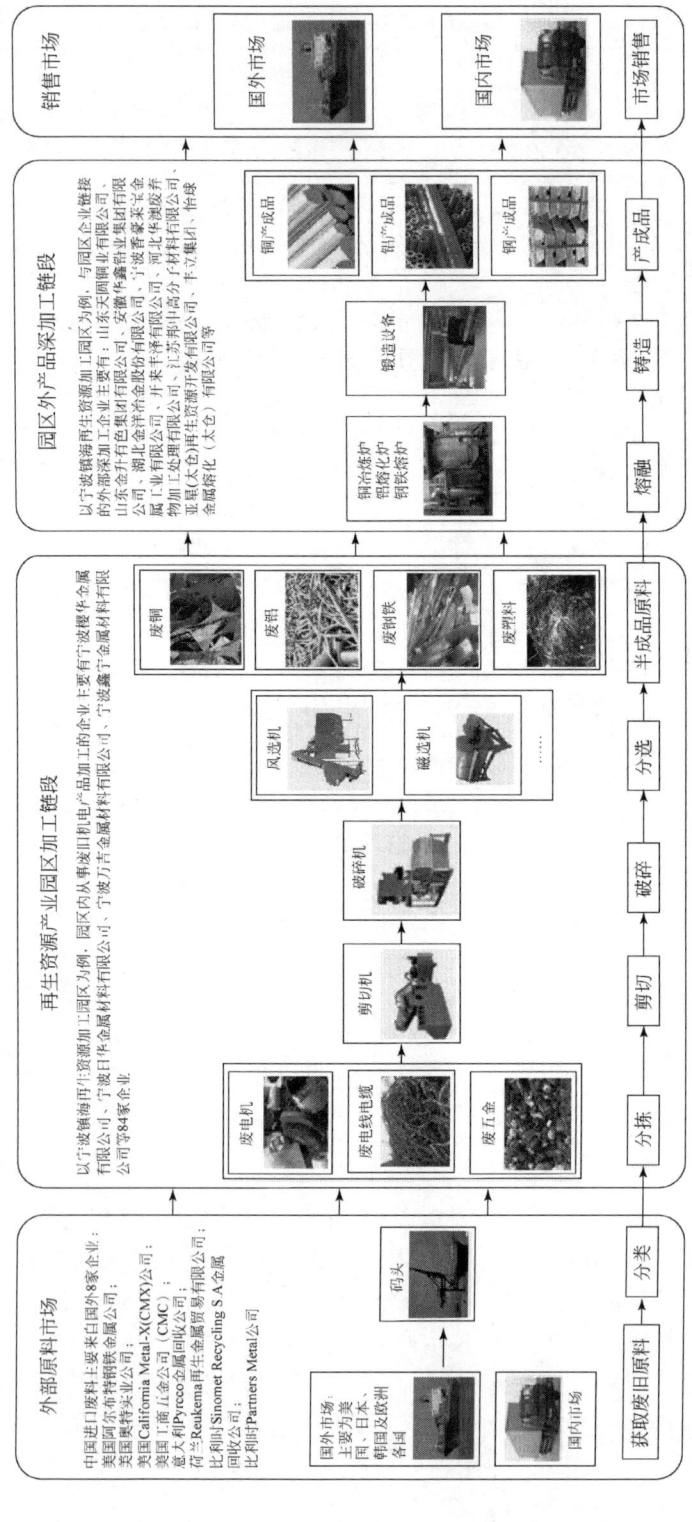

图 7-3 松散式区域内废旧机电产品集成技术示范生产线示意图

第 7 章 再生资源生态工业园区建设案例 | 175

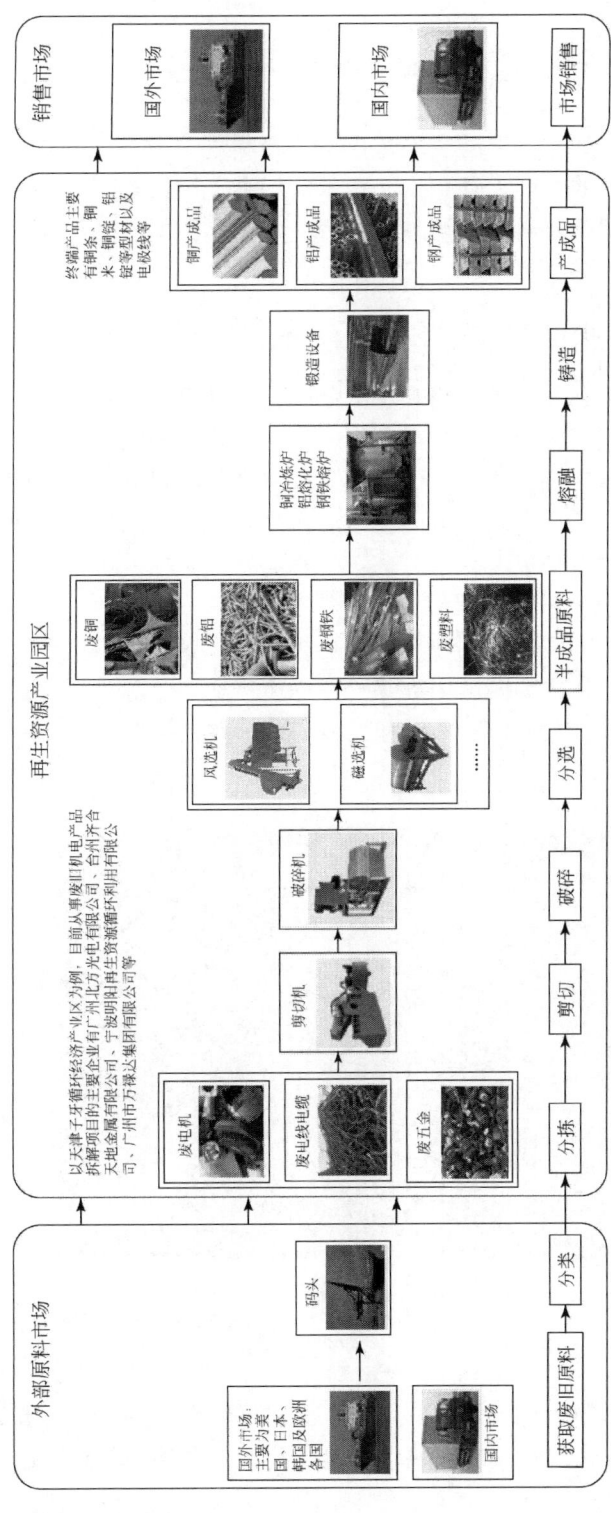

图 7-4 集中式区域内废旧机电产品集成技术示范生产线示意图

注：集中式区域内废旧机电产品集成技术示范生产线，以天津子牙循环经济产业区为代表。园区内除了废旧机电产品的拆解加工之外，还包含了半成品原材料的熔融、铸造等深加工过程。园区的最终生产的产品分为铜锭、铝锭、钢管等工业用原材料。集中式的产业链长且链接紧密，产品的附加值高，具有更高的经济效益。但是由于深加工企业中容易产生污染性的气体与固体废弃物，因此采用集中式模式的再生资源产业园区应格外重视园区的环境保护工作，加强环境监督，避免产生环境污染，以实现经济效益与环境效益的双赢。

7.1.4　园区废旧机电产品再生利用技术

宁波镇海再生资源加工园区在发展过程中，不断建立废旧机电产品示范生产流程，注重引进先进的生产设备和生产技术，提高废旧机电产品生产的效率和有效性。本小节介绍镇海再生资源加工园区生产中利用的主要再生利用设备和生产工艺流程。

7.1.4.1　废旧机电产品再生利用设备

废旧机电产品再生利用技术的前提和关键是先进的生产设备，宁波镇海再生资源加工园区在废旧机电产品回收再利用过程中，应用到的主要设备包括铜米机、双辊破碎机、风选机、磁选机、涡流分选机和造粒机等，先进的生产设备保证了废旧机电产品的再利用，下面就镇海再生资源加工园区主要产品再生利用设备作简单介绍。

1）铜米机

目前，我国多数铜米机的使用效果不理想，而宁波镇海再生资源加工园区示范生产线所使用的铜米机为园区内部综合考虑生产成本、纯度及环保要求等指标自行设计研发而成，相比国内目前的铜米机设备，其有了进一步突破（图7-5）。

图7-5　铜米机

2）双辊破碎机

双辊破碎机是利用两组单独传动的辊轴，相对旋转产生的挤轧力和磨剪力来破碎物料。宁波镇海再生资源加工园区示范生产线所使用的双辊破碎机采用双轴联动，带动刀片剪切，对电缆进行初次破碎加工，破碎成 20~30 厘米的长度不等的线段（图 7-6，图 7-7）。

图 7-6　废电机破碎机

图 7-7　废五金电器破碎机

3）风选机

宁波镇海再生资源加工园区示范生产线所使用的风选机主要用于废电线电缆破碎后的铜米和塑料的分离。利用风能将铜米通过管道运输，至储存料斗。该过程免去了人工运输或庞大的输送带，合理利用场地的高度，实现立体式生产。

4）磁选机

用于废旧机电产品再利用的磁选机一般为干式电磁磁选机，磁场强度越高，分选效果越好。宁波镇海再生资源加工园区示范生产线所使用的磁选机为转笼式磁选机，主要用于废电机、废五金类破碎后的磁性金属颗粒与非磁性颗粒分选。

5) 涡流分选机

涡流分选是一种在固体废弃物中回收有色金属的有效方法，可以使有色金属从混合废物流中分离，或者实现轻有色金属材料与比重相近的塑料材料之间的分离。宁波镇海再生资源加工园区示范生产线所使用的涡流分选技术可以将不锈钢和塑料从铜、铝等中分离。

6) 造粒机

宁波镇海再生资源加工园区示范生产线所使用的造粒机主要用于废五金回收再利用。由于破碎机破碎后的金属呈不规则形状，通过造粒机可以进一步加工成大小形状相近的金属颗粒，以方便后续的加工与处理（图7-8）。

图7-8　废旧塑料破碎机、造粒机

7.1.4.2　废旧机电产品再生利用工艺流程

先进的工艺流程是废旧机电产品的根本保证。目前，宁波镇海再生资源加工园区废电线电缆、废电机、废五金的拆解工艺如图7-9所示。按照该工艺，建立了废电线电缆示范生产流程、废电机示范生产流程和废五金示范生产流程三条示范生产流程。

1) 废电线电缆示范生产流程

宁波镇海再生资源加工园区废电线电缆示范生产流程图如图7-10所示。由于各种规格、各种型号的废旧电缆线相互缠绕，不便于分类处理，所以废电线电缆拆解的首要任务是将废电线电缆用液压剪刀进行剪断处理，以方便后续处理顺利进行；然后，用抓斗将剪切好的废电线电缆运送至人工分拣摊位，使用手工将其分为不同种类的废电线电缆；采用输送带方式将分选后的废电线电缆送到双辊破碎机中进行第一次破碎加工，经过破碎后，废电线电缆转变成20~30厘米的长度不等的线段；使用均分机将破碎过的废电线电缆平均分配到两个规格相等的铜米机中进一步粉碎，经铜米机加工之后电线电缆变成较小

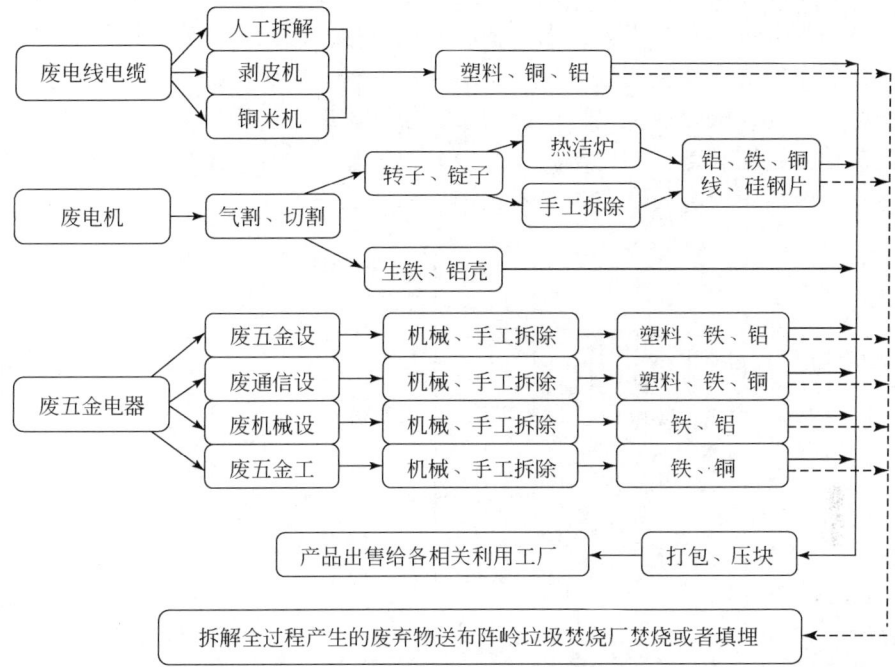

图 7-9 废物拆解工艺流程示意图

的铜米；因铜米中仍含有塑料等杂质，还需要再利用风能将铜米通过管道运输至储存料斗；最后，进行两次分选，将金属铜和塑料完全分离。

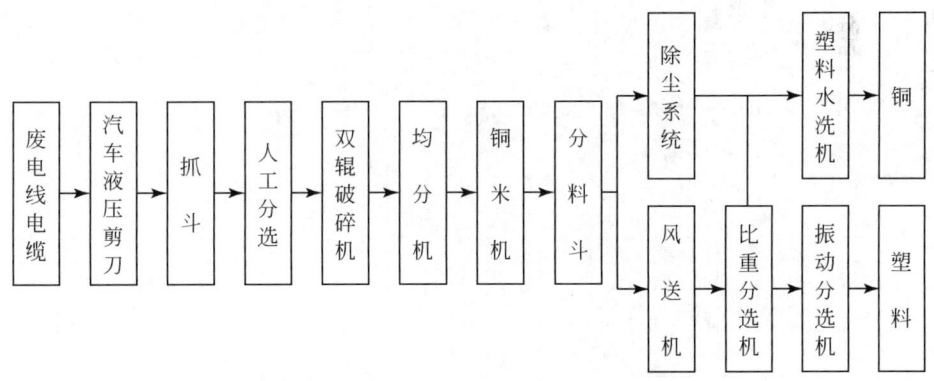

图 7-10 废电线电缆示范生产流程图

2) 废电机示范生产流程

宁波镇海再生资源加工园区废电机示范生产流程图如图 7-11 所示。由于废电机的种类多样，与废电线电缆一样，废电机在拆解前需要进行破碎处理。进料斗是废电机在加工车间的存储运输工具，废电机首先放入进料斗中，由输送机运输到破碎机处作破碎处理,经过一级振动筛之后进入一级磁选机,磁选处理后的废电机碎片可以分为磁性金属及混杂物,磁性金属由输送机运往存储场所,剩余的混合物需要进行进一步的筛选,经二级磁选机、二级振动筛和涡流分选机处理,此时混合物可以分为塑料与不锈钢类、铜铝类。为了进一步分离出铜铝中的铜和铝,铜铝混合还需做分选处理。经过一系列的处理,废电机最终被分解为磁性金属、塑料与不锈钢、铜和铝。

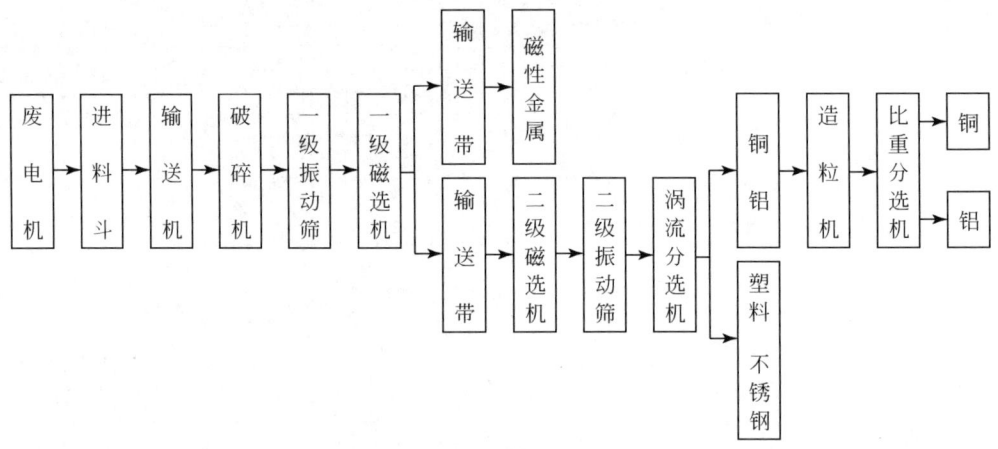

图 7-11 废电机示范生产流程图

3) 废旧五金示范生产流程

宁波镇海再生资源加工园区废旧五金示范生产流程图如图 7-12 所示。废五金电器的再生过程和废电机非常的相似,但由于废五金的外在物理特点与废电机不同,在进行破碎之前,首先用液压剪刀剪切,将大块的废五金电器切割成小块便于以后的运输与破碎。废五金电器小块经过带式磁选和人工分选之

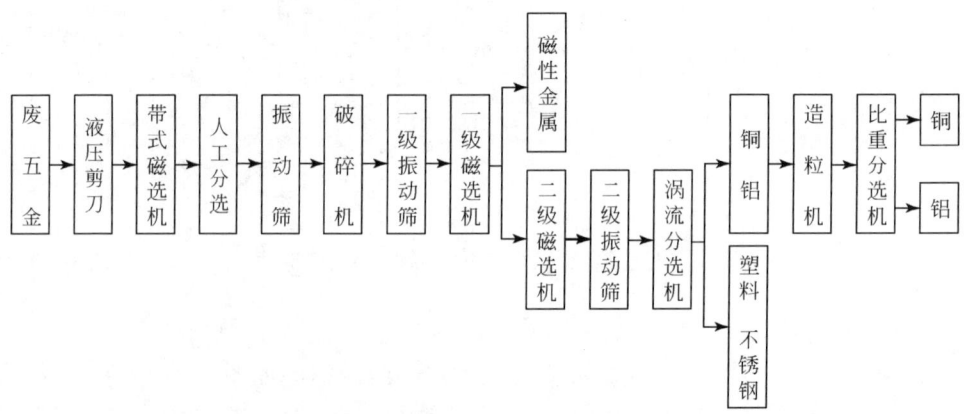

图 7-12 废五金示范生产流程图

后，进入振动筛。破碎机将废五金小块破碎为更小的碎片，经过一级磁选机的磁选之后，此时废五金电器碎片可以分为磁性金属及混杂物，磁性金属由输送机运往车间内相应的存储场所，剩余的混合物需要进行进一步的筛选，包括二级磁选机、二级振动筛和涡流分选机，此时混合物可以分为塑料与不锈钢类、铜铝类。为了进一步分离出铜铝中的铜和铝，铜铝混合还需做分选处理。经过一系列的处理，废五金电器最终被分解为磁性金属、塑料与不锈钢、铜和铝。

7.1.5 园区清洁生产

清洁生产是园区经济和环境协调持续发展的重要手段，宁波镇海再生资源加工园区在发展过程中不断完善清洁生产管理体系，推动园区清洁生产活动，预防园区生产活污染。本书将以宁波镇海再生资源加工园区的齐合天地集团有限公司为例，对园区清洁生产管理体系进行阐述，包括清洁生产工作、清洁生产技术和保障措施等。

1. 企业概况

齐合天地集团有限公司是环境保护部定点的第七类废物进口、拆解、加工、综合利用企业，分别在台州园区和宁波镇海再生资源加工园区设有加工利用基地。

目前，公司年拆解加工能力达50万吨，位居全国同行业之首。公司成立10年来，累计进口拆解加工利用废旧金属180万吨，资源回收率达到98.5%，共获得再生铜23万吨、再生铝17万吨、废钢铁135万吨、废塑料2.3万吨。以再生铜平均年产量2.3万吨计算（相当于国内大中型铜矿年产量），可以配套生产汽车285万辆，或卡车133万辆、空调333万台、冰箱666万台。大量廉价的再生金属资源有效地满足了当地制造业对金属原材料的巨大需求，促进了地方工业经济的快速发展，并带动了当地港口、物流、商贸等第三产业的发展。

2. 企业推动清洁生产工作

齐合天地集团有限公司不断提高环保管理水平，把控制二次污染放在发展的突出位置。公司相继投入大量资金，建设了标准的现代化厂房，添置了大量环保设施，严格控制"三废"的排放，并采取了以下一系列措施推动清洁生产工作：

（1）采取了雨污分离装置，雨水收集利用、污水经隔油沉淀处理后循环使用，实行地面硬化防止污水渗漏地下。

（2）对金属熔炼过程中废气排放、粉尘回收系统进行了全面技术改造，配置了脉冲箱式除尘器，采用"二级旋风除尘器+布袋除尘器+引风机"的先进工艺，使烟尘排放浓度≤50毫克每标准立方米，烟气黑度<林格曼1级，达到工业废气排放一类标准。

(3) 对于拆解流程中需要热处理的工艺环节，公司投入 800 多万资金对焚烧处理设备进行升级改造，先后淘汰更新了四代焚烧炉，最新投入使用具有二次燃烧系统和水浴净化除尘装置的第五代 HTF-45 型环保焚烧炉，同时使用液化气清洁能源，减少二氧化硫的产生。

(4) 拆解回收过程中无法被回收利用的固体废渣集中收集后交由环保部门进行统一无害化处理，减少了"三废"的排放。

此外，公司在再生铜材、铝合金锭生产线和新型焚烧炉中运用了尾气余热回收技术，每年可降低燃料油和液化气消耗 15%；并在金属熔炼过程中使用风机变频自动监控技术，每年可节电 50 万千瓦时。这些节能技术的应用，在降低了能源消耗的同时，也提高了企业的经济效益。

3. 企业的清洁生产技术

除上述清洁生产的推动工作以外，齐合天地集团公司在非金属的循环利用、余热的循环利用、水的循环利用等方面也具备较成熟的技术以及生产模式。

1) 废金属的循环利用

废旧金属经过拆解、分拣，分离出有色金属、黑色金属、塑胶、贵金属四大类。有色金属包括废铜、废铝、锌、镁等；黑色金属主要包括废钢、矽钢片、不锈钢、废生铁、轴及轴承类圆钢件；塑胶包括废塑料、废橡胶；贵金属包括金、银等。其中，废铝通过熔炼调质用来生产再生铝合金锭，废铜通过熔炼及连铸连轧用来生产再生铜杆、铜线等产品，废塑料和橡胶粉碎、造粒可成为再生塑料和再生橡胶原料。而铝合金锭又可用来生产铝压铸件、铝浇铸件、铝挤压件；铜杆、铜线又可用来生产电线、电缆等；旧生铁、矽钢片经翻砂、冲压可直接生产机电、机床类配件等见图 7-13。

2) 再生铝合金锭生产线的余热循环利用

在铝合金锭的生产过程中，将废热回收用于加热原料，有效利用废气热能并降低废气排出温度。然后将废气抽离作业区，送至集尘器处理，过滤处理废气中之污物，达标排放过滤后之废气，见图 7-14。

3) 水循环利用

在废水排放上，同样采用循环利用方案。原料经水洗后，主要成分为附着于原料表面所产生的粉尘。通过沉降水池让其沉淀后，将清水抽至冷却用水池重复使用以降低水资源需求量；冷却回收水主要为冷却铝锭浇铸模具用水，此部分用水大部分均蒸发，剩余的水则抽至冷却水池降温。同时原料水洗区的回收水将冷水降温并适当补充其蒸发量，通过这一循环利用设计，基本上达到不排放废水（图 7-15）。

4. 企业推进清洁生产的保障措施

(1) 原料供应。经过多年努力，公司与欧美等国的大型废旧金属供应商建立了稳固良好的合作关系，确保在原料供应环节具有稳定性、连续性、竞争

第 7 章 再生资源生态工业园区建设案例

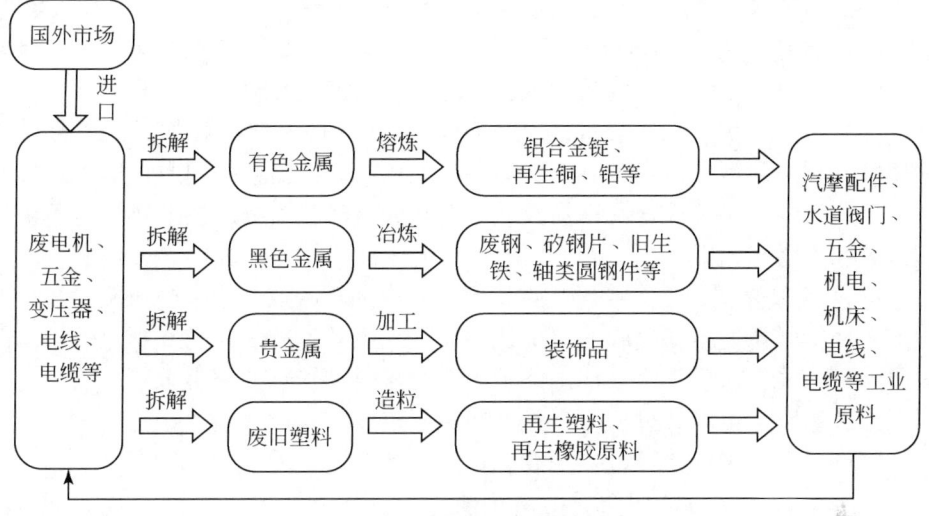

图 7-13 废金属拆解物质循环示意图

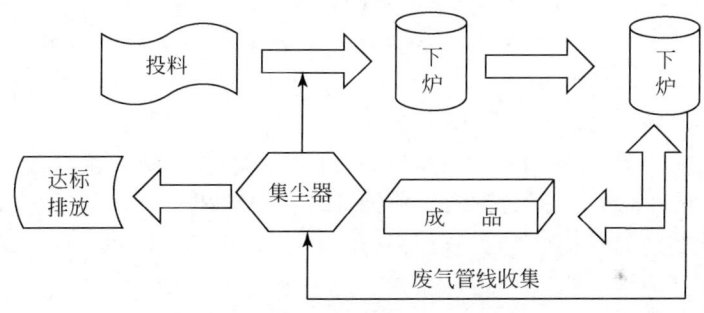

图 7-14 废气热循环示意图

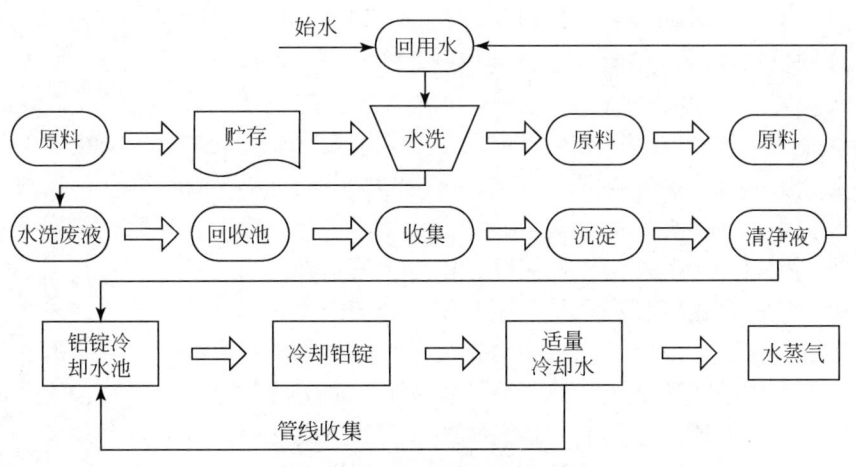

图 7-15 废水循环示意图

性，为公司未来业务进一步拓展提供了原料方面的保障。

(2) 区位交通。公司所在区域为浙江东部，沿海有多个优良港口。区域内公路、铁路、航空线路均较为发达，港口及物流配套成熟。

(3) 人力资源。公司领导团队具有20多年废旧金属拆解加工回收领域专业经验，开拓创新、锐意进取；公司所在的浙江台州路桥是国内最早大规模从事废旧金属拆解加工综合利用的区域，拥有大量经验丰富、技术熟练的拆解管理人员和一线工人。

(4) 管理体制。在20世纪90年代末的亚洲金融风暴中，公司领导层抓住废旧金属拆解行业重新洗牌的历史机遇，导入国外上游供应商资本，引进国外先进管理模式，从创立之初便站在了行业内规模和管理的顶尖水平。以上市公司的标准和要求进行管理，公司先后通过了ISO9000、ISO14000及清洁生产等一系列标准化管理体系认证。

(5) 环保创新。废旧金属拆解回收行业的发展一度曾受困于较为严重的二次污染问题。公司通过技术引进和自主研发，开发了铜米机、剪切机、二燃室清洁能源焚烧炉等一系列环保设备，并建设了隔油池、废水沉降循环系统，全方位解决拆解回收过程中的废气、废水治理问题。这既提高了企业的环保生产水平，也带动了行业的环保水平。

(6) 产品升级。公司从当初单一的有色、黑色金属拆解制品发展到目前拥有高质量铝合金锭、铜材铜线、矽钢片冲件、电机定子以及各种再生金属产品等全方位的产品结构。今后公司将继续开发机电产品配件、有色金属制品配件等，延伸产业链，提高产品附加值。

(7) 产品销售。长三角是目前中国经济最为活跃的地区，区域范围内汽车、造船、机电产品、房地产、电器等产业非常发达，对金属及其制品的需求量巨大，而本区域内金属矿产资源匮乏，公司的金属产品制品以其良好的质量和低廉的价格深受下游制造业和贸易企业的青睐，产品供不应求。

(8) 经济技术研发。公司积极开展与大专院校和科研院所的技术合作，在废旧金属拆解和深加工方面开展了一系列的技术研究与实践。其中，废铝再生铝合金关键技术研究与示范工程项目被列入浙江省科技厅重点科技攻关项目。并实施了再生金属加工能量系统优化工程、年处理2万吨废电机定子技改项目等一批台州市节能与工业循环经济专项资金项目。

金属废物再生综合利用是典型的循环经济产业。齐合天地公司经过十年的努力探索与实践，建立了稳定的国外废金属原料来源供应保障，科学的拆解回收加工管理体系，严格的环保工艺控制标准，完善的产品销售网络，为我国金属资源再生行业树立了典范。本案例的推广和适用需满足以下几个条件：一是稳定的原料来源保障；二是相应的基础设施配套；三是二次污染控制和治理技术；四是周边地区下游制造业和贸易市场对金属材料及制品的需求。

7.2 天津子牙循环经济产业区

天津子牙循环经济产业区是目前中国最大的循环经济园区，是我国再生资源生态工业园区的另一典型代表，初步测算，园区年生产40万吨再生铜、20万吨再生塑料，成为天津及环渤海地区的"城市矿山"基地。本章节主要总结子牙循环经济产业区在园区协同、废旧家电再利用示范生产线等方面的发展经验[①]，为其他再生资源生态工业园区提供可借鉴之处。

7.2.1 产业区概述

子牙循环经济产业区，是中日循环型城市合作项目，也是经国务院批准的首家以循环经济为主导产业的国家级经济技术开发区，被国家发展和改革委员会、财政部、工信部、环境保护部和教育部先后批准为"国家循环经济试点园区""国家'城市矿产'示范基地""国家循环经济教育示范基地""国家级废旧电子信息产品回收拆解处理示范基地""国家新型工业化产业示范基地""国家进口废物'圈区管理'园区"，以及"中国国际青少年活动中心（天津）"。

截至2012年，园区已基本建成"一心、两带、三轴、三区"的空间结构。其中"一心"指高标准的科研服务中心和循环经济教育培训基地；"两带"为林下经济发展带、子牙河生态保护带；"三轴"是黑龙港河景观发展轴、园区快速路综合发展轴、新津涞公路产业发展轴；"三区"包括产业功能区、科研服务功能区、居住功能区。园区内建有大型公用工程岛，统一建设集污水处理、中水回用、雨水收集、废弃物处理等为一体的综合节能环保系统。产业区水资源循环利用率、废弃物无害化处理率、绿色建筑普及率等均达到100%。产业区以"厂在林下、林在厂中"为理念，林下经济带及周边绿化总面积达到3000万平方米，形成绿林、碧水、蓝天的园区生态景观。

7.2.2 园区管理体系

7.2.2.1 园区建设布局

子牙循环经济产业区在建设过程中重视园区建设布局，对园区选址、园区规模、园区协同等方面进行合理规划，确保园区的规范、合理和可持续发展。

---

① 天津子牙循环经济产业区相关资料主要来源于子牙园区管委会提供和子牙园区官方网页。

1. 园区选址

子牙循环经济产业区重视交通和区位优势，选址在交通便利并靠近港口的位置。园区位于天津市静海县西南部，与河北省大城县、文安县接壤。距离天津市区60公里，距离北京市区150公里，距离天津滨海国际机场60公里，距离天津新港90公里，与京沪、京九、京广铁路，以及天津机场、天津新港形成了立体式、综合化、现代化交通运输网络。便利的交通条件和良好的区位优势，为子牙循环经济产业区的发展和腾飞奠定了基础。

2. 园区规模

子牙循环经济产业区总体规划面积135平方千米，正在开发建设50平方千米。目前年吞吐能力为150万吨，每年可向市场提供原材料铜45万吨、铝25万吨、铁30万吨、橡塑材料30万吨、其他材料20万吨，形成了覆盖全国各地的较大的有色金属原材料市场。到2015年，园区再生资源产量将达到340万吨，其中铜70万吨、铝40万吨、橡塑材料100万吨、铁80万吨、其他材料50万吨，形成真正意义上的"城市矿山"。

3. 园区协同

子牙循环经济产业区在发展过程中，注重推进园区内企业与学校、企业与科研院所、企业与企业之间的深度研发合作，探索面向再生资源产业的技术协同创新模式。子牙循环经济产业区的一大特色是设有专门科技研发中心，为产业园区提供强有力的技术支持，不断提高废弃物再利用的广度和深度。

科技研发中心（图7-16）位于子牙循环经济产业区内，设有天津市循环经济科技研发中心、天津大学资源再生利用与再制造研究中心、南开大学中国再生资源研究中心、天津理工大学循环经济研究院子牙分院、天津理工大学循环经济技术工程研究中心、中华全国供销合作总社天津再生资源研究所等科研机构，并建立了天津子牙再生资源生产力促进中心、天津子牙循环经济孵化器有限公司、院士专家服务中心、天津市轮胎循环利用协会等公共服务平台。先后被批准为"天津市专家服务基地""天津市海外高层次人才创新创业基地""天津博士后创新实践基地"，以及"中国再生资源产业技术创新战略联盟科技创新产业化基地"。汇集了中国科学院、北京化工大学、四川大学、南开大学、天津大学等知名科研院所的多学科研发力量，围绕发展循环经济、生态环境建设、资源综合利用等课题开展科技研发，形成了以企业为主体、以市场为导向、产学研相结合的技术创新体系，先后承担了国家863项目、天津市科技创新专项、天津市科技支撑计划、天津市科技发展战略研究计划等多个项目。

7.2.2.2 管理制度

子牙循环经济产业区在发展过程中不断加强管理制度建设，先后建立了园区企业入园条件、入园流程、监管机制等，严格的管理制度保证了园区的规范

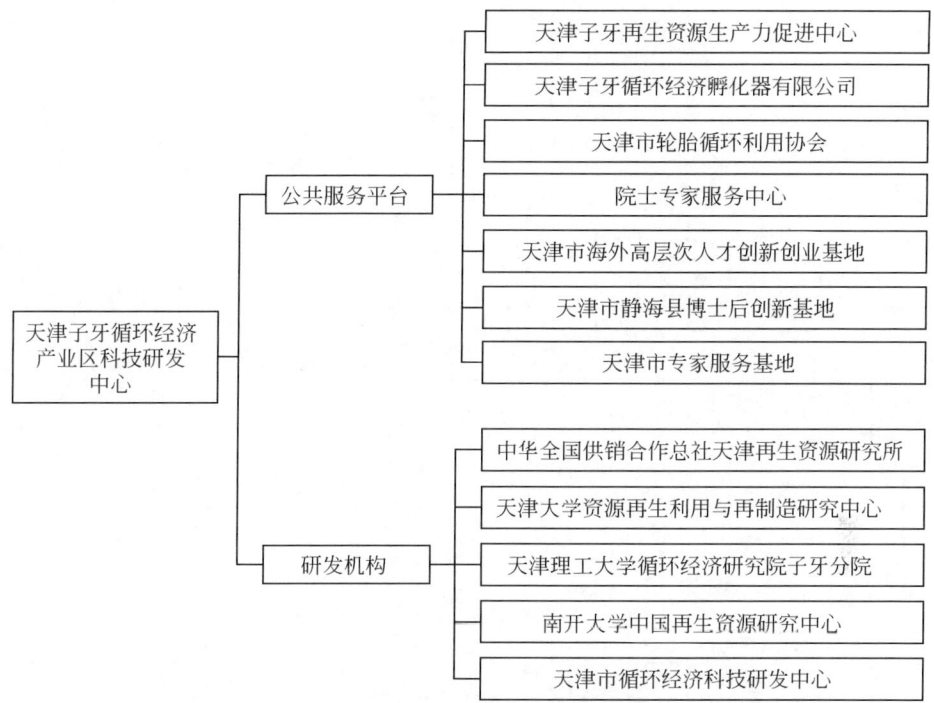

图 7-16　子牙循环经济产业区科技研发组织机构

化、秩序化发展。子牙循环经济产业区从规划建设到运行管理，园区建立了一套规范化的管理制度，对后来我国其他地区实行"圈区"化建设和管理的模式起到了重要的示范和推动作用。

1. 入园条件

子牙循环经济产业区对入园企业有着严格的要求，不仅规定优先发展废弃机电拆解业务等符合国家、天津市、静海县产业政策的企业，同时鼓励发展低污染、低能耗、高效益的高端优势企业。入区项目投资强度不少于 160 万元/亩，税收不少于 20 万元/亩。

2. 入园流程

子牙循环经济产业区对入园企业也有着严格的审批流程和秩序，入园具体审批流程见图 7-17。

3. 监管和管理机制

子牙循环经济产业区监管体系健全，管理机制规范。园区建有天津子牙循环经济产业区管理委员会，管理委员会作为政府的派出机构是子牙循环经济产业区的主体，依法对园区的建设实施统一规划、统一管理、统一指挥、三区联动、协调发展，实行"政府主导、市场运作"的政企分开管理模式。

同时，建立了海关、检验检疫、环保、园区"四位一体"的联合监管体

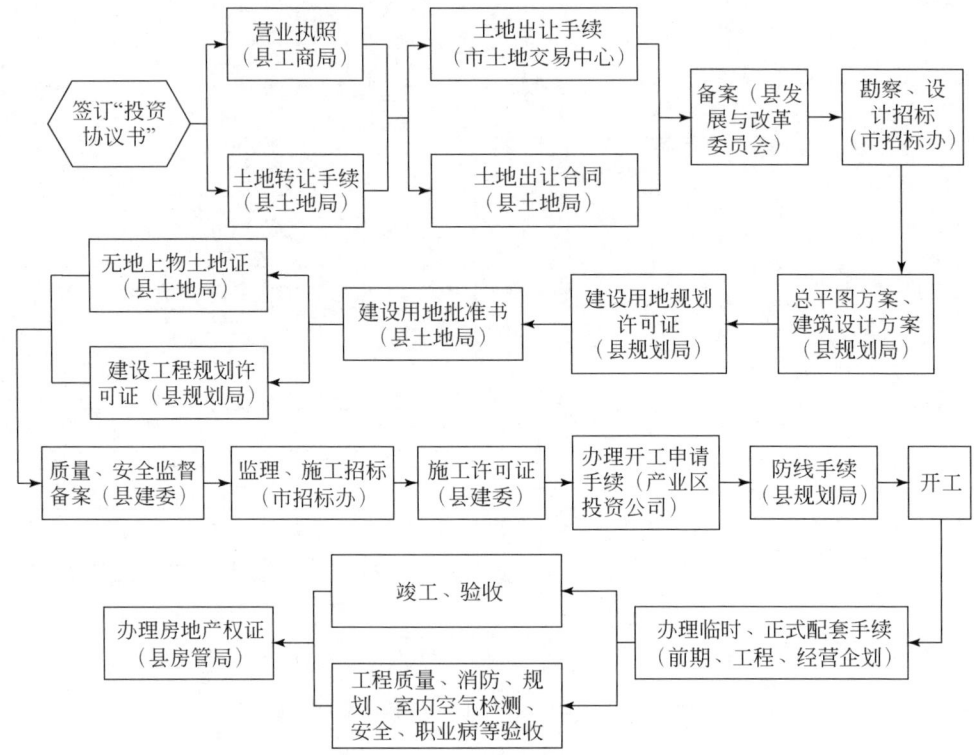

图 7-17 子牙循环经济产业园区企业入园审批流程

制和"全天候、无缝隙、保姆式"的服务体系,对生产过程实行全程数字化跟踪,严格控制可能产生环境危害的各个环节,实现了封闭式管理。

7.2.3 产业区产业

产业区目前入园企业 231 家,年处理加工各类工业固体废弃物能力 150 万吨。TCL 奥博(天津)环保发展有限公司的废旧家电项目和天津市国联报废机动车回收拆解有限公司的报废汽车项目投产运行,在全国同行业中起到了示范带头作用,实现了天津市废旧机电产品、报废汽车、废弃电器电子产品、废旧橡塑的产业集聚。初步测算,园区年生产 40 万吨再生铜,相当于江西铜业的年产量,比从铜矿中生产原生铜节约能耗 236 万吨标准煤,节水 2800 万吨,少排放二氧化碳 35 万吨、二氧化硫 5.6 万吨,综合节能率达 80%~85%,减排 80% 以上;年生产再生塑料 20 万吨,节约石油 120 万吨,相当于辽河油田年产量的 1/10,减排二氧化碳 64 万吨,节约能源 85%,节省加工费 70%~80%。

园区重点发展废旧机电产品、废弃电器电子产品、报废汽车、橡塑加工、精深加工再制造和节能环保新能源产业等六大产业。形成了"静脉串联"、"动脉衔接"、产业间"动态循环"的循环经济发展"子牙模式"。

园区以废弃机电产品行业为主，同时包含了精深加工与再制造、废旧电子信息产品、橡塑加工，以及节能环保新能源等其他产业，见图7-18。各行业投资总额见图7-19。

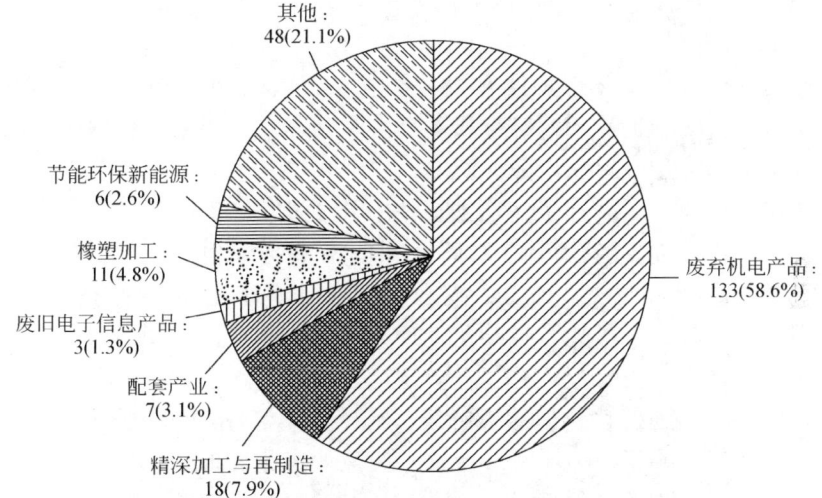

图7-18 子牙循环经济产业园区内行业分布（单位：家）

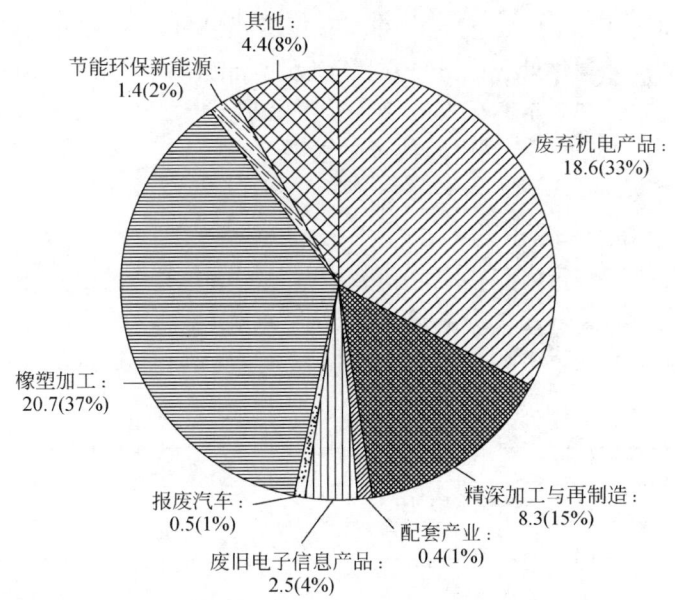

图7-19 子牙循环经济产业区内各行业投资总额（单位：亿元）

7.2.4 产业区废旧家电产品再生利用技术

在科技研发中心、合理的规模规划等的支持下,天津子牙循环经济产业区技术创新不断涌现,提高了废弃物再利用的广度和深度,推动园区再生资源的快速发展。本小节将以天津子牙循环经济产业区内的 TCL 奥博(天津)环保发展有限公司为例①,阐述园区内的典型再生利用示范生产线。

1. 企业概况

TCL 奥博(天津)环保发展有限公司成立于 2009 年 6 月,是由惠州 TCL 环保资源有限公司、天津市博奇金属制品有限公司、天津子牙环保产业园有限公司共同组建的大型环保型企业。

公司位于天津子牙循环经济产业区内,占地面积 28.1 万平方米,一期投资 3 亿元人民币。主要经营范围包括:废旧家电及电子电器产品拆解与加工处理,废五金、废塑料回收、加工,废水、废液回收处理,货物与技术进出口等。公司工艺设备以机械化、自动化处理为主体,拥有目前国内家电拆解处理项目中投资额最大、技术最先进的生产线,其中包括:用于电视机、洗衣机、电冰箱、空调、电脑拆解处理的拆解线,用于金属、塑料分选的分选处理线,用于处理生产过程中所产生废液、废气、废渣的三废处理线。

2012 年 7 月,公司被财政部、环境保护部、国家发展和改革委员会、工信部纳入第一批废弃器电子产品处理基金补贴范围的处理企业名单。通过采用以上达国际先进水平的工艺与设备,在直接产出可再生利用原材料的同时,将有害物质进行无害化处理,其中对于三废处理的排放标准将同时满足中国及欧盟的环保相关法规要求。公司于 2012 年顺利通过 ISO9001、ISO14001、OHSAS18001 三体系认证,达到国际认可的水平。

2. 生产工艺

1)含氟利昂废旧家电处理工艺

含氟利昂类废旧家电包括电冰箱、空调等,这些家电主要组成为压缩机冷却系统、聚氨酯与聚苯乙烯等隔热发泡材料,以及金属塑料等外壳内装与零组件。含氟利昂废旧家电资源化处理方式如表 7-3 所示。

表 7-3 含氟利昂废旧家电资源化处理方式

资源化处理后物质	后续处理方式
玻璃、铜、铝、铁	资源物可销售
压缩机油	受污染机油以有焚化方式处理或纯化还原使用

---

① 资料主要由 TCL 奥博(天津)环保发展有限公司提供。

续表

资源化处理后物质	后续处理方式
压缩机电机	回收使用或压碎分类回收
塑料混合料	进入混合塑料分选线，再生塑料原料利用
聚氨酯材料	进入冰箱处理线，进行破碎，回收发泡剂
电路板	预处理后，进入废电路板处理线
废电线电缆	进入废电线电缆处理线

针对废旧电冰箱、空调，先吸取回收压缩机中氟利昂、废矿油和大部分拆解外壳、压缩机等组件，再经密闭作业环境进行中间破碎与粉碎处理，最后将其成分中含铁、铜、铝金属聚苯乙烯、聚丙烯塑料及聚氨酯材料等可回收物质回收处理，不可回收物质做最终处置，见图 7-20 和图 7-21。

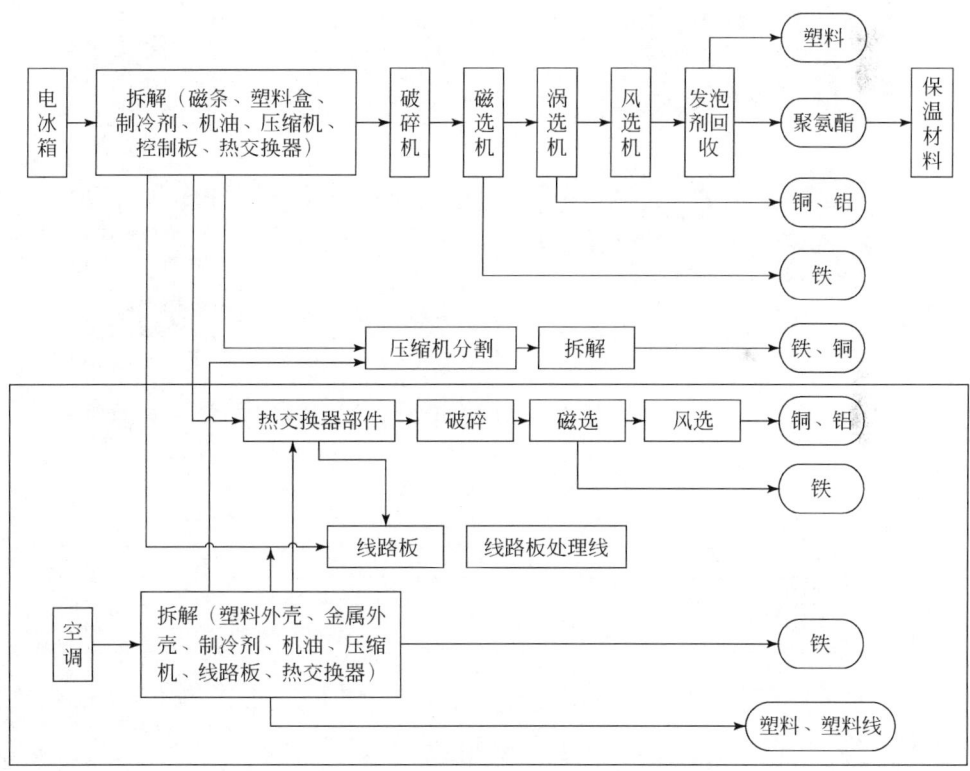

图 7-20　含氟利昂废旧家电处理工艺流程图

2）含显像管类废旧家电处理工艺

含显像管类的废家电如电视机、监视器和计算机屏幕等，需要对显像管进行处理，采用设备将屏玻璃与锥玻璃分离，吸取屏玻璃上的荧光粉，另外拆除电路板及电线，以进行后续电路板、电缆及外壳处理。含显像管类废旧家电资源化处理方式如表 7-4 所示。

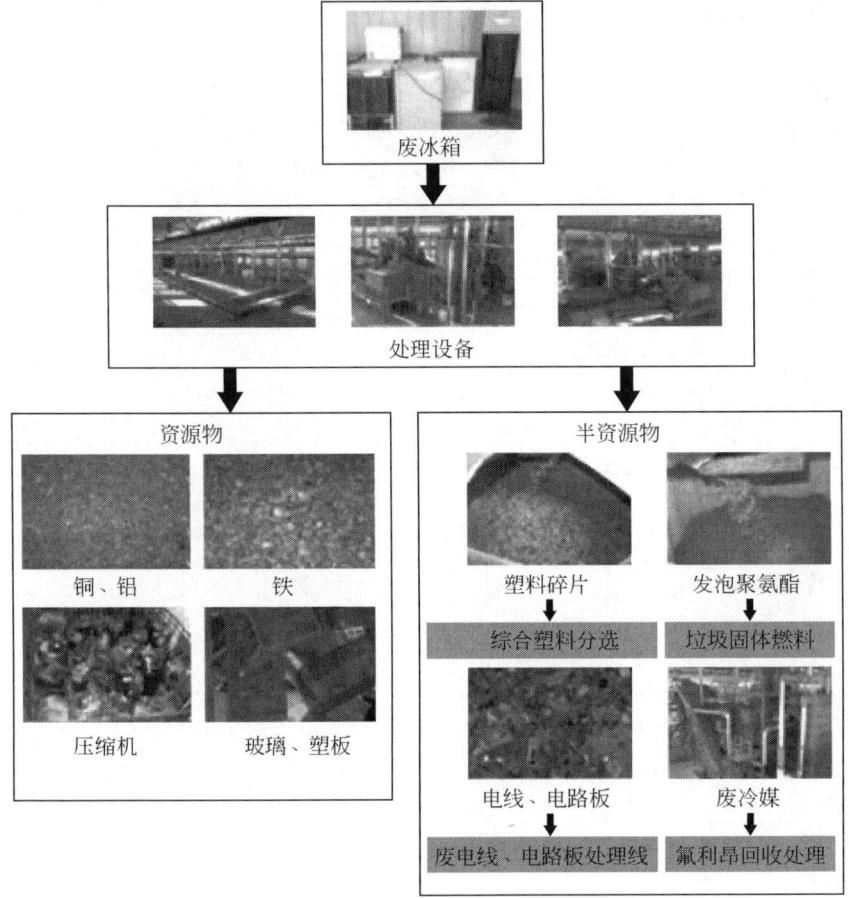

图 7-21 含氟利昂废旧家电处理工艺

表 7-4 含显像管类废旧家电资源化处理方式

资源化处理后物质	后续处理方式
钢网、铜、铁、铝	资源物可销售
含铅玻璃	送至专业回收厂处理
屏玻璃	送至专业回收厂处理
塑料混合料	进入综合塑料分选线,再生塑料原料利用
电路板	取下重要零件后,进入废电路板处理线
废电线电缆	进入废电线电缆处理线
荧光粉	委托有资质单位处置

拆解作业线处理,拆解大型电机、塑料、含铁金属等组件直接回收如图 7-22 和图 7-23 所示。

第 7 章　再生资源生态工业园区建设案例 | 193

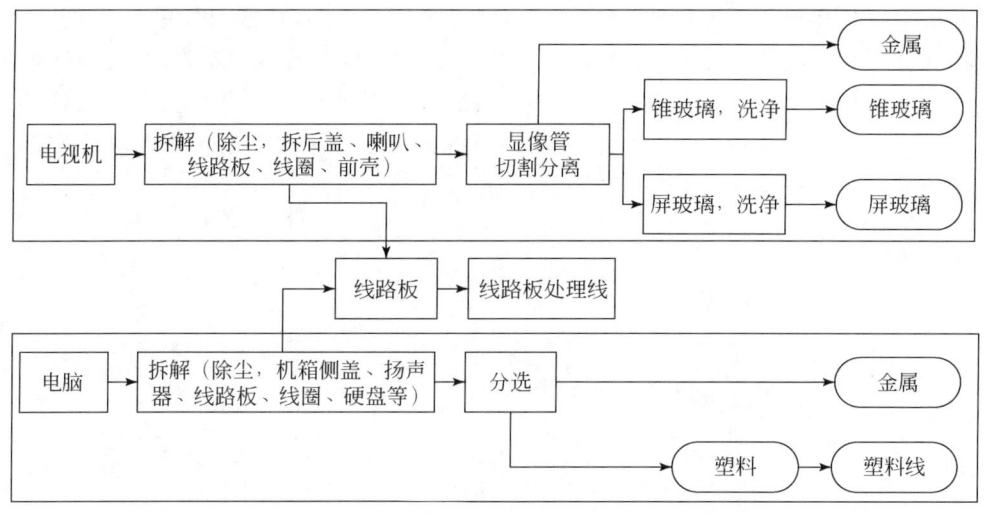

图 7-22　含显像管类废旧家电处理工艺流程图

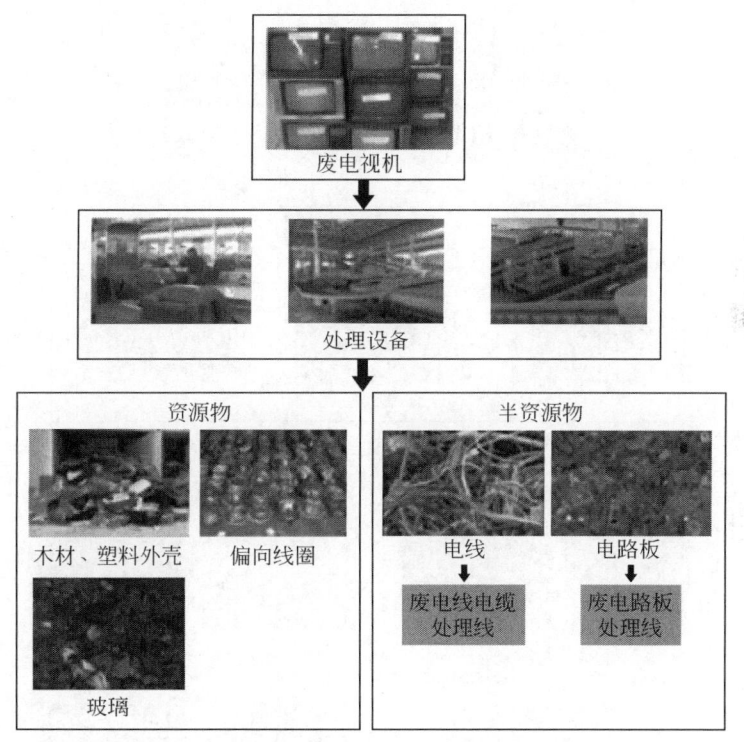

图 7-23　含显像管类废旧家电处理工艺

3）洗衣机及其他家电处理系统

洗衣机中含有其他有害废弃物零部件，被送入拆解台后将外壳的塑料或铁板拆除，再将面板上同质电控板、电机、脱水槽等投入相同材质的置物篮中，将大型外壳铁板投入压缩机中压扁以减少体积，塑料投入破碎机入料输送带上，回转桶则利用钻孔机将盐水容槽钻孔，置于盐水回收槽回收盐水，槽体塑料再入破碎机中破碎回收。铁板可利用压缩机压延整平，再打包回收利用提高回收效益，如图7-24和图7-25所示。

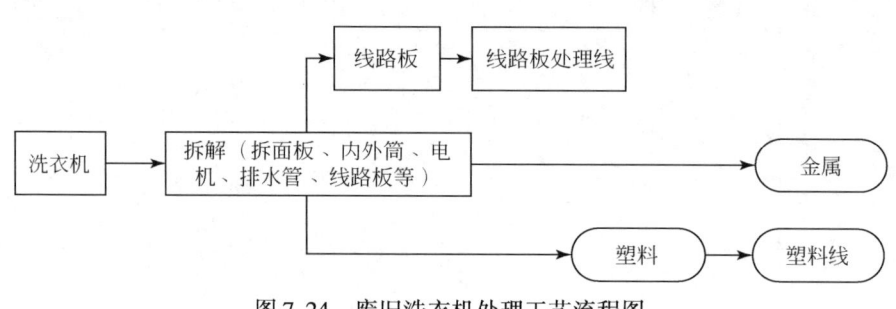

图7-24　废旧洗衣机处理工艺流程图

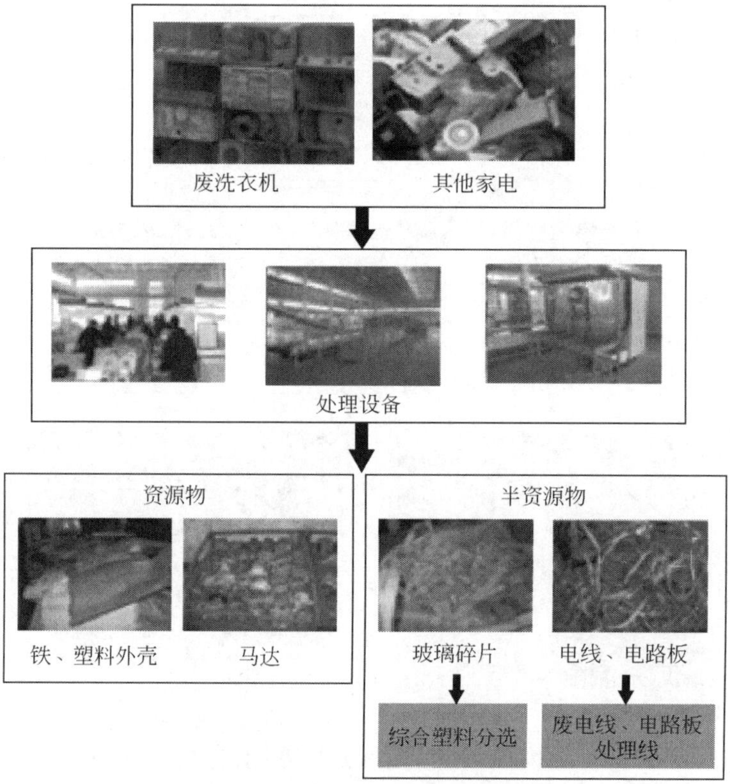

图7-25　废旧洗衣机处理工艺流程图

4) 总体工艺描述

根据以上分类,现总结废旧电子电器产品的总体工艺,见图 7-26。

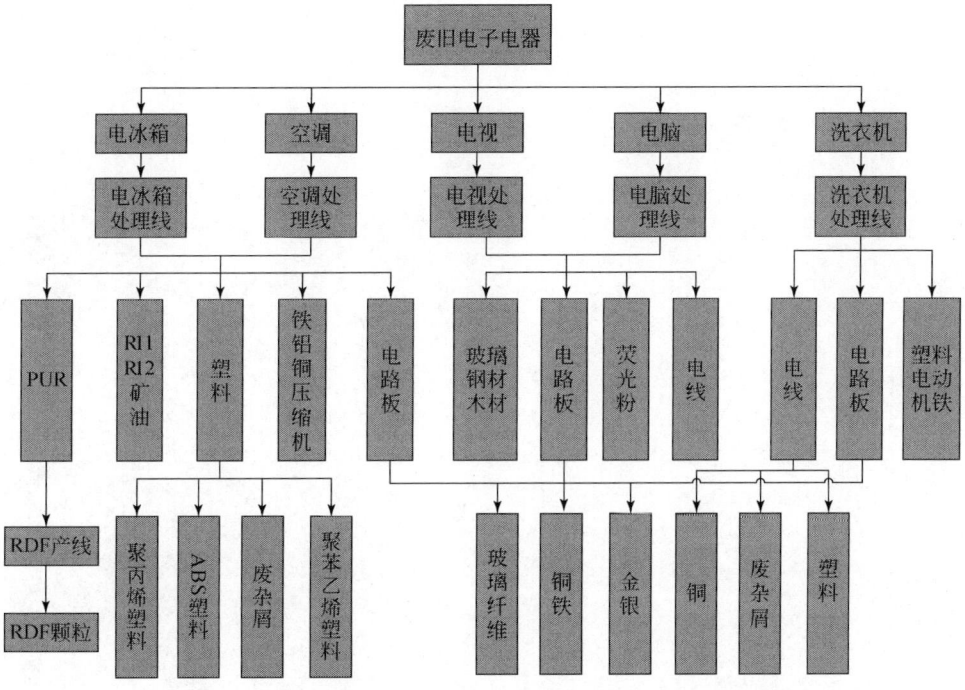

图 7-26　TCL 奥博（天津）环保发展有限公司总体工艺描述

致 谢

本书的出版得到了"十一五"国家科技支持计划课题"废旧机电产品综合利用工业园区产业链关键技术开发及集成示范"（课题编号：2008BAC46B05）、"十二五"国家科技支撑计划课题"废旧金属产品再生利用技术标准评价研究"（课题编号：2011BAC10B08）、国家社会科学基金重点项目"我国再生资源产业顶层设计方法研究"（立项批准号：12AZD104）、国家社会科学基金重大项目"促进自主创新能力建设的国家知识产权政策体系研究"（12&ZD073）子课题"支撑战略性新兴产业发展的知识产权政策体系研究"的共同支持。本书得以顺利完成，与课题组内外所有成员的共同努力是分不开的，在此对朱传敏、胡明杰、杜俊琪、汤桂兰等，以及课题组所有成员表示诚挚的感谢。

特别感谢宁波市镇海再生资源加工园区、天津子牙循环经济产业区及TCL奥博（天津）环保发展有限公司，他们提供的翔实资料为本书的撰写提供了坚实的案例材料，感谢他们的无私共享。

感谢科学出版社，感谢所有关心和帮助过本书的撰写和出版的人们！